中/国/经/济/与/管/理/研/究/系/列

（第二版）

企业信息系统外包战略实证研究

刘现伟/著

Empirical Research of Outsourcing Strategy on Enterprise Information Systems

经济管理出版社
ECONOMY & MANAGEMENT PUBLISHING HOUSE

图书在版编目（CIP）数据

企业信息系统外包战略实证研究/刘现伟著. —2版. —北京：经济管理出版社，2017.1
ISBN 978-7-5096-4801-8

Ⅰ. ①企… Ⅱ. ①刘… Ⅲ. ①企业管理—管理信息系统—对外承包—研究
Ⅳ. ①F272.7

中国版本图书馆CIP数据核字(2016)第312495号

组稿编辑：申桂萍
责任编辑：申桂萍
责任印制：黄章平
责任校对：超　凡

出版发行：经济管理出版社
（北京市海淀区北蜂窝8号中雅大厦A座11层 100038）
网　　址：www.E-mp.com.cn
电　　话：(010)51915602
印　　刷：玉田县昊达印刷有限公司
经　　销：新华书店
开　　本：720mm×1000mm/16
印　　张：14
字　　数：222千字
版　　次：2017年3月第2版　2017年3月第1次印刷
书　　号：ISBN 978-7-5096-4801-8
定　　价：49.00元

目　录

第一章 绪 论

本章共分五节。第一节介绍信息系统外包的现实背景和理论背景以及本书的研究动机；第二节介绍本书的研究对象，定义研究问题；第三节分析研究方法与研究流程；第四节说明本书的研究框架和篇章结构；第五节说明本书可能的创新与贡献。

第一节 研究背景与动机

一、现实背景

随着全球企业的激烈竞争、信息技术的飞速发展以及管理思潮的改变，企业经理人不断地学习新的管理技巧。企业为了提高竞争力，纷纷学习有关质量管理、商品多样化、柔性制造、快速反应、电子商务等企业经营理念，企业变得越来越依赖于信息系统，这直接促进了信息系统外包的快速发展（Goles and Chin，2005），信息系统外包这个观念与做法对于企业经理人而言也越来越重要。外包是当今信息技术最为重要的议题之一，它已经从一种零星的商业行为演变成为正在重构我们全球经济的巨大动力（Walden，2005）。

此外，随着信息技术的快速发展和日益普及，信息已经成为企业经营不可或缺的重要资源，未来企业的发展壮大要依赖于企业信息服务的质量（Lee，Huynh，Kwok et al.，2003），如何有效地利用信息技术也越来越受到企业界的重视。信息系统不仅可以支持企业的日常运营，提高经营效率，而且也是一种策略性行为，因为信息系统在很多方面可以为企业创造竞争优势

(Porter and Millar，1985；Mata，Fuerst and Barney，1995)，或者可以避免企业在竞争中处于劣势（Hitt and Brynjolfsson，1996)。然而，很多企业面临的一个难题是组织内部无法提供有效而适当的信息系统服务，或者内部提供服务的成本过高。为此，企业就会考虑将部分或者全部的信息系统功能交由外部专业的信息系统供应商来提供，从而信息系统外包就成为企业有效管理信息系统的一种可行的选择。

2001 年，全球在信息系统外包上的支出已经接近 640 亿美元，2000 年全球在信息系统外包的支出占到了企业 IT 方面支出的 30%（Levina and Ross，2003)。在过去的十多年中，外包已经成为各行各业管理 IT 资源的主要方法（Wang，Gwebu，Wang，et al.，2008；Choudhury and Sabherwal，2003；Kishore，Rao，Nam et al.，2003；Lacity and Willcoks，1998)。目前，外包已经成为一种被普遍接受的满足组织信息系统需要的方法（Goles and Chin，2005)。而且就像最近几年所发生的情况那样，外包还将会继续深刻地影响企业的 IT 职能部门（King，2004)，未来很多企业都将继续依靠外包这种方式来满足它们不断变化的信息技术需求（Hormozi，Hostetler and Middleton，2003)。

然而，信息系统外包并不是一个全新的课题，早在 20 世纪 60 年代就已经有企业将数据处理或硬件维护职能委托给外部的信息系统供货商管理。但是，直到有了 1989 年柯达公司（Eastman Kodak）的成功外包案例后，大型企业才逐渐接受这种将信息系统委托外部供应商开发与管理的信息系统管理方式（Loh and Venkatraman，1992b)。而近年来，随着信息技术应用的日益深入和普及，信息系统外包俨然成为一种趋势与潮流。目前，在国外关于信息系统外包的成功案例不胜枚举，如 IBM 为很多大公司提供的服务，EDS 为通用汽车提供的外包服务等。

邓百氏公司的《1998 年全球业务外包研究报告》表明，全球营业额在 5000 万美元以上的公司在 1998 年业务外包的开支上升了 27%，比 1997 年 23%的升幅又有提高，1998 年全世界业务外包的总开支增加至 2350 亿美元。[①] 在现实经济生活中，发达国家的业务外包已经发展成为一个巨大市场。资料显

① 数据来源：黄吉乔、张冬：《论新经济时代的业务外包》，《物流技术》，2002 年 1 月，第 29 页。

示，2004 年全球外包市场达到 6.3 万亿美元，预计今后将以每年 20%的速度递增，到 2010 年将形成约 20 万亿美元的大市场。[①] 美国著名学者、市场营销学专家菲利普·科特勒撰文，2005 年在大多数公司的活动中，有60%以上通过外包实现业务，少数公司几乎 100%要靠外包，这使得它们实际上只拥有少量资产，但却赢得惊人的回报（郑明身，2006）。其中，信息技术服务外包的支出在企业所有业务外包开支中占据的比例最大。意大利的一项调查表明，信息技术外包占所有业务外包开支的比例大约为 28%，几乎每一家实行业务外包的公司都将其信息技术的某些职能外包出去（黄吉乔、张冬，2002；何晓岚、张亮、闫庆军，2005）。

目前，全球的业务外包活动有 60%都集中在北美，在美国，外包已是一个极为普遍的现象，欧洲和亚洲也在朝这个方向发展，其中亚洲的发展尤为迅猛。根据国际数据公司的数据：亚太地区的 IT 外包市场在未来 5 年会成长将近 3 倍，外包金额从 2001 年的 47 亿美元增长到 2006 年的 140 亿美元，平均年增长率达到 24%。其中，中国大陆将成为外包成长最快的市场，中国在整个亚太外包市场的占有率将从 15%增加到 26%。[②] 从进行信息系统外包的企业数量来看，根据 CIO（2003）的调查，2003 年每 10 个公司中有 7 个将一些 IT 职能外包出去，预计到 2006 年每家公司都会将某些信息系统职能外包出去。[③]

尽管企业越来越依赖于外部供应商来满足它们的信息系统需求，但是这并不意味着外包就是“万灵药”，或者外包就没有任何问题（Bahli and Rivard，2003）。尽管外包可以帮助客户企业实现节约成本、提高灵活性、提高服务质量和采用新技术等外包利益（McFarlan and Nolan，1995），但是现实中也经常会有不成功的外包案例，在这些案例中供应商没有达到企业期望的服务水平，没有实现节约成本的外包目标等（Earl，1996；Bahli and Rivard，2003）。在企业信息系统外包实践和外包产业蓬勃发展的同时，如何有效管

① 数据来源：郑明身：《非核心业务一体化管理外包——企业精干主体、强化主业的新经验》，《企业管理》，2006 年 2 月，第 41 页。

② 数据来源：罗伯特·克莱珀、温德尔·琼斯：《信息技术、系统与服务的外包》，杨波译，电子工业出版社，2003 年，“译者序”第 2 页。

③ 转引自戴维·查菲、史蒂夫·伍德著：《企业信息管理：用信息系统改进绩效》，赵苹、陈守龙、刘现伟译，中国人民大学出版社，2008 年，第 233 页。

理外包工作、提高外包绩效成为外包实践和理论研究亟须回答的重要问题。本书正是在这样的现实背景下，建立基于外包过程的信息系统外包绩效影响因素研究模型，并进行实证研究，以期能对企业的信息系统外包实践有所借鉴。

二、理论背景

美国著名的管理学家德鲁克（Peter F. Drucker，2001）曾预言："在 10~15 年之内，任何企业中仅做后台支持而不创造营业额的工作都应该外包出去，任何不提供向高级发展的机会的活动和业务也应该采用外包的形式。"[①]

学术界最初关于外包现象的研究主要集中在外包的决定因素、外包的优势和劣势（Lacity and Hirschheim，1993；Loh and Venkatraman，1992a），这些研究主要强调成本的推动因素。随后，外包的研究范围扩展到了战略定位（商品或者战略）（Nam，Rajagopalan and Rao，1996）、外包范围（全部或者选择性的）（Lacity，Willcocks and Feeny，1995~1996）以及相关的环境因素（Currie，1998）。这些研究大都将外包程度作为因变量/决策变量，研究影响外包程度的外包决策因素（Loh and Venkatraman，1992a；Ang and Straub，1998）。另外，以现实外包事件为基础的外包研究也很有传统，除了一些外包实际工作者的文章之外（Cross，1995；Huber，1993），还有一些分析"最佳实践"的研究论文（Lacity and Willcokcs，1998；Saunders，Gebelt and Hu，1997）。

最近的外包研究开始逐渐关注外包管理、外包绩效因素，开始关注交易成本、交易特性（Wang，2002；Kim and Chung，2003）、伙伴关系（Grover，Cheon and Teng，1996；Lee and Kim，1999；Kim and Chung，2003；Goles and Chin，2005；徐姝、胡明铭，2007）、合同完善程度（戴基峰，1997；徐绮忆，1999）、服务质量（Grover，Cheon and Teng，1996）、知识共享（Lee，2001）以及企业核心 IT 能力（Wang，Gwebu，Wang et al.，2008）等对于外包绩效的影响，外包研究的侧重点开始转向外包利益的实现和外包绩效的提

① 转引自聂规划、周晓光、张亮：《企业信息技术外包的风险与防范》，《科技进步与对策》，2002 年第 4 期，第 69 页；温绍国、郑小平、桂志强：《信息技术外包的风险及其控制》，《经济论坛》，2005 年第 16 期，第 57 页。

升方面。关于外包关键成功影响因素的调查和综述性文献也日益增加（Willcocks and Lacity，1999；Claver，Gonzalez，Llopis，et al.，2002；Reifer，2004；Koh，Ang and Straub，2004；Gonzalez，Gasco and Llopis，2005）。

从理论的视角来看，Lee（2000）根据外包研究过程中所应用的理论基础将外包研究分为三类，分别是经济学理论、社会学理论和战略管理理论视角。① 与此相类似，Mahnke，Overby 以及 Vang（2005）也将外包研究分为三类，分别是交易成本经济学理论、能力理论和关系理论视角。

Lee 等人（2000）对外包基础理论的分类如下：第一类研究应用经济学观点主要是微观经济学、交易成本经济学和代理成本理论，研究在存在监督成本、交易成本和资产专用性的情况下将信息系统职能外包出去是否合适的问题。从总体上来说，这些研究结果表明在内部提供信息系统成本很高、资产专用性很低的情况下，采用外包方式比较合适；相反地，如果内部提供成本较低而且资产专用性很高，那么将信息系统职能保留下来，由企业内部提供就比较合适。

第二类研究应用战略管理理论的观点主要是资源基础理论和资源依赖理论。这两种理论都把企业的资源看成企业战略的基础，把外包看成获得和分配有价值的信息系统资源的一种方法。从总体上来说，这些研究认为：①如果信息系统资源是稀缺的或者成本很高，那么企业就倾向于进行外包。②如果信息系统职能或者活动具有战略重要性，那么企业就倾向于由企业内部提供。

经济学和战略管理理论观点都假设企业在选择信息系统提供方式的时候都是理性的自利行为，它们会尽力使企业效益最大化，并尽力避免机会主义行为（Ouchi，1980；Wernerfelt，1984）。与此相对应，第三类外包研究应用社会学理论观点认为经济学和战略管理理论方法忽略了除外包决策（是否外包、外包什么）和如何设计合同之外的很多外包问题。社会学观点认为在合同各方之间存在共同的标准规范和共同的利益，并影响合作各方的互动，从而要研究信任、平等和合作等问题（Maitland，Bryson and Van de Ven，

① Goles，T. and Chin，W.W.，"Information Systems Outsourcing Relationship Factors：Detailed Conceptualization and Initial Evidence"，The Data Base for Advances in Information Systems，Vol.36，No. 4，Fall 2005，47-67.

1985；Ouchi，1980）。这类研究考察外包客户和外包供应商之间的和谐关系，试图理解外包关系的建立、互动合作和终止等问题。从总体上来说，社会学理论认为进行最适当的外包决策和制定合适的外包合同是必要的，但是对于外包的成功还不是主要因素，客户和供应商之间的关系对于外包行为的最终结果具有非常重要的影响（Grover，Cheon and Teng，1996；Lee and Kim，1999；Kim and Chung，2003；Goles and Chin，2005）。

从以上外包研究的主题和理论基础来看，以往的研究主要集中在外包决策、合同设计和外包关系管理等方面，总结出了一些理论观点，并产生了大量的定性资料和结果，然而定量研究则仍然较少，而且都局限于某一个特定的理论、某一个特定因素，缺乏关于完整外包过程的、更为全面深入的定量实证性研究（Mahnke，Overby and Vang，2005）。

本书正是在此研究现状和理论背景下，从信息系统外包全过程的角度整合外包研究的各种基础理论，提出了基于外包过程的信息系统外包绩效影响因素研究模型，将外包相关的多种理论观点整合到统一的研究模型中，从而可以较深入地研究各种理论及各种相关因素对外包绩效的预测能力，并且可以相互比较各种理论的预测效果和各种因素对外包绩效的影响程度。同时，本书提出的，并经过实证检验的基于外包过程的绩效影响因素模型对于企业的外包管理活动更加具有实践指导意义。

三、中国信息系统外包现状

1. 外包产业发展较快，但是总体规模较小

我国市场经济体制和现代企业制度建立和发展的时间相对较短，企业管理理念和管理水平与西方发达国家还存在差距，参与全球化竞争和国际分工的经验不足。在传统经营模式下，我国企业内所有活动都完全由企业内部来完成，包括所有的直接职能活动和辅助职能活动。而我国传统计划经济条件下的企业，甚至把员工的住房、饮食、医疗以及子女教育等活动全部承担起来，成了“大而全、小而全”的自封闭、自循环系统，除了原材料供应和产品销售之外，企业几乎不需要与外界发生联系。

但是，随着市场经济体制的建立和经济全球化的深入发展，企业之间的竞争越来越激烈，企业经营管理的复杂性已经到了前所未有的程度，企业再

也无法完全依靠内部资源来建立竞争优势、实现持续成长。当前，专业化生产、专业化服务、专业化管理的理念得到普遍接受，我国企业也日益意识到外包部分业务活动并参与全球业务外包是应对全球化挑战、提升企业竞争力、实现持续发展的必然选择。

我国的外包产业是从承接国外来料加工、贴牌生产以及国际服务、软件外包等离岸外包业务开始的。目前，我国的生产外包、软件外包以及其他离岸外包产业都获得较大发展，但是与成熟的市场经济国家相比，我国无论是在离岸外包还是本地外包方面都还存在一定差距。我国能够给企业提供外包业务的外包产业规模较小、竞争力较弱，同时企业采用外包方式的愿望不强，这些都制约了我国外包产业的发展。外包在我国无论是作为一个产业，还是作为一种企业经营理念和管理方式，都还有很大的发展和推广空间，并且外包产业，尤其是服务外包产业的发展对于我国调整产业结构、改善经济发展方式都具有重要意义，目前，亟须继续积极鼓励和大力推进服务外包产业发展。

2. 企业信息系统外包发展迅速

对于信息系统外包而言，在中国乃至亚太地区，信息系统外包服务市场起步相对较晚，还正处于发展初期阶段，但是发展前景是光明的（杨英、霍国庆，2001）。中国 IT 外包服务市场规模在 2002 年达到 33.5 亿元，年增长率为 18.4%（景鑫冈，2003）。[①] 2004 年中国的 IT 外包市场规模约 52 亿元，2005 年约 68 亿元，中国 IT 外包市场已渐成规模。2006 年的 IT 外包开始走向春天（郑兵云，2006）。[②] 随着中国经济的快速崛起以及中国信息化建设的快速推进，中国将成为信息系统外包服务增长最快和规模最大的市场之一。

我国企业信息化建设时间较短，除了国外著名外包服务供应商直接进入国内市场外，国内信息系统外包供应商大多是由 IT 公司经过业务转型或者新增外包服务业务发展而来，目前外包业务比重相对较低，很多外包服务供应商的主营业务还是设备、软硬件供应。国内的信息系统外包服务企业主要有四个来源：①国外著名 IT 企业或者专业外包服务企业的在华业务。②传

① 数据来源：景鑫冈：《IT 外包的风险》，《技术经济》，2003 年 4 月，第 49 页。

② 数据来源：郑兵云：《IT 外包为企业信息化卸掉包袱——从海尔集团 IT 业务外包谈起》，《企业管理》，2006 年第 4 期，第 102 页。

统的 IT 设备、软硬件供应商。③新兴的专业信息技术外包服务企业。④国内大型企业或企业集团内部的信息管理部门。

根据网站、媒体的公开资料，目前国内市场上主要的信息系统外包服务供应商有惠普、IBM、联想阳光雨露、东软、神州数码、用友软件、中企动力等，这些外包服务提供商占据国内信息系统外包较大的市场份额，是国内信息系统外包产业的最主要企业。当然，由于信息系统外包产业发展时间相对较短，国内信息系统外包市场的市场集中度很低，市场份额较小的中小型信息系统服务供应商众多，还有众多由国内大的企业集团组建的、专注于某一领域或特定行业的信息系统服务供应商。

从外包双方的企业类型来看，国内信息系统外包市场上主要有四种外包关系类型：①外资 IT 企业为外企提供外包服务。②外资 IT 企业为国内企业提供外包服务。③国内 IT 企业为国内企业提供外包服务。④多个供应商共同为国内企业提供外包服务。其中，外包程度较高、影响较大的信息系统外包项目主要是由国外著名的信息系统供应商向外企提供的信息系统服务。

国内影响较大、比较成功的外包主要是国际知名信息系统供应商向在华外资企业提供的外包服务，其中包括惠普为宝洁、诺基亚、爱立信、通用医疗提供的外包服务；IBM、惠普和德利多富为百安居提供的外包服务。国内企业影响较大的外包案例主要有东软软件为青岛海尔提供的全面 IT 外包服务；惠普、神州数码为国家开放银行提供的信息系统整体外包服务；高阳数据中心为深圳发展银行提供灾难备援外包服务，外包期限为 10 年，总额约 3 亿元，该数据中心除了提供灾难备援服务外，还可为银行、保险、证券提供多项金融 IT 系统及运营外包服务，帮助这些客户更加专注于自身的核心业务，同时享受更高质量、更加经济的专业信息技术服务。[①]

从以上我国企业信息系统外包的实践来看，尽管我国的企业信息系统建设和外包工作起步较晚，但是通过借鉴国外的成功经验，我国企业信息系统建设和外包发展非常快。目前，几乎所有企业都或多或少地将内部的某些信息系统活动或资源委托给专业的信息系统供应商来执行或提供。

---

① 资料来源：根据文献、公开资料和相关报道汇总、整理。

3. 外包成为企业解决信息系统问题的重要途径

随着信息技术的飞速发展和企业信息系统应用的日益普及，信息技术日益深刻地融入到企业的核心业务，影响企业的战略制定和可持续发展。从而，企业发展对于信息系统的可靠性、可用性和快速适应性提出越来越高的要求，现代企业时刻面临着以下信息技术问题：

（1）如何把企业有限的 IT 资源最有效地应用于企业核心业务发展？

（2）如何快速获取专业的 IT 支持能力？

（3）如何实现企业对系统高效完善的管理，提高系统的可靠性和可用性？

（4）如何提高客户服务的工作效率，增加终端用户的满意度？

（5）如何跟上 IT 技术日新月异的发展，并及时更新相关技术？

（6）如何增强企业对 IT 系统应用的灵活性？

（7）如何严格控制 IT 系统运营成本，不断提高竞争能力？[①]

这些企业信息系统问题将会对企业核心竞争力的提升和长远发展产生深远的影响，而信息系统外包是企业解决这些问题的重要途径，是信息社会对现代企业的客观环境要求，是企业长远发展的必然战略选择。

我国企业管理人员也逐渐认识到信息系统外包是解决企业面临的信息技术问题的一个重要途径，而且信息系统外包过程是一个比较复杂的决策、管理过程，很多大型企业内部的信息系统部门主要承担信息系统外包决策、信息系统规划和外包管理工作；企业认识到外包决策与外包管理是一个密不可分的连续管理过程，需要用系统的观点进行统筹考虑，制订详细计划，但是企业对于外包决策、外包管理过程中需要关注的重点问题、需要考虑的关键因素还不是十分清楚，外包工作还处于不断摸索、积累外包经验的阶段，迫切需要有效的理论指导。[②] 企业也迫切需要回答如何高效实施信息系统外包、达到外包的预期目标的问题，这正是本书试图要回答的问题。

---

① 资料来源：魏秀敏、王乃彦：《服务外包教程》，中国商务出版社，2008 年，第 162 页。

② 本书作者对一些大型能源、制造、建筑、公用事业企业的信息部门主管进行了访谈，询问他们的主要职责和具体工作，结果发现这些部门主管的工作内容大致相同，主要是信息系统规划、外包可行性研究、外包商选择和外包关系管理。外包管理工作成为他们越来越重要的工作内容之一，而他们最关注的问题主要是如何高效进行信息系统规划、建设和信息系统外包管理，以满足企业不断增长的信息系统需求。

四、研究动机

1. 目前信息系统外包绩效研究较少且存在不足

当信息系统外包蔚然成风之时，一些企业认为信息系统外包帮助其减少系统开发时间并节省大笔成本，而另外一些企业则惨遭失败。其中，信息系统外包的利益包括：获得组织内无法以其他方式拥有的资源（Teece，1986）、增强组织灵活性（Quinn and Hilmer，1994）、改善顾客的服务、减少成本、提供接近专门知识与技术的机会以及增加资产的利用效率（张硕毅、张维婷，2005），提高系统的服务质量和绩效（克莱珀、琼斯，2003）；同时，可能的问题包括：信息系统外包未必能降低成本（Lacity and Hirschheim，1995）、操作与财务控制权的丧失、减少与顾客直接接触的机会及丧失内部的专业知识等（Lacity and Hirschheim，1995）。

关于信息系统外包绩效，学术界一直存有争议，还没有形成一致的看法；在实践中进行信息系统外包的企业并非都能获得预期的效益，信息系统外包也可能带给企业负面的影响，外包的效果也参差不齐，也没有形成公认的最佳实践或有效模式。现阶段对于信息系统外包绩效的研究大多仅限于基本现况调查与优缺点比较，对于企业实施信息系统外包的绩效仍旧缺乏具有理论支持的合理解释，至于有理论支持的实证性研究更是缺乏。

国内的信息系统外包研究还主要集中在概念阐释，外包背景、动机的描述，外包类型分类等，以及对国外研究成果进行介绍、评论和模仿，关于外包绩效及其影响因素的研究也主要集中在概念阐释、现象描述和定性研究阶段，缺乏充分的理论支持和实证资料。因此，本书主要参考并整合国外现有的外包理论研究成果，从信息系统外包全过程的角度，提出具有理论支持的外包绩效研究模型，并通过实证数据对模型进行实证性研究。

2. 现有信息系统外包的理论研究亟须整合

目前，信息系统外包研究根据研究问题或者研究因变量的不同可以大致划分为两大类——外包决策和外包管理。外包决策主要研究外包决策的影响因素、外包的范围和程度、外包的收益和风险等问题（Lacity and Hirschheim，1993；Loh and Venkatraman，1992a；Lacity and Willcokcs，1995；Poppo and Zenger，1998；Ang and Straub，1998；Gilley and Rasheed，

2000)，而外包管理则主要研究外包商的选择、外包合同签订、外包商考核、激励和外包关系管理等问题（Grover，Cheon and Teng，1996；Lee and Kim，1999；Lee，2001；Poppo and Zenger，2003；Koh，Ang and Straub，2004；Goles and Chin，2005）。

从外包决策和外包管理研究文献发表的时间可以看出，稍早一点的研究主要集中在外包决策问题上，主要回答为什么要外包以及外包什么的问题；而随着学术界对于信息系统外包研究的深入，学者们逐渐认识到信息系统外包不仅仅是一个外包决策的问题，要想取得预期的外包效益，外包工作还必须要重视外包决策之后的外包管理工作，即要回答如何进行外包以及如何取得预期效益的问题，这可能是外包全过程中更为重要的问题，近年来这也受到越来越多的学者的重视（Goles and Chin，2005；Mahnke，Overby and Vang，2005）。

由此可见，目前的信息系统外包理论研究还主要在于外包决策、外包商选择、合同签订和外包绩效评价以及外包关系管理等各个分散的外包过程之中，缺乏系统的整合；分散于各个研究主题的外包研究所依据的基础理论由于研究目的不同也非常分散，从经济学到管理学再到社会学理论，无法在统一的研究框架内实现有机统一和整合。本书从外包理论研究亟须整合的这一理论研究需要出发，从外包全过程的角度整合现有的外包研究成果，提出了基于外包过程的外包绩效影响因素研究模型。

3. 外包绩效影响因素有待梳理和整合

关于外包绩效影响因素或者外包关键成功因素的研究是信息系统外包领域的研究热点之一，很多学者利用规范分析、案例分析、经验总结、实地调查等研究方法，提出了各种各样的、对外包绩效有重要影响的因素，即所谓的“外包关键成功因素”。

这些研究包括：Labbs（1993）指出识别外包目标、评估短期/长期影响以及评估企业文化等因素对于外包成功至关重要；Wong（1994）指出企业应该重点关注的 12 个外包关键成功因素；Tarricone（1997）总结了外包成功的 10 个最关键因素；Sauders，Gebelt and Hu（1997）发现，订立一份“严密”的合同是这些外包成功案例中最为重要的因素；Claver，Gonzalez，Llopis，et al.（2002）发现对外包成功有重要影响的 8 个因素；罗伯特·克莱珀和温德尔·琼斯（2003）、Corbett（2003）、Reifer（2004）、Koh，Ang and Straub（2004）、Gonzalez，Gasco and Llopis（2005）等也通过各种方法或者从不同的侧面提出很多外包绩效影响因素。

这些外包绩效影响因素或者成功关键因素众多，其中既有一些重合，也有很多不同，都从不同的侧面说明对外包绩效具有重要影响的一些因素或环节，对丰富外包理论做出了一定的贡献，对外包实践亦具有一定的指导意义。但是这些因素缺乏理论依据和实证资料的有力支持，同时也缺少系统的整合和体系化的设计，从而对外包实践的指导意义有限，也很难分辨和比较这些因素对于外包绩效的影响方式和程度及其相对重要性。本书正是基于这一点，以外包生命周期全过程为基础，提出一个具有理论支持的综合性的研究框架，从而对外包绩效的影响因素进行系统整合和有效梳理。

4. 对于企业信息系统战略、外包策略方面的关注有待加强

信息系统外包过程不仅是外包决策与实施的过程，而且是信息系统与企业业务活动紧密结合、不断整合的过程，是对企业运营方式的一种根本性变革，甚至关系到企业经营模式和竞争方式的改变。企业信息系统外包不仅要重视外包决策过程，而且还必须要重视对供应商和外包实施过程的管理、协调和控制；不仅要重视经济决策因素，更要关注企业的整体战略和信息战略选择以及信息系统外包策略。在实践中，现代企业也越来越重视企业的信息系统战略规划，信息系统战略规划已经成为企业信息管理部门的一项重要的职能。

然而，现有的外包决策研究和外包绩效影响因素研究很少关注企业的信息系统战略和信息系统外包策略因素，对信息系统的战略定位对于外包策略、外包管理以及外包绩效的影响极少关注。本书尝试在外包决策和外包绩效研究模型中加入战略决策因素的影响，以反映企业信息系统外包理论和外包实践在这方面的最新发展和变化。

信息系统外包要想获得预期的效益，必须对信息系统外包全过程进行精心管理，并且每个外包阶段的绩效影响因素都应该蕴涵在外包的整个过程之中。这个外包过程涉及两个核心问题：①外包决策：企业的信息系统外包决策是否有效，亦即在企业的特殊情境下，企业的信息系统功能是否适合外包，并将企业信息系统战略、策略因素引入外包决策和外包绩效的研究中；

②外包管理：信息系统外包效益的获得需要适当的管理机制来配合，例如，选择信誉良好的信息系统供应商、签订完善的外包合同以及维持良好的外包关系等。外包绩效的所有影响因素都应该包含于外包决策和外包管理这两大外包过程之中，正确的外包决策和有效的外包管理是外包成功的最关键因素。

总之，信息技术外包在中国正在受到越来越多的关注，信息系统外包决策对于当今企业的重要性日益增加。目前，信息系统外包的研究亟须整合，有理论支持的实证性外包绩效研究文献不足，这些研究动机都促使本书从信息系统全过程管理的角度对信息系统外包绩效的影响因素以及这些因素之间的相互关系做进一步调查和探讨，以期能够建立具有理论支撑、得到实证检验，同时具有实践指导意义的外包全过程管理模型。

第二节 研究对象与问题

一、研究对象

本书研究对象为中国企业的信息系统外包行为，包括外包现象、外包活动和外包绩效等。由于中国信息化建设以及企业的信息技术应用相对西方发达国家起步较晚，国内企业信息系统外包的经验还很少，相关数据、资料的收集难度较大，因此本书对中国企业的信息系统外包行为研究还属于探索性研究。所包含企业的范围较宽，包括国有企业、集体企业、私营企业和三资企业等，而且企业行业分布也比较宽，包括制造业、建筑业、运输、仓储、燃气及水的供应业、金融业、教育业、信息业以及批发和零售业等行业门类。

信息系统外包的确认和信息系统外包战略选择采用了当前学术界比较通行的办法，即采用信息系统外包程度的概念，而不是简单的是否外包的二分概念。即认为，对于绝大部分企业来说，外包决策、外包战略选择不是要回答信息系统要不要外包的问题，而是要回答外包到什么程度、外包哪些职能的问题。信息系统外包包括企业信息系统部分或者全部职能的外包，这样几乎所有的企业都会在某种程度上采用信息系统外包的方式，进行信息系统外包管理。

本书所指的企业信息系统所包含的范围也比较宽，包括企业资源计划系统（ERP）、客户关系管理系统（CRM）、办公自动化系统（OA）、供应链管理系统（SCM）以及各种部门应用信息系统等。信息系统的职能包括信息系统整体规划、软件开发与维护、网络管理与服务、设施管理、数据输入与处理、系统整合、数据库建立、顾问咨询、培训推广、用户支持等所有的信息系统职能，这些信息系统的各类职能都可以是信息系统外包的对象。

二、研究问题

本书研究的问题是信息系统外包战略或外包绩效的影响因素包括哪些，其相互关系如何，如何进行信息系统外包、提高信息系统外包绩效。本书通过挖掘和综述信息系统外包的理论依据，建立具有理论支撑的信息系统外包过程管理模型，分析在信息系统外包过程中对外包绩效具有重要影响的环节和因素，并通过实证研究方法对这些因素对于外包绩效的影响以及这些因素之间的相互关系进行验证和检验。

1. 外包决策因素对外包程度的影响

外包决策过程中需要重点考虑的因素对外包程度具有决定性的影响，对外包有利的、积极的因素可以促进企业更多地采用外包方式，从而提高信息系统外包的程度；反之，对外包不利的、消极的因素可能会阻碍企业进行信息系统外包，从而降低信息系统外包的程度。因此，研究外包决策因素对于外包程度的影响就是要回答为什么要进行外包、外包什么的问题，即找出对外包有利的因素和对外包不利的因素。

2. 外包决策因素对于外包绩效的影响

本书假设外包决策因素同时也是外包绩效的影响因素，外包决策过程中对外包有利的因素可能会有利于外包绩效的提高；相反，对于外包不利的因素可能会降低外包绩效。外包决策因素也应该是外包管理和外包绩效提升相关研究议题的重要考虑因素。

3. 外包管理因素对于外包绩效的影响

外包管理对于外包绩效的提高至关重要，外包管理因素即在外包管理过程中对外包绩效具有重要影响的因素，外包管理因素对外包绩效的影响就是要回答如何进行外包、如何管理以达到外包预期收益的问题。

4. 外包决策和外包管理对于外包绩效的共同影响

外包绩效是包括外包决策和外包管理在内的外包全过程管理的结果，是所有外包活动的最终成果，外包决策因素和外包管理因素对最终的外包绩效都会产生重要影响。外包决策和外包管理对外包绩效的共同影响就是要找出在外包的整个过程中对外包绩效具有重要影响的因素，并分别找出外包决策和外包管理因素对外包绩效各自的影响。

5. 外包决策、外包管理因素之间的相关关系

外包决策因素、外包程度对外包管理会产生一定的影响，不同的外包环境、外包程度、外包范围对外包管理会提出不同的要求。因此，外包决策和外包管理之间的相关关系也是本书的研究主题之一，同时本书还对决策因素之间、管理因素之间的相关关系进行了分析。

总之，外包决策、外包管理以及两者之间的相互作用都会对外包绩效产生影响，外包绩效研究有必要从外包全过程的角度建立研究模型，综合研究整个外包过程中各类因素对外包绩效的影响。

第三节 研究方法与流程

一、研究方法

本书主要采取文献研究、理论研究与实证研究相结合，定性研究与定量研究相结合的方法，具体研究方法总结如下：

（1）文献研究：尽可能充分获得国内外相关文献，消化并汲取有关文献的研究成果，探讨现有研究的局限与不足，找到本书的文献基础以及研究的出发点和落脚点。

（2）理论研究：利用现有经济学、管理学理论解释外包现象，建立具有理论支撑的外包过程管理模型，根据研究模型和相关理论概念、观点提出可验证的研究假设，并对相关理论概念进行操作化定义。

(3) 现场访谈：通过访谈了解企业实际的外包管理工作、外包过程以及外包绩效影响因素，完善、确定实证研究的可行性和研究内容；就调查问卷题目进行访谈，根据访谈结果以及受访者建议修改、完善调查问卷。

(4) 问卷调查：根据理论假设、相关概念的操作化定义、企业现场访谈以及相关文献设计的测量量表，设计问卷，进行问卷调查，收集一手数据资料，为实证研究提供基础数据支持，这是本书最为重要的研究方法。

(5) 数据分析：本书采用 SPSS 12.0 统计工具软件对相关数据资料进行分析，包括描述性统计分析、信度和效度分析、分步回归分析和相关性分析等，从而对研究假设进行实证检验，并对检验结果进行讨论和解释。

(6) 规范分析：根据研究假设和实证研究的结果以及相关文献的研究结论，对未来的外包绩效研究和外包管理实践提出建议。

二、研究流程

针对本书的研究问题和研究方法，本研究采用 Wallance 模型[①]的逻辑思路设计研究流程，如图 1-1 所示。本书首先对国内外相关文献（主要是国外文献）进行检索、收集、消化、吸收，并对其进行回顾和总结，在此基础上对外包的相关基础理论和研究文献进行综述，从而确立研究主题；其次本书在外包基础理论、现有相关研究的基础上，提出了本书的概念模型及研究假设；再次对相关概念进行操作化定义，参考现有文献，设计相关量表与问卷，进行问卷调查；最后根据问卷调查结果，对问卷原始数据进行分析和处理，运用统计学相关的假设检验方法对研究假设进行验证和分析，得出实证研究结论，并对未来的研究方向和企业外包管理实践提出建议。

---

① 该模型由理论（Theory）、假设（Hypothesis）、观测（Observation）和经验概括（Generalization）四要素构成，这四个要素形成没有终端的研究工作循环。详见李怀祖：《管理研究方法论》（第二版），西安交通大学出版社，2004 年，第 70 页。

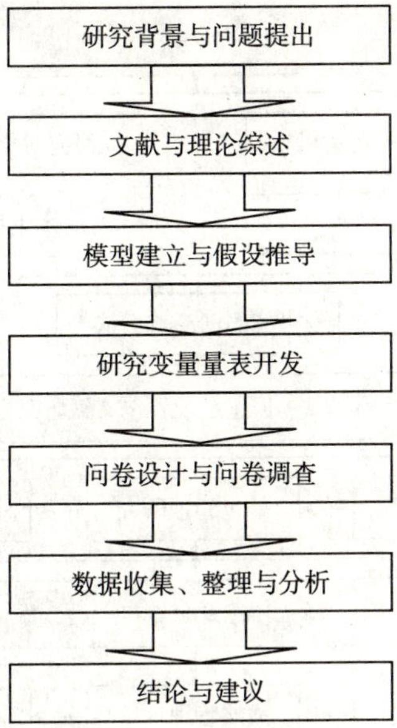

图 1–1　研究流程

第四节　本书框架

本书共分为八章，具体内容安排如图 1–2 所示。

第一章绪论部分主要论述研究背景与动机、研究对象与问题，以及研究方法和研究流程。认为基于外包过程的外包绩效影响因素研究不仅是外包管理理论研究进一步发展和完善的需要，更是信息系统外包实践发展的现实需要。

第二章为文献综述部分。对信息系统外包研究的相关文献进行梳理和综述，主要包括对外包决策、外包管理和外包绩效相关研究文献进行综述，并分析现有研究的不足、指出本书的出发点。

第三章为理论基础部分。主要对外包相关基础理论进行分析和综述，将外包基础理论划分为经济学理论、战略理论和管理学理论，并对外包相关理论观点进行归纳、分析和总结，以建立本书的理论基础。

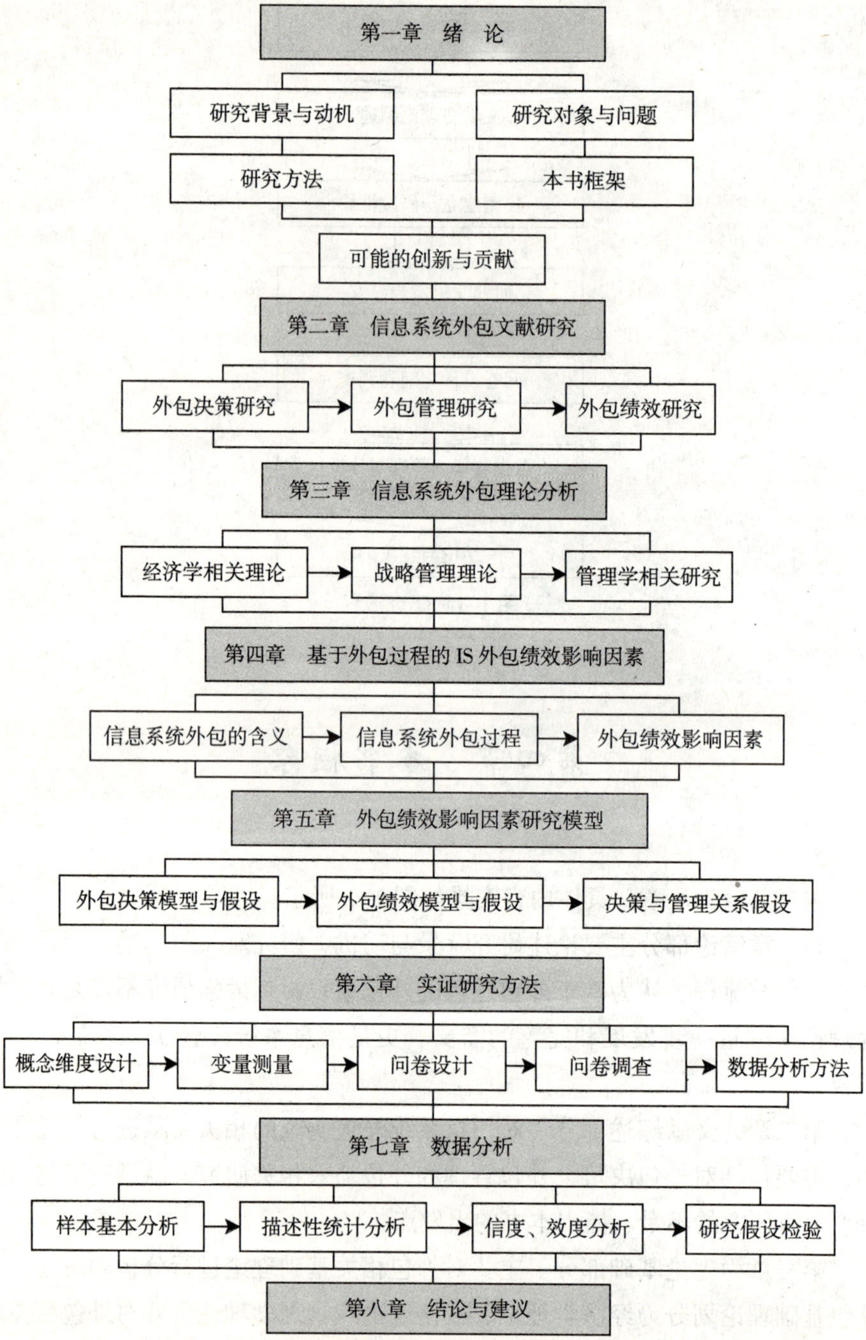
第一章　绪　论
研究背景与动机
研究对象与问题
研究方法
本书框架
可能的创新与贡献
第二章　信息系统外包文献研究
外包决策研究
外包管理研究
外包绩效研究
第三章　信息系统外包理论分析
经济学相关理论
战略管理理论
管理学相关研究
第四章　基于外包过程的 IS 外包绩效影响因素
信息系统外包的含义
信息系统外包过程
外包绩效影响因素
第五章　外包绩效影响因素研究模型
外包决策模型与假设
外包绩效模型与假设
决策与管理关系假设
第六章　实证研究方法
概念维度设计
变量测量
问卷设计
问卷调查
数据分析方法
第七章　数据分析
样本基本分析
描述性统计分析
信度、效度分析
研究假设检验
第八章　结论与建议

图 1–2　本书研究框架

第四章对企业信息系统职能和信息系统外包的含义及演变进行分析，并对信息系统外包战略管理过程进行分析，整合、提炼外包过程模型，根据外包相关理论和外包过程模型提炼出基于外包过程的信息系统外包绩效影响因素。

第五章为研究模型部分。根据本书的研究问题、研究方法、外包相关理论及外包全过程管理模型和外包绩效的影响因素，建立本书的研究模型和研究假设。主要包括：外包决策因素研究模型，即外包经济决策因素、外包战略决策因素对外包程度的影响模型；外包管理因素研究模型，即各类外包管理因素对外包绩效的影响模型；外包全过程管理模型，即包含外包决策因素、外包管理因素在内的各类因素对于外包绩效的影响模型；外包决策、外包管理因素之间相关关系的研究模型。同时根据这些研究模型和相关理论建立本书的研究假设。

第六章为研究方法设计部分。主要包括相关研究概念的操作化定义和测量，设计量表和问卷，进行问卷调查、问卷回收以及问卷原始数据的录入和处理工作。同时，本章还对数据分析、假设检验方法和所使用的数据处理工具以及数据分析流程进行说明。

第七章为数据分析和假设检验部分。主要对问卷回收情况进行说明，对相关概念的测量量表进行信度和效度分析，对研究变量进行描述性统计和相关性分析，并采用分步回归的方法。对本书的研究假设进行实证检验。

第八章为结论和建议部分。根据数据分析和假设检验结果对研究假设进行分析和讨论，指出研究结论与发现。在此基础上，对我国企业的信息系统外包实践提出管理建议，并对未来外包绩效的研究方向提出建议。

第五节 可能的创新与贡献

本书可能的创新点和贡献主要表现在以下几个方面：

(1) 本书突破了很多公司、管理顾问和学者将外包看成是一种合同交易、合同管理的传统看法，认为外包交易尤其是信息系统外包的内容远远超过了合同管理的内容。企业要从外包战略中获取更大收益，就必须将外包作为完整的生命周期过程而不是交易来管理；注重与供应商建立合作伙伴关系而不是简单的合同关系；外包研究应该更加重视对外包生命周期全过程的管理。

（2）本书的研究主题立足于信息系统外包实践，又超越实践，提出外包过程管理模型，并基于外包过程模型整合各类外包绩效影响因素，使绩效研究模型更加符合企业外包工作实际，对企业外包更具实践指导意义。同时，本书首次基于外包全过程，对外包研究的相关基础理论进行综述，通过对外包基础理论较为全面的分析和应用，从而建立具有坚实理论支撑的外包过程管理研究框架。

（3）本书在现有外包研究的基础上，引入战略决策因素对外包决策和外包绩效的影响，发现影响外包程度与外包绩效的一些新的因素，如信息系统战略重要性、外包服务供应商之间的竞争、外包商评价与激励等。

（4）本书对现有的信息系统外包研究进行归纳、梳理和综述，对现有外包决策、外包管理与外包绩效研究进行整合，同时基于外包过程，整合外包过程各阶段的关键绩效影响因素，提出基于外包过程的外包绩效影响因素研究模型，并据此建立外包绩效相关研究假设。

（5）本书的实证研究结论总体上很好地支持了本书的外包决策和外包绩效研究模型，说明基于外包过程的外包绩效影响因素模型不仅具有多方面理论的支持，而且在外包实践上也是可行的。不仅丰富了外包战略管理的理论研究成果，同时对企业外包实践也具有一定的参考价值。

（6）本书对外包决策与外包管理之间、外包决策因素之间、外包管理因素之间的相关关系进行了实证性的探索和研究，为外包决策与外包管理的协调与整合以及更进一步的外包研究提供了实证资料支持。

第二章　信息系统外包文献研究

信息系统外包相关研究所涉及的问题范围非常广泛，本书主要研究基于外包过程的外包决策因素和外包管理因素对外包绩效的影响。本章主要对信息系统外包决策、外包管理、外包绩效相关研究进行分析和综述，以建立外包战略研究的文献基础和研究出发点。

第一节　外包决策相关研究

一、外包决策的内容

如何设计一个适当的外包管理结构以有效管理信息系统是企业中的一个重要决策，也是企业进行信息系统外包的第一步，外包决策对外包预期目标的实现和外包的最终成功具有决定性的影响。企业到底是要由内部自行开发信息系统，还是将一部分或全部的信息系统职能委托给外部的信息系统供应商开发，即信息系统自制或外购决策是企业外包决策的最基本内容。

然而外包决策不只是出于成本方面的自制与外购考虑，企业还需要视组织情境，审慎地评估许多信息技术、战略、企业特性与产业环境等方面的问题。外包决策的内容或者需要回答的问题包括适合委外的功能与范围、自知/外包成本、外包利益与问题、外包风险、决策模型和外包程度等问题。

Sobol and Apte（1995）通过问卷调查发现，企业不同的信息系统功能其外包程度排序依次为：支持活动（设备维护与服务）、培训、灾难复原、资料输入、系统整合开发（硬件、软件与网络）、数据通信网络、软件维护、数据/计算机中心操作等。由此可以知道，一些常被美国企业外包的信息系统功能。然而，企业应如何判断某一信息系统功能是否适合外包？针对这个研究议题，已有文献从不同观点发展出一些指导原则与建议。

从战略的观点，Quinn and Hilmer（1994）认为，具有竞争优势潜力的信息系统活动并不适合外包，如果将其外包，可能会因市场失灵反而成为企业在战略上的弱点。从交易成本的观点，Alpar and Saharia（1995）依据交易成本理论的概念，提出信息系统外包决策的流程，其中主要的决策准则是根据交易的三个特性——不确定性、交易频率与资产特用性，来判断适合外包的信息系统功能。从组织资源所有权的角度，Loh and Venkatraman（1992a）根据“人力资源的内部化程度”与“实体资源的内部化程度”两个维度，分别指出五种信息系统活动在自制/外包二维坐标中的相对位置，如图 2–1 所示。其中，人力资源内部化是指所雇用的信息人员的所属权，而实体资源内部化可视为信息软、硬设备的所有权。该研究建议企业根据组织拥有资源的不同程度，决定其是否需要进行信息系统外包，以及选择合适的信息系统外包活动。

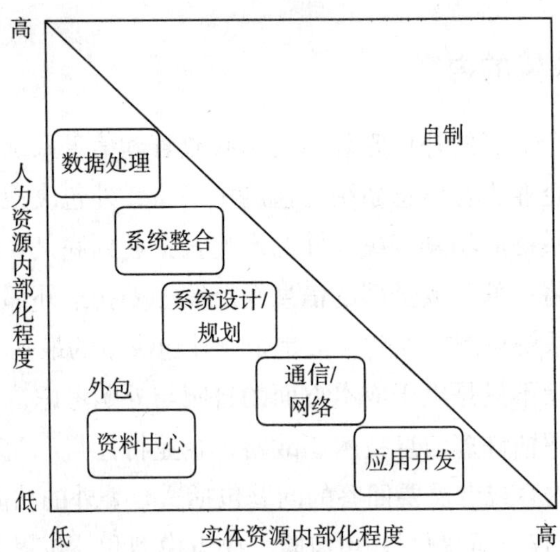

图 2–1　外包与自制选择

资料来源：Loh and Venkatraman（1992a）。

此外，信息系统外包范围还可简单分为两种：完全外包与选择性外包

(Lacity, Willcocks and Feeny, 1996)。完全外包指企业将大部分的信息功能委托外部信息系统供应商提供或管理，通常与战略联盟、合作伙伴与战略伙伴等名词密切相关；相对地，选择性外包是指企业选择一部分的信息系统功能外包，保留部分的信息系统预算，由组织内部自行开发信息系统。Lacity and Willcokcs (1998) 通过对 61 个 IT 外包决策案例进行调查研究，发现选择性外包比整体外包或者全部内部提供的成功率高。

从成本的角度来看，信息系统外包决策在决策过程中应考虑外包时与外部供应商有关的各种成本，以及内制时与内部开发团队相关的成本。Alpar and Saharia (1995) 即指出与外部供应商有关的成本包括寻找成本、签订合同的成本、协调成本与风险成本等；与内部开发团队相关的成本包括生产成本与组织协调成本。外包决策要充分考虑外包和内部自制各种成本以及相对的成本优势，从而做出更加全面、科学的外包决策。

在外包的利益与问题方面，已有非常多的文献探讨、总结了信息系统外包的利益（或称为外包的理由、动机、优点）与问题（或称为不委外的理由、缺点）。Gonzalez, Gasco and Llopis (2008) 通过调查发现，企业进行外包的原因按照重要性依次为聚焦于战略问题、提高信息部门的灵活性、消除棘手的问题、获得新技术、降低技术过时风险、节约人力成本、替换内部的信息系统、节约技术成本、追随流行趋势。总结文献的主要观点，外包的利益主要包括降低成本、获得新技术和新系统、专注于企业核心能力、增强企业经营的灵活性、简化或优化企业业务流程、提高企业信息系统服务质量、提高企业员工工作满意度等；而采用外包方式的缺点主要包括丧失对于信息系统的控制、企业经营安全问题、成本/效益难以衡量、企业丧失信息技术能力、影响内部信息技术人员士气等。

在外包风险方面，当一些文献建议企业进行选择性外包时，Earl (1996) 对外包的风险进行总结，建议企业必须同时考虑下列 11 种信息系统外包的风险：缺乏有效管理的可能性、缺乏经验的员工、业务的不确定性、过时的信息技术、局部的不确定性、隐含成本、组织学习的缺乏、创新能力的丧失、无休止三角扯皮、科技的不可分割性以及外包核心目标不明确。Gonzalez, Gasco and Llopis (2008) 通过调查发现，企业信息系统外包的风险主要包括供应商人员素质、供应商的配合、过分依赖供应商、企业信息技术技能丧失、无法适应新的技术、合同中的隐含成本、成本/利益关系不明确、安全问题、决策的不可逆性、人员问题以及可能导致信息部门员工的反对。

外包决策模型是外包决策最重要的研究内容之一，是目前外包实证研究的最主要研究方向，很多文献都从不同的角度建立外包决策模型，对外包决策的影响因素进行研究。Walker and Weber（1984）针对一般产品的购买/自制决策，利用交易成本理论分析建立了一个多变量的结构方程模型，如图 2-2 所示。[①] 该模型较早地研究了供应商竞争、购买方经验、数量不确定性、供应商生产优势以及技术不确定性等变量对于外包决策的影响。

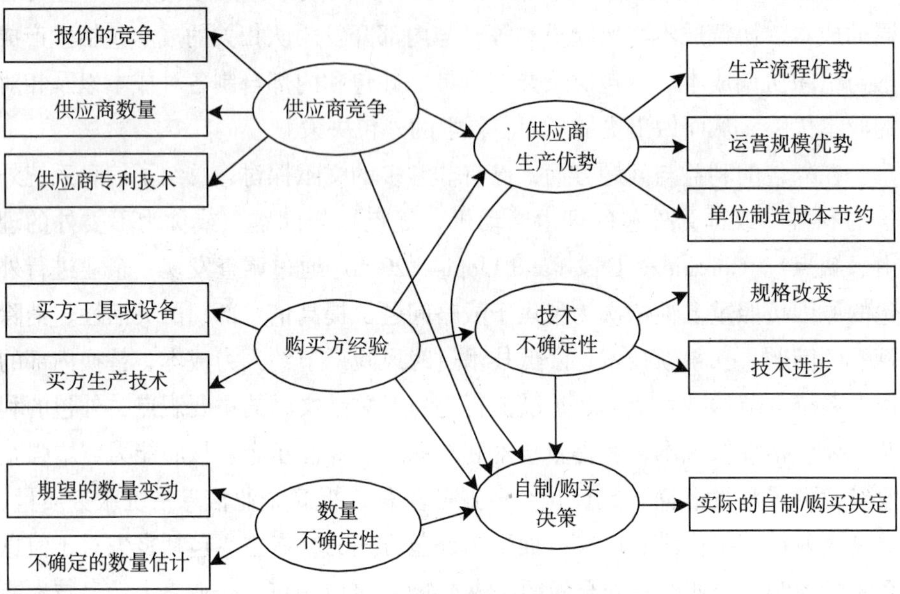

图 2-2　自制/外包研究模型

资料来源：Walker and Weber（1984）。

Fill and Visser（2000）回顾了以前的外包决策研究，提出一个综合的外包决策框架模型，如图 2-3 所示。该模型包括三个主要的组成部分，一是与外包决策相关的独特情景因素，包括组织的独特内外部条件，如质量要求、

① 为简化起见，与 Walker and Weber（1984）的原始图形相比，该图省略了误差项、测量模型和结构模型中的关系系数和相关的图形表示。

成本关注、财务状况、核心业务以及合作情况等；二是考虑外包的战略影响，包括战略和结构方面的因素，如生产流程独特性、市场情况、资本需求、消费者分布、市场期望、供应商能力以及组织文化等；三是考察传统的成本因素，即有关流程或者互动成本，包括生产成本、交易成本等。

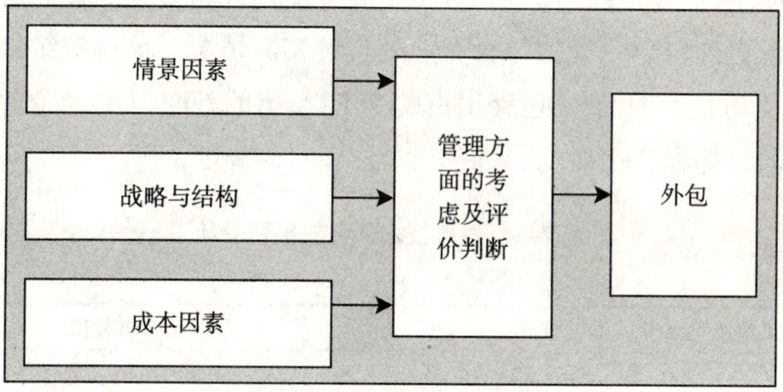

图 2-3 外包决策综合框架模型

资料来源：Fill and Visser（2000）。

外包决策不仅仅是要做出是否外包的决定，在现实外包实践中，企业更多的是要考虑外包什么、外包到什么程度的问题。最近的外包决策实证研究往往把外包程度作为外包决策的因变量进行研究。因此，本书接下来重点对外包程度相关实证研究进行分析和综述。

二、外包程度实证研究

外包决策首先需要考虑的就是外包战略、外包计划、外包预算等外包范围、外包程度相关问题。外包程度是指企业将组织内的信息系统职能委托给外部信息系统供货商处理的程度。当前，外包程度是外包决策实证研究核心的研究内容之一。

早期的关于外包决策的研究主要集中在是否要进行外包的二分决策上面，对于信息系统外包来说，即企业要么将信息系统外包给第三方供应商，要么自主进行开发、建设和管理，这些研究对外包理论的发展和企业的外包实践都起到了很好的推动作用。然而，这种决策模型并不符合现实的实际情况，实际中的外包形式多种多样，外包规模各不相同，外包的范围和程度千差万别。外包不再是一个简单的二分法的决策问题，连续的测量指标（如外包程度）是一个更好的研究概念（Loh and Venkatraman，1992a；Grover，Cheon and Teng，1996）。所以，后来的外包决策模型都将外包程度作为决策变量进行研究，外包决策成为一个包含多个解的连续体。

Barthelemy（2001）使用企业信息技术外包支出占整个信息技术预算的百分比来度量外包程度，通过调查也证实了使用外包程度的概念对于外包决策研究来说更加科学，更加符合企业外包的实际情况。该调查结果显示，超过50%的受访企业的IT外包支出占整个IT支出的60%以上，企业的外包程度相对较高，如表2-1所示。

表2-1 信息技术外包支出百分比

单位：%

IT外包支出占IT预算比例	所占百分比
0~20	16
21~40	16
41~60	10
61~81	32
81~100	26

资料来源：Barthelemy（2001）。

Loh and Venkatraman（1992a）最早使用了外包程度的概念，并提出了信息技术外包程度的概念性架构，试图利用信息技术与企业的成本结构解释企业外包程度，如图2-4所示。为了验证模型，他们应用因子分析与回归分析方法对美国大型机构的外包数据进行分析，研究结果显示：①企业成本结构与信息技术外包程度为正相关。②信息技术成本结构与信息技术外包程度为正相关。③信息技术绩效与信息技术外包程度为负相关。

Ang and Straub（1998）对信息系统外包程度的影响因素进行研究，提出了生产成本优势、交易成本和财务松弛对于外包程度的影响模型，如图2-5所示。[①] 为了验证这些影响关系，该研究收集了针对美国243家银行的高级IT经理的调查数据，并进行实证研究。结果表明：①供应商的成本优势对于

① 为简化起见，与Ang and Straub（1998）的原始图形相比，该图省略了变量之间关系的正负号以及数据分析结果的系数数值列表。

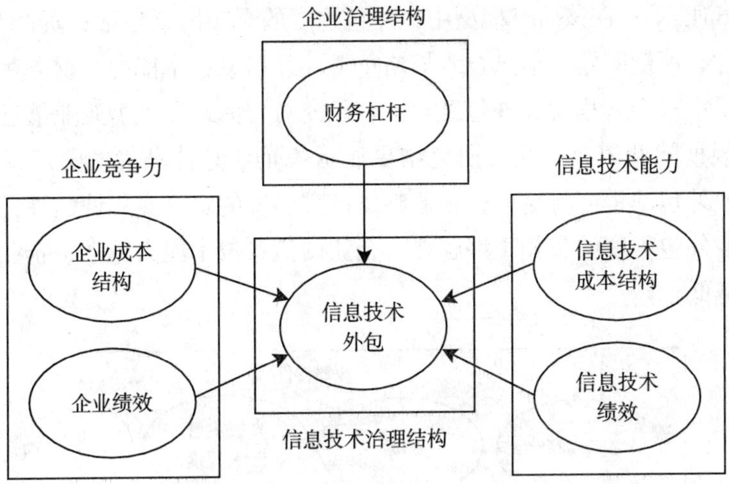

图 2-4 信息技术外包研究模型

资料来源：Loh and Venkatraman（1992a）。

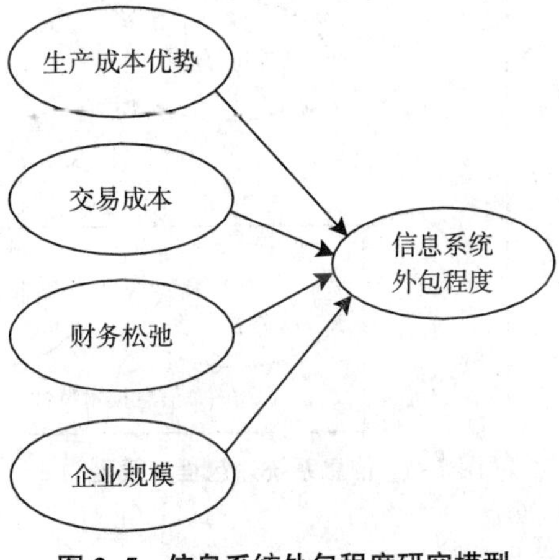

图 2-5 信息系统外包程度研究模型

资料来源：Ang and Straub（1998）。

信息系统外包具有重要影响。②交易成本对于决策具有一定影响，但是要比生产成本的影响小得多。③尽管企业规模是一个重要的控制变量，但是财务松弛也是外包决策的一个重要影响因素。

徐绮忆（1999）以交易成本理论为基础，认为信息系统的交易特性是外包程度的影响因素，并加入其他因素进而提出信息系统外包程度研究模型，如图 2–6 所示。[①] 在该研究模型中，外包程度的影响因素包括：资产专用性、不确定性、评量问题、信息技术战略重要性、信息技术能力、财务刺激、创新、高层主管涉入程度和外包经验。该研究对台湾地区大型企业信息主管进行了大规模问卷调查，实证研究结果显示：企业整体环境的资产专用性越高，企业外包的程度将越低；企业整体信息环境的资产专用性越高，不确定性与企业外包程度的负相关性越强；企业的信息技术能力越强，企业外包的程度将越低。

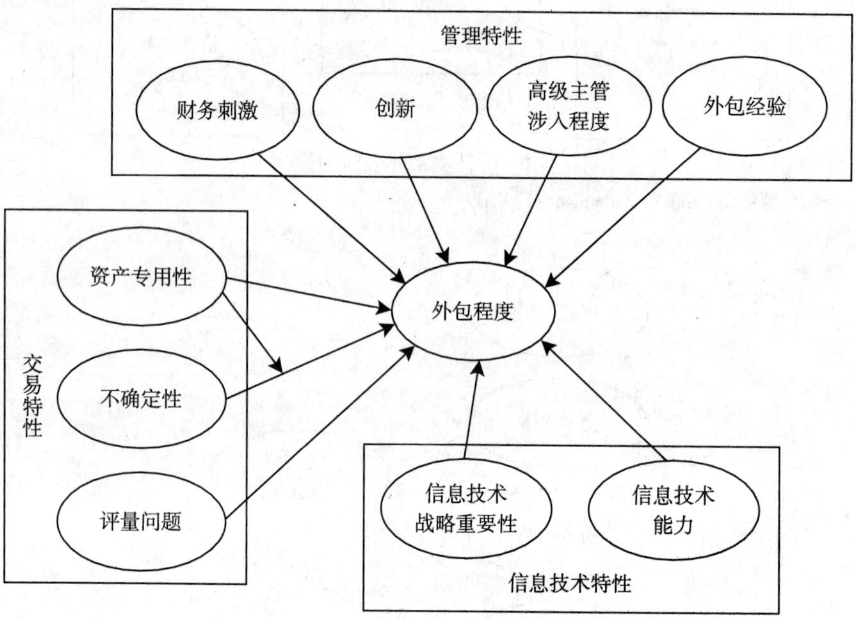

图 2–6　信息系统外包程度模型

资料来源：徐绮忆（1999）。

国内学者纪志坚、苏敬勤、苏大鹏等（2007）对一般企业资源外包程度的影响因素进行了实证研究，研究模型如图 2–7 所示。研究结果显示：各种规模的企业都可以采用资源外包战略，企业的资产专用性较高和能力对比强度较低时，资源外包程度都不应该太高；而当企业能力发展到一定高度之后，外包程度将会达到相对平稳状态，从而维持在一定水平之上。

① 为简化起见，与徐绮忆（1999）的原始图形相比，该图中省略了变量之间关系假设的正负号。

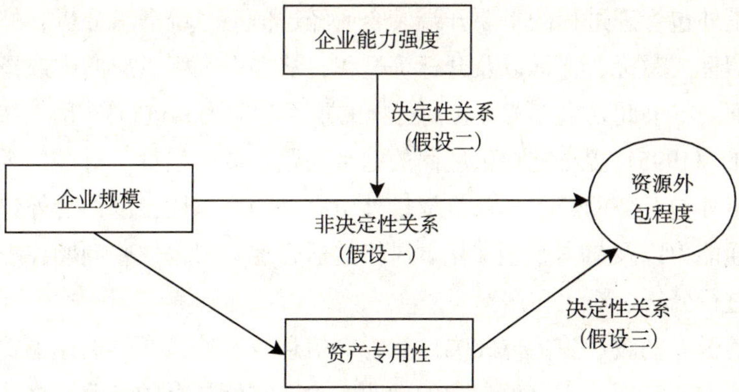

图 2-7　资源外包程度研究模型

资料来源：纪志坚、苏敬勤、苏大鹏等（2007）。

从以上对外包决策相关研究的回顾和分析可看出，这些外包决策研究主要是将自制/外包决定或者外包程度作为决策因变量进行研究（Walker and Weber，1984；Loh and Venkatraman，1992a；Ang and Straub，1998；徐绮忆，1999，2001），并且自变量的选取和研究假设的提出仅局限于某一种理论。由于考虑的方面和侧重点不同，各个研究的自变量差异较大，在不同的研究之间无法比较这些自变量的相对重要性，从而对外包决策分析和外包实践的指导意义受到局限。鉴于此，本书基于相关理论将外包决策因素分为经济决策因素和战略决策因素，并将所有这些决策因素整合到外包决策模型之中，并尝试将外包程度以及影响外包程度的外包决策因素作为自变量，来研究外包决策、外包程度对外包绩效的影响。

第二节　外包管理相关研究

一、外包商选择

企业在做出进行信息系统外包的决策之后，审慎选择适合的、信誉良好的信息系统供应商是确保外包成功的关键步骤之一，是外包过程中重要的一环，也是外包管理过程的重要开端。企业经过信息系统需求分析、外包方案设计、招标、邀标、评标以及开标等过程，从多个竞标供应商中选择最合适的供应商。本书此处重点对外包商选择的重要考虑因素进行分析。

Kelly（1995）提出选择供应商的七个问题：成本报价、对客户企业的承诺、从事外包业务的经验、稳定提供外包服务的可靠性、以往的外包业务记录、沟通能力以及与本企业文化、风格的适合度。根据这些问题在投标的供应商中进行分析、对比和选择。

左美云、杨波、陈禹（2003）认为，信息技术外包商的选择主要应该从如下六个方面考虑：①该外包商的专业实力，它所具有的专业资格认证，如信息产业部颁发的系统集成商证书、认定的软件厂商证书等。②该外包商所开发的软件或其他信息技术产品的性能。③其他客户对该外包商的满意程度，该外包商是否有被投诉的记录。④该外包商的报价。⑤该外包商的品牌和信誉。⑥该外包商的项目管理水平，如软件工程工具、质量保证体系、配置管理方法、管理和技术人员的老化率或流动率、控制成本、进度和质量的措施和量度等。

此外，美誉度亦是选择交易对象的一个重要考虑因素（Williamson，1991）。美誉度这个概念可以总体上代表信息系统供应商的产品/服务质量、价格竞争性、实时响应程度、成本优势、周转时间、成长能力、技术能力、新产品引入能力和管理能力等，是供应商总体优越程度的综合性评价指标。本书在实证研究部分采用供应商美誉度这个综合性概念作为关键影响因素来分析供应商的选择对于外包绩效的影响。

二、签订外包合同

一个成功的外包除了需要选择合适的供应商之外，还要签订一个良好的外包合同。在众多学者关于外包关键成功因素的研究中，几乎毫无例外地都会强调一份完善的外包合同的重要性，合同是外包成功的关键要素之一。如果企业决定将信息系统外包给供应商，合同是唯一确保实现外包期望的机制（Lacity and Hirschheim，1993）。Sauders，Gebelt and Hu（1997）在研究了34个信息系统外包的案例后发现，订立一份“严密”的合同是这些外包成功案例中最为重要的因素。

关于完善合同的设计，Due（1992）指出，为避免被信息系统供应商套牢的一份良好合同应具备下列要素：延误的处罚、后续协商的成本信息、指定软件所有权、控制因为未来处理数量增加或系统升级所发生的费用等。James（1993）建议，良好的合同应包含变革条款，即发生预料之外的情况时如何修改合同的条款，容许当服务需求发生变化时可以调整价格的条款。Judenberg（1994）也认为合同中应包含：如何以及何时可以提出与解决一些原本未成熟的问题，终止方式条款，其中包括外包关系结束时的一些客观评价标准，如何赔偿因外包关系提早结束所引起的损失，以及商定提前处理时间等。

翰纬（2006）认为，对于外包合同需要关注三个方面：外包合同内容、外包合同执行和续签外包合同。在内容方面，外包合同应主要包括外包服务的内容目录、外包服务水平/级别协议以及详细的双方责任和义务说明；在外包合同执行方面，要注意合同的日常管理，要关注业务流程对接方面的问题，要进行外包双方文化的协调和融合；在合同续签方面，要采取合适的续签周期和服务质量评价周期，根据对现有外包服务的评价结果，有针对性地续签更加完善的、适当的外包合同。

三、外包商管理

除了适当的外包合同之外，为了确保外包合同彻底有效执行以提高外包绩效，企业还需要采取适当的外包商管理措施，设计合适的监督、评价与激励机制、知识共享机制，建立适当的外包合作伙伴关系，提高外包关系质量。

在外包商的评价与激励方面，Kim and Chung（2003）通过对美国 207 个外包关系进行调查研究发现对供应商的监督对于外包关系的成功具有积极的影响。康毅、崔南方、林淑贤（2007）认为，在外包交易的契约中引入市场基准，并合理地安排激励机制和监督机制可以降低企业业务外包的总成本，提高业务外包的运作效率。张海峰、李华（2008）认为监督—奖惩机制的引入可以成功地降低委托方的代理成本，同时激励机制和监督—奖惩机制能够有效地提高供应商的工作努力程度，并且委托方可以综合地应用这两个机制，从而在一定程度上提高外包的绩效。

在知识共享方面，外包双方的信息沟通和知识共享对于信息系统外包的成功至关重要（Grover，Cheon and Teng，1996；Lee and Kim，1999；Goles and Chin，2005）。Gottschalk（2006）认为外包双方充分的知识共享和信息是进行外包合作、提供外包服务、提高外包绩效、确保外包成功的基础。外包双方的知识转移、共享和管理对于提高外包关系质量、改善外包绩效会有积极的影响。Lee（2001）通过实证研究也发现企业与供应商之间的知识共享对于外包成功具有积极影响，在某些条件下甚至对外包的成功至关重要。梁建英、廖貅武（2008）认为，信息技术外包是企业在快速变化环境下的一种战略选择，而外包中知识转移对于外包的成功具有重要意义。秦黎、沈锋（2005）甚至认为，知识共享、信息共享决定了信息技术外包项目的成败。企业与供应商之间的知识流动顺畅性是信息系统外包成功的保证。

在外包关系管理方面，Teng，Cheon and Grove（1995）认为信息系统外包不仅仅是一种企业与供应商之间的买卖关系，逐渐地已经成为服务接受者与提供者间的合作伙伴关系。在合作关系中，双方的沟通、协调和配合以及信任、承诺和融合对于信息系统外包关系的成功至关重要（Lee and Kim，1999；Goles and Chin，2005）。Kishore，Rao and Nam et al.（2003）亦认为，外包更应该是与信息服务供应商之间的一种关系管理，而不仅仅是一个简单的信息系统产品的交易合同，影响外包成功的最为重要的因素是客户与它们的服务供应商之间的相互理解。Grover，Cheon and Teng（1996）通过实证研究发现伙伴关系质量与外包成功之间有强烈的正相关关系，同时基于信任、沟通与合作的长期互动关系，对获得外包的最大利益非常关键。外包关系管理是整个外包管理的重点，直接决定外包的成败。

第三节 外包绩效相关研究

一、外包绩效评价

绩效本意是说明一项行为或活动的好坏，绩效水平必须要有一个比较的对象，且与绩效、产出或结果的多少有关。绩效应包括效果、效率及组织成员满意度，除此之外绩效还应包括创新及减少冲突等。一般情况下，绩效所包含的范围比较宽泛，衡量的标准和比较的对象也很难明确定义，从而使得绩效评价工作变得比较困难。

随着学术界对外包问题研究的不断深入，除了外包决策、外包管理研究之外，外包绩效相关议题成了新的研究重点。与一般的绩效评价一样，外包绩效的评价也比较困难。信息系统外包绩效直接取决于信息系统外包是否成功，外包是否成功是外包绩效高低的重要体现，从而信息系统外包成功的衡量标准及成功关键因素就成为信息系统外包绩效研究的重要议题。

DeLone and McLean（1992）对相关研究进行回顾，并将信息系统外包的成功归结为六个方面：①系统的质量。②信息的质量。③系统应用。④用户满意度。⑤对于个体用户的影响。⑥对于整个组织的影响。Grover and Teng（1993）以企业核心资源、竞争力、能力、人员、经济、成本及科技七个方面，衡量信息系统外包后组织所增加的利益。

Grover，Cheon and Teng（1996）探讨外包程度与外包成功之间的关系，以外包成功代表组织已实现的外包绩效，将成功的信息系统外包定义为组织对通过执行外包战略而获得的外包收益感到满意。他们将外包收益分为三类：①战略利益：将例行的活动外包，从而使企业能够集中于核心业务。②经济利益：企业能够利用供应商在人力和技术资源方面的专长和规模经济优势，并且能够优化企业的成本结构。③技术利益：使企业能够获得最前沿的信息技术，避免由于发展变化而导致技术落后。该研究结果发现，系统操作、通信管理与维护的外包程度与外包成功之间具有显著正相关关系，供应商的服务质量及伙伴关系对于外包成功具有重要影响。

Saunders，Gebelt and Hu（1997）则通过四个维度来衡量外包成功：①经济方面：外包的效益以及企业避免了一项重要的资本支出。②技术方面：通过外包实现技术灵活性、获得新的技能和新的技术。③战略利益：战略优势、内部提供信息系统的能力以及战略关注核心的变化。④整体满意度：外包总体上的成功程度以及更换供应商的愿望。台湾学者徐绮忆（1999）将外包绩效定义为：针对特定的信息系统外包项目，企业在策略、经济、科技及行政四方面所获得的外包利益。

企业对于信息系统外包的预期效益大多集于财务环节、企业再造、技术及效率提升等方面。Claver，Gonzalez，Llopis 等人（2002）通过调查发现企业进行信息系统外包的主要原因包括节约人力成本、提高信息系统部门的灵活性、聚焦于信息系统战略问题等。玉珏（2006）从 Frost and Sullivan 对南美洲企业使用信息系统外包服务的调查报告中得出，企业认为外包服务的好处有很多，包括使企业把精力专注于核心/策略性业务、降低整体运营成本等，按照重要性依次排列，如表 2-2 所示，[①] 其中最为重要的还是从战略和成本方面考虑。

表 2-2 外包服务给企业带来的好处

IT 外包服务的优点	所占百分比（%）
令企业把精力专注于核心/策略性业务	71
降低整体运营成本	55
不用担心需要经常更新 IT 技术	39
改进 IT 操作质量	26
能得到专业的咨询服务	23
简化业务操作	23
令业务具备更高的灵活性	13
把 IT 操作委托给专业人士负责，更安全	13
腾出人力资源从事其他	10
其他原因	19

资料来源：玉珏（2006）。

在最近的研究中，与较早的外包绩效衡量方法相类似，Lee，Miranda and Kim（2004）通过战略能力、成本利益和技术能力三个方面的利益来衡量外包的成功程度，而 Kim and Chung（2003）则通过满意度、经济利益和非经济利益三个维度来衡量外包的成功。然而，信息系统外包不仅影响系统本身的运营，也将影响整个信息部门，甚至整个组织的运作。信息系统外包的成功，即高绩效的信息系统外包将成功改变组织作业流程，提升作业效率，有效达成作业目标，降低成本，提高组织成员的满意度及减少冲突等，

① 资料来源：转引自玉珏：《外包服务将给企业的信息安全带来什么》，《信息安全与通信保密》，2006 年第 6 期，第 35 页。

甚至能够使得整个组织的绩效水平得到提升。

在最新的研究中，Wang，Gwebu，Wang 等人（2008）放弃了使用外包在战略、经济、技术和满意度等方面的成功程度来衡量外包绩效的传统做法，而将 IT 外包绩效分为流程绩效和企业绩效，其中流程绩效包括销售额、人均销售额、经营管理费用、折旧费用、折旧前营业收入，企业绩效包括资产收益率（ROA）、净资产收益率（ROE）和投资回报率（ROI），如图 2-8 所示。尽管通过这种绩效测量方法获得的数据比较客观、准确，但是数据的获取难度较大，同时由于在研究中需要的控制变量较多，研究难度大，从而使得研究结论的可靠性降低。

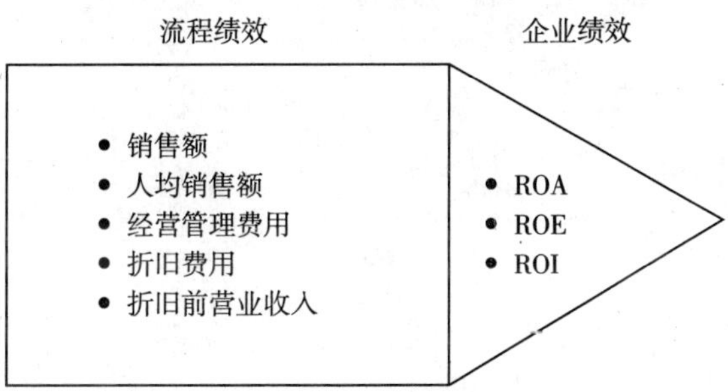

图 2-8 信息技术外包绩效测量指标

资料来源：Wang，Gwebu，Wang，et al.（2008）。

本书根据 Saunders，Gebelt and Hu（1997）和 Kim and Chung（2003）的研究，认为采用以前比较成熟的 IT 外包绩效评价测量方法认为信息系统外包绩效应该包括战略、经济和技术等方面的绩效，同时满意度是绩效衡量的重要指标之一，顾客满意度决定于顾客所预期的产品利益的实现程度。对于信息系统外包而言，组织成员满意度是指组织成员对于信息系统外包所预期的利益之实现程度，即预期和实际结果一致的程度。企业通过信息系统外包可以加强组织的信息科技能力，提升信息服务质量并满足组织不断变化的信息需求，将提升组织成员的满意度和组织的整体绩效。因此，本书将组织成员对于信息系统外包的满意度直接作为外包绩效的衡量项目。

二、外包绩效实证研究

除了外包绩效评价问题之外，外包绩效研究的另一个重点就是回答如何进行有效外包决策和外包管理来提高组织外包绩效的问题。很多学者应用交易成本、社会交换、关系管理等多种理论，通过问卷调查等实证研究方法，对信息系统外包绩效的影响因素进行了实证分析，并得出了一些有益的结论。

Grover，Cheon and Teng（1996）探讨外包程度与外包成功之间的关系，如图 2-9 所示。其中，外包成功代表已实现的外包利益，如重新专注于核心业务、加强信息技术能力、接触专业技术与关键技术等。该研究结果发现，外包成功与系统操作、网络管理与维护两个信息功能的外包程度有显著正相关关系，供应商的服务品质与伙伴关系质量对于外包成功也具有重要的影响。

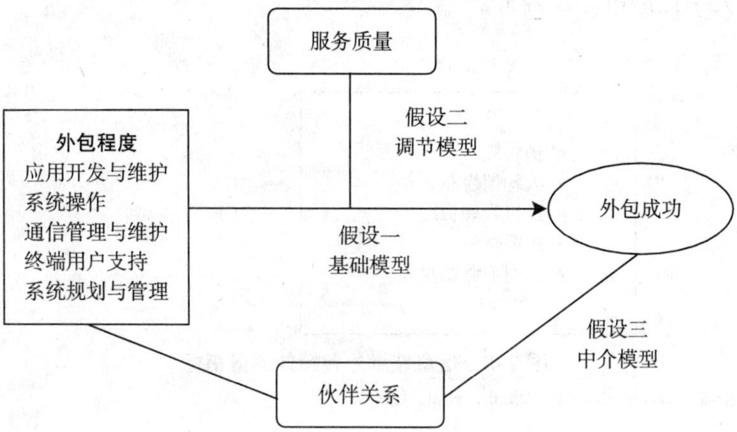

图 2-9　外包程度与外包成功研究模型

资料来源：Grover，Cheon and Teng（1996）。

戴基峰（1997）探讨的是软件外包满意度，其研究模型如图 2-10 所示。其中，影响软件外包满意度的因素包括：交易成本、社会关系、契约模式、商誉以及服务质量。他的主要研究结果如下：①交易成本对于外包满意度有一定影响，同时交易成本的发生将促使企业与供应商之间维持较好的社会关系。②企业感受到的服务品质不但对外包满意度有正面的影响，同时也是社会关系对于外包满意度正面影响的中介变量（Mediator）。③契约模式对于外包满意度有正面影响，但是对投机行为却没有显著的降低效果。④企业对供应商的商誉评估是软件外包事前的一个重要管理机制，因为商誉能够显著地影响外包双方的社会关系，降低供应商的投机行为，并提高企业感受到的服务品质。

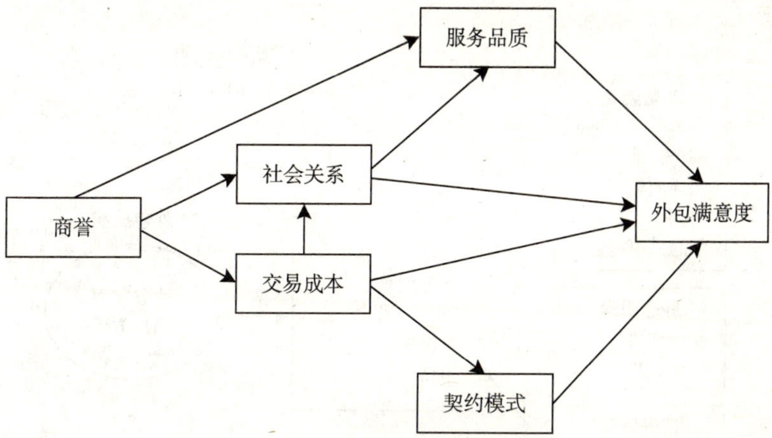

图 2-10　外包满意度研究模型

资料来源：戴基峰（1997）。

Lee and Kim（1999）建立了基于社会学理论的外包伙伴关系理论研究框架，如图 2-11 所示，并研究了伙伴关系质量对外包成功的影响。他们通过对 36 个服务接受单位和 54 个服务提供单位共 74 对外包关系的实证研究发现，伙伴关系质量是外包成功的一个非常关键的因素，同时，伙伴关系质量与参与、沟通、信息共享、高层领导支持之间具有正相关关系，而与合作关系时间和相互的依赖具有负相关关系。

徐绮忆（1999）以交易成本理论为基础，提出交易特性是信息系统外包绩效的影响因素，同时合同完善程度、合作伙伴关系、供应商的商誉都可能会对外包绩效产生影响，研究模型如图 2-12 所示。[①] 该研究通过问卷调查的方法进行实证分析，研究结果指出：信息系统外包项目的资产专用性越高，企业外包的绩效将越高；信息系统外包项目的不确定性越高，外包合同将越不完善；而外包项目的合同越完善，企业外包的绩效将越高；信息系统外包项目的合同越完善、信息系统供应商的商誉越佳，企业与供应商之间的伙伴质量将越好；而企业与供应商之间的伙伴质量越好，企业外包的绩效将越高。

① 为简化起见，与徐绮忆（1999）的原始图形相比，该图省略了变量之间关系假设的正负号。

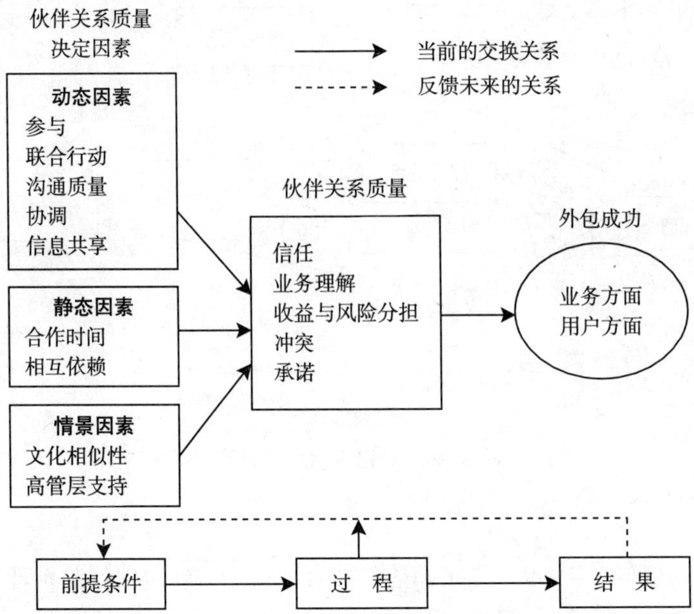

图 2-11　伙伴关系质量研究模型

资料来源：Lee and Kim（1999）。

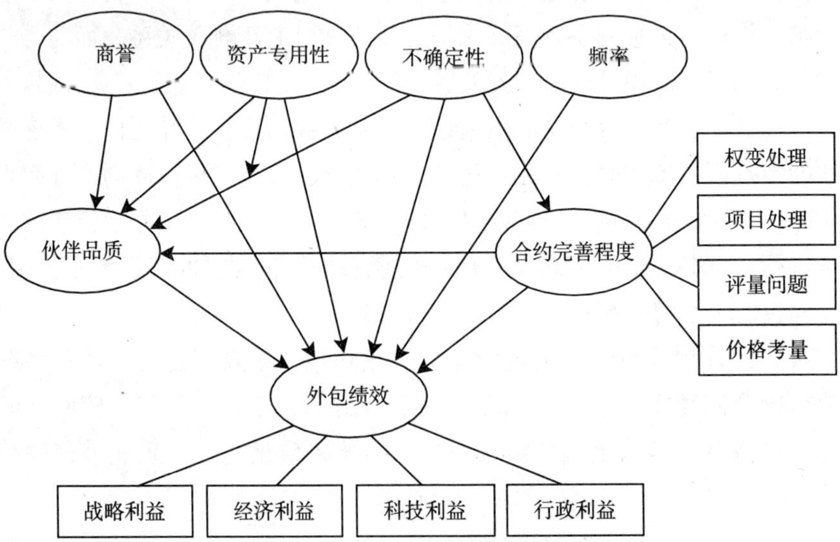

图 2-12　信息系统外包绩效模型

资料来源：徐绮忆（1999）。

Lee（2001）通过对韩国 195 家公共部门组织的调查研究，发现组织与外包商之间的知识共享对于外包成功具有积极影响；同时，外包双方的组织能力和伙伴关系质量对于这种影响分别具有调节和中介作用，这些因素对于外包的成功至关重要，其研究模型如图 2-13 所示。

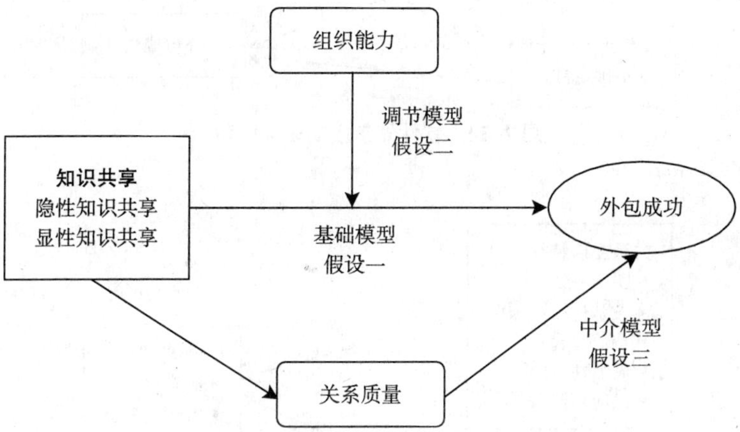

图 2-13　知识共享与外包成功研究模型

资料来源：Lee（2001）。

Wang（2002）以交易成本理论为基础，通过问卷调查方法分析了外包交易特性对定制化软件外包结果的影响，其研究模型包含三个外生变量（合同供应方声誉、资产专用性和不确定性）以及两个内生变量（签订合同后的机会主义和外包成功），并且还研究了资产专用性对不确定性与内生变量之间关系的调节作用，研究模型如图 2-14 所示。实证研究结果显示，交易成本理论可以较好地解释外包行为，供应商声誉和不确定性对机会主义行为和外包的成功具有较好的预测作用，但是资产专用性对机会主义行为具有负面影响而对外包的成功却具有积极影响，这与交易成本理论的典型观点不相符合。

Kim and Chung（2003）基于关系交换理论、沟通行为以及交易成本理论，建立了外包关键成功因素研究模型，如图 2-15 所示。通过对美国 207 个外包关系进行调查研究，发现供应商能力、团结一致、关系持续性预期、灵活性和对供应商的监督对于外包关系的成功具有积极的影响，而角色整合和资产专用性对于外包关系的成功具有消极的影响。

国内学者徐姝、胡明铭（2007）通过实证研究发现，外包关系特性和外

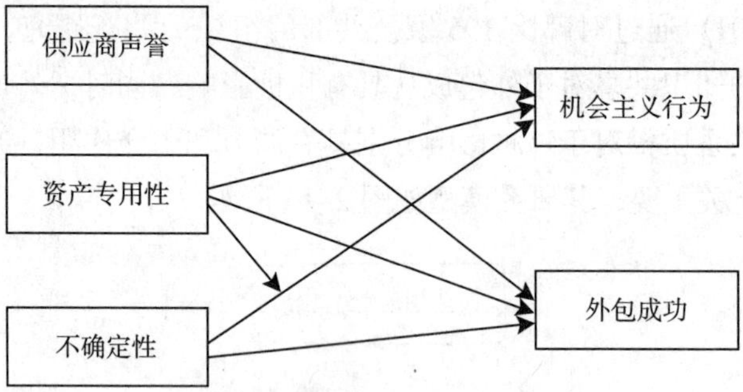

图 2-14　软件外包成功研究模型

资料来源：Wang（2002）。

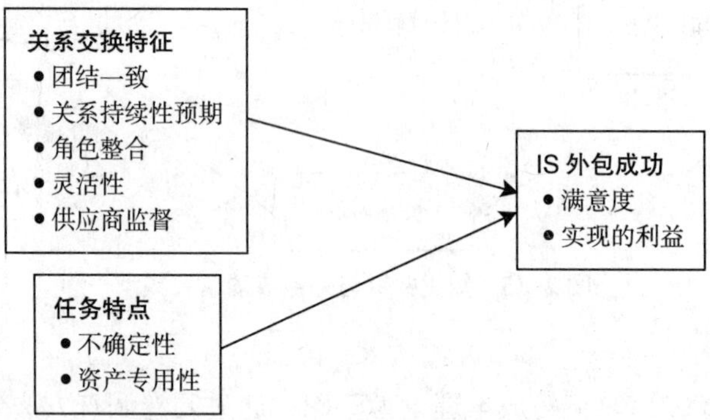

图 2-15　外包关键成功因素研究模型

资料来源：Kim and Chung（2003）。

包双方的学习机制对外包绩效会产生积极的影响，同时外包关系的类型也会对外包绩效产生影响，其研究模型如图 2-16 所示。

Wang，Gwebu，Wang 等人（2008）将 IT 外包绩效分为流程绩效和企业绩效，其中流程绩效包括销售额、人均销售额、经营管理费用、折旧费用、折旧前营业收入，企业绩效包括资产收益率、净资产收益率和投资回报率，并通过实证研究发现 IT 外包的积极效果主要表现在业务流程层面，而不是企业整体层面，另外 IT 外包的商业价值还要取决于企业自身的核心 IT 能力，那些拥有较高的核心 IT 能力的企业在通过外包来提高企业价值的过程中会享有更大的优势。

信息系统外包绩效实证研究大多是研究交易成本（戴基峰，1997）、交易特性（徐绮忆，1999；Wang，2002；Kim and Chung，2003）、伙伴关系

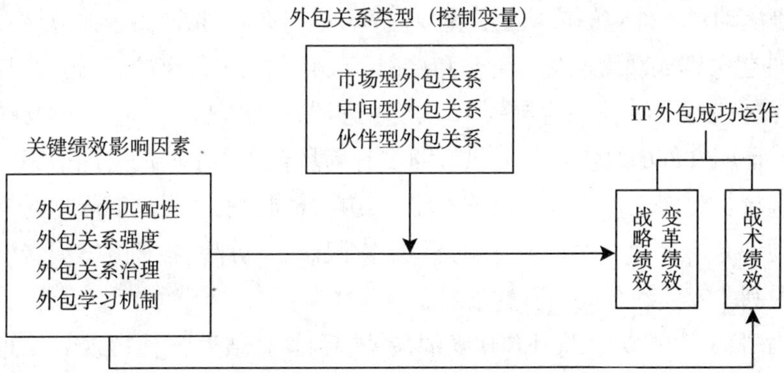

图 2-16 外包关系与外包绩效研究模型

资料来源：徐姝、胡明铭（2007）。

（Grover，Cheon and Teng，1996；戴基峰，1997；Lee and Kim，1999；徐绮忆，1999；Kim and Chung，2003；徐姝、胡明铭，2007）、合同完善程度（戴基峰，1997；徐绮忆，1999）、服务质量（Grover，Cheon and Teng，1996；戴基峰，1997；徐绮忆，1999）、知识共享（Lee，2001）以及企业核心 IT 能力（Wang，Gwebu，Wang 等人，2008）对于外包绩效的影响。由于各自的研究角度和所应用的理论基础不同，提出的外包绩效影响因素众多而且很不相同，从而使得众多的外包绩效影响因素显得分散、凌乱，忽略了对外包决策和外包管理过程中一些关键绩效影响因素的系统性、整体性考察，缺乏对外包过程的理论整合和全面研究，从而使得企业如何提高信息系统外包绩效的实践指导意义受到限制。本书拟从外包管理全过程的角度，通过对外包基础理论的研究和分析，把外包决策、外包管理相关因素纳入绩效影响因素模型之中，建立具有理论支撑的外包过程、外包绩效研究模型。

三、外包绩效影响因素

除了上面回顾的外包绩效相关实证研究之外，很多学者利用规范分析、文献研究、案例分析、经验总结、实地调查等研究方法，提出了各种各样的对外包绩效有重要影响的因素、环节和行为，即所谓的“外包关键成功因素”。本书对这些因素进行简要总结，以期能够从现有文献中找到对外包绩效具有重要影响的关键因素和共性因素。

Labbs（1993）指出，识别外包目标、评估短期/长期影响以及评估企业文化等活动对于外包的成功至关重要。Wong（1994）指出，企业应该对以下12个外包关键成功因素进行管理和控制：①识别用户需求的能力。②与行业标准保持一致。③按照合同要求对产品进行升级和改进。④维护成本的弹性。⑤证明文件的真实性。⑥供应商没有满足合同要求时的惩罚措施。⑦有助于进行长时期工作检查的付款安排。⑧在合同中明确付款期限。⑨软件价格与硬件有形尺寸无关。⑩总的交易金额限制。⑪评估各种方案或者资产出售的权利。⑫熟悉合同的所有条款。

Tarricone（1997）将外包成功的最关键因素总结为以下10类：①理解业务目标和外包目标。②制定并执行跟随战略。③选择合适的外包供应商。④与外包商保持积极的互动关系。⑤拟订适当的合同。⑥以开放的态度与个人和工作团队沟通。⑦争取高层领导的参与和支持。⑧关注员工的利益。⑨加强财务管理。⑩聘请组织外部的专家参与其中。[①] Sauders，Gebelt and Hu（1997）在研究了34个信息系统外包的案例后发现，订立一份“严密”的合同是这些外包成功案例中最为重要的因素。

Lacity and Willcokcs（1998）通过对61个IT外包决策案例的调查研究，总结了外包的5个重要成功法则：①选择性的外包比整体外包或者全部内部提供的成功率高。②高级主管、IT经理共同决策要比两方面单独决策成功率高。③邀请企业内部IT部门和外部承包商共同竞价比仅仅比较外部报价与内部现有IT成本的成功率高。④短期合同比长期合同的成功率高。⑤详细的服务费用合同比其他类型合同的成功率高。

Willcocks and Lacity（1999）对以前的文献进行总结，从相反的角度指出导致信息技术外包失败或者对外包绩效具有负面影响的因素主要包括：①将信息技术看做是一般的商品进行外包。②合同不完善。③在合同和外包关系方面缺乏对供应商的有效管理。④没有在企业内部建立并保留必要的技术和能力。⑤与供应商之间的权力分配不平衡。⑥由于业务/技术的快速变化致使无法建立和调整外包交易。⑦缺乏完全外包模式的合同制定和管理经验。⑧为了短期的成本结构或者现金流入而进行外包，而不是通过外包获得

① 转引自Hsu，C. C.，Wu，C. H. and Hsu，J. C.，“Performance Evaluation of Information System Outsourcing in Taiwan’s Large Enterprises”，Journal of American Academy of Business，Vol.6，No.1，Mar. 2005，255-259。

经营优势。⑨对外包抱有不切实际的多重目标的期望。⑩对新技术及其应用开发外包安排不当。

Claver，Gonzalez，Llopis 等人（2002）通过调查发现，对外包成功有重要影响的八个因素，按照重要程度依次排列，如表 2-3 所示。其中，外包商了解对方的目标、高层领导的支持和参与、选择合适的外包商以及相互沟通是最为重要的外包成功因素。

表 2-3 影响外包成功的因素（Claver，Gonzalez，Llopis 研究结论）

外包成功关键因素	所占百分比（%）
外包商必须了解客户的目标	74.3
高层管理人员的支持和参与	42.8
选择合适的外包商	37.1
外包商与客户之间频繁的沟通	37.1
外包商对客户的问题非常关注	37.1
签订合适的合同	25.7
清楚理解外包的目的、意图	22.8
双方感到物超所值	22.8

资料来源：Claver，Gonzalez，Llopis，et al.（2002）。

Gonzalez，Gasco and Llopis（2005）通过调查得出了相类似的结果，这些成功影响因素包括：外包商必须了解客户的目标、选择合适的供应商、理解供应的目标和意图、关注客户需求、相互沟通、签订合适的合同等，按照重要程度依次如表 2-4 所示。

表 2-4 外包成功的影响因素（Gonzalez，Gasco and Llopis 研究结论）

外包成功关键因素	所占百分比（%）
外包商必须了解客户的目标	64.4
选择合适的供应商	53.6
清楚理解外包商的目标、意图	42.3
外包商对客户的问题非常关注	28.4
外包商与客户之间频繁沟通	26.5
双方感到物超所值	25.5
高层管理人员的支持和参与	23.2
签订合适的合同	21.6

资料来源：Gonzalez，Gasco and Llopis（2005）。

罗伯特·克莱珀和温德尔·琼斯（2003）对于外包决策和外包关系管理的全过程进行了研究，总结出外包获得成功的决定性因素，包括：①对外包的决定进行审慎决策，识别外包风险。②对外包的目的和范围有完整和清晰的认识。③与外包商建立恰当的外包关系。④对外包商的要求要尽可能地细化和量化。⑤选择可信任的、文化与本组织具有兼容性的外包商。⑥尽量在最初阶段就解决争执，并避免合同争议升级。⑦在整个外包合同期限内都要对外包风险进行管理。⑧与外包商高级别经理建立良好的个人关系。⑨尽可能地培养外包商之间的竞争关系。[①]

Corbett（2003）通过对在外包管理方面非常成功的组织进行观察而发现7个方面的措施对于外包的成功非常重要，这些措施代表着外包管理的最高水平。包括：①双方协商的、可测量和可检验的客观绩效标准。②正式的外包关系管理结构。③基于外包绩效的定价标准。④关于商业目标和关系管理的内部培训及交流。⑤对外包商进行客户商业环境和目标方面的培训。⑥规范的组织文化。⑦持续不断的知识和技能交流。[②]

Reifer（2004）建议以下七个外包的实用准则：①不可外包代表企业核心竞争力的业务。②合作建立在“双赢”的基础上。③培养与承包商之间的合作伙伴关系。④绩效评估尽可能量化。⑤为异常情况做好财务预算。⑥把外包当作一个技术革新的机会。⑦为意外事故做好准备。[③]

Koh，Ang and Straub（2004）应用心理契约理论观点，通过实证研究发现外包双方的相互责任以及各自责任的履行对外包关系成功具有重要影响，甚至比合同类型、外包期限和外包规模的影响更大。客户企业认为，供应商的责任包括准确的项目范围、明确的权力结构、负责任且有效的人力资本管理、有效的知识转移以及有效的跨组织工作团队；供应商认为，客户企业的责任包括详细的要求说明、及时付款、密切的项目监督、敬业的项目人员、知识共享以及项目主人翁意识。

---

① 罗伯特·克莱珀、温德尔·琼斯：《信息技术、系统与服务的外包》，电子工业出版社，2003年，第5~18页。

② 罗伯特·克莱珀、温德尔·琼斯：《信息技术、系统与服务的外包》，电子工业出版社，2003年，第231~244页。

③ 转引自黄伟、陈宏民和Faizul Huq：《信息系统外包：主要研究方向和未来发展趋势》，《清华大学学报》（自然科学版），2006年第46卷，第923~929页。

Hsu and Wu（2006）对以前文献中有关外包成功因素的研究进行了总结，指出信息系统外包关键成功因素包括：①承包商按照计划完全执行合同的各项要求。②通过联合处理和利用规模经济优势节约信息处理成本。③不断提高信息系统服务的用户满意度。④改善信息服务最原始的质量和效率。⑤利用资金的灵活性将固定成本转化成可变成本。⑥保护并维持现有信息类员工的工作权益。

从这些外包绩效的相关研究结果可以看出，外包绩效影响因素和外包关键成功因素众多，这些因素的分类方法、所处层次、关注重点既有一些重合，也有很多不同，都从不同的侧面说明对外包绩效具有重要影响的一些因素、活动或环节，对外包实践具有一定的指导意义。但是，这些因素中有很多缺乏理论依据，同时也缺少系统的梳理、整合和体系化的设计，从而对于外包实践的指导意义受到限制，也很难分辨这些因素对于外包绩效的影响方式和程度及其相对重要性。

尽管这些绩效影响因素众多且比较凌乱，对实践的指导意义受到某种程度的限制，但是这些研究却为后来的研究提供很好的参考和借鉴，这些因素中的绝大部分都可以归纳、整合到信息系统外包过程的各个阶段之中，为基于外包过程的外包绩效影响因素整合和更深层次的实证研究奠定理论和文献基础。

第四节 现有研究的不足与本书研究机会

一、现有研究的不足

外包绩效研究的局限与不足是本书的研究动力和机会，也是本书的出发点。通过对现有外包绩效影响因素和外包成功因素的文献进行分析和综述可以发现，现有外包绩效影响因素研究的局限主要表现在以下三个方面：

1. 外包决策与外包管理相互割裂，没能实现有机统一

目前，信息系统外包研究根据研究问题的不同可以大致划分为两大类：

外包决策和外包管理。外包决策主要研究外包的影响因素、外包的范围和程度、外包的收益和风险等问题（Lacity and Hirschheim，1993；Loh and Venkatraman，1992a；Lacity and Willcokcs，1995；Poppo and Zenger，1998；Ang and Straub，1998；徐绮忆，1999；Gilley and Rasheed，2000）；而外包管理则主要研究外商的选择、外包合同签订、外包商考核与激励以及外包关系管理等问题（Grover，Cheon and Teng，1996；Lee and Kim，1999；Lee，2001；Poppo and Zenger，2003；Koh，Ang and Straub，2004；Goles and Chin，2005）。

从以上外包决策和外包管理研究论文发表的时间可以看出，早一点的研究主要集中在外包决策问题上，主要回答为什么要外包、外包什么、外包到什么程度的问题。而随着学术界对于信息系统外包研究的深入，学者们逐渐认识到信息系统外包不仅仅是一个外包决策的问题，要想取得预期的外包效益，外包工作还必须要重视外包决策之后的外包管理工作，即要回答如何进行外包、如何取得预期效益的问题，这可能是外包全过程中更为重要的问题，近年来这也受到越来越多的学者重视（Goles and Chin，2005；Mahnke，Overby and Vang，2005）。

但是，外包决策与外包管理如何有效联结、实现有机统一，尤其是在外包管理和外包绩效影响因素研究中如何有效整合外包决策过程和外包决策影响因素是目前的外包研究需要解决的一个问题。

2. 外包绩效影响因素众多而且凌乱，亟须进行有效整合

当信息系统外包蔚然成风之时，一些企业认为信息系统外包能够减少系统开发时间并节省大笔成本，而另外一些企业则惨遭失败。其中，信息系统外包的利益包括：获得组织内无法以其他方式拥有的资源（Teece，1986）、增强组织灵活性（Quinn and Hilmer，1994）、改善对顾客的服务、减少成本、提供接近专门知识与技术的机会以及提交资产的利用效率（张硕毅、张维婷，2005）、提高系统的服务质量和绩效（克莱珀、琼斯，2003）。此外，可能的问题包括：信息系统外包未必能降低成本（Lacity and Hirschheim，1995）、操作与财务控制的丧失、减少与顾客直接接触的机会及丧失内部的专业知识等（Lacity and Hirschheim，1995）。

关于信息系统外包绩效，学术界一直存在争议，没有形成一致的看法；

在实践中进行信息系统外包的企业并非都能获得预期的效益，信息系统外包也可能带给企业负面的影响，外包的效果也参差不齐，也没有形成公认的最佳实践或有效模式。现阶段对信息系统外包绩效的研究大多仅限于基本现况调查与优缺点比较，对于企业实施信息系统外包的绩效仍旧缺乏理论支持，至于有理论支持的实证性研究更是缺乏。

关于外包绩效影响因素或者外包关键成功因素的研究是外包领域的研究热点之一，很多学者利用规范分析、文献研究、案例分析、经验总结、实地调查等研究方法，提出了多种对外包绩效有重要影响的因素，即所谓的“外包关键成功因素”。这些研究包括：Labbs（1993）指出识别外包目标、评估短期/长期影响以及评估企业文化等因素对于外包成功至关重要；Wong（1994）指出，企业应该重点关注的 12 个外包关键成功因素；Tarricone（1997）总结了外包成功的 10 个最关键因素；Sauders，Gebelt and Hu（1997）发现，订立一份“严密”的合同是这些外包成功案例中最为重要的因素；Claver，Gonzalez，Llopis 等人（2002）发现对外包成功有重要影响的 8 个因素；最新研究还包括罗伯特·克莱珀和温德尔·琼斯（2003）、Corbett（2003）、Reifer（2004）、Koh，Ang and Straub（2004）、Gonzalez，Gasco and Llopis（2005）等。

3. 现有研究缺乏对企业信息系统战略、策略方面的关注

信息战略将公司的经营目标、支持这些目标的具体信息需求，以及提供这些信息的计算机系统的实施都综合到了一起，它是一种信息系统开发计划，可以明确未来组织中信息系统的地位、愿景并使信息系统向这个方向发展（Wilson，1989）。[①] 信息战略及信息技术战略是企业整体战略的一部分，正日益成为企业的基础性战略。[②] 信息系统战略是企业整体战略的重要组成部分，是企业应用信息技术的指导性文件，没有信息系统战略，企业的信息系统建设难免会带有盲目性，而且由于企业信息化是一个持续不断的投资过程，如果没有信息系统战略规划，势必会使信息化过程时断时续，缺乏一致性、连续性和兼容性，最终可能导致花费巨资进行的信息化建设，并没有取

① 转引自戴维·查菲、史蒂夫·伍德：《企业信息管理：用信息系统改进绩效》，赵苹、陈守龙、刘现伟译，中国人民大学出版社，2008 年，第 217~218 页。

② 赵苹、陈守龙、郭爽：《企业信息战略管理》，清华大学出版社，2006 年，前言，第 2 页。

得应有的效果，反而成为企业运行的一大负担。同时，信息系统战略也必须与企业的战略相结合，相互促进，从而有利于企业整体战略目标的最终实现；否则，不仅会导致企业信息化建设的失败，而且还会影响到企业战略目标的实现。

信息系统外包过程不仅是外包决策与实施的过程，而且也是信息系统与企业业务活动紧密结合、不断整合的过程，是对企业运营方式的一种根本性变革，甚至关系到企业经营模式和竞争方式的改变。企业信息系统外包不仅要重视外包决策过程，而且还必须要重视对供应商和外包实施过程的管理、协调和控制；不仅要重视经济决策因素，更要关注企业的整体战略和信息战略选择以及信息系统外包策略。现代企业也越来越重视企业的信息系统战略规划，信息系统战略规划已经成为企业信息管理部门的一项重要职能。

然而，现有的外包决策研究和外包绩效影响因素研究很少关注企业的信息系统战略、信息技术战略定位和信息系统外包策略因素，就信息系统的战略定位对于外包决策、外包管理以及外包绩效的影响极少涉及。因此，现有的外包研究还没能从战略的高度来研究信息系统和信息系统外包对于企业可能产生的长远而深刻的变化。

二、本书研究机会

本书针对现有外包绩效影响因素研究的局限与不足，发掘新的研究机会。针对外包现有研究中外包决策和外包管理相互割裂的问题以及外包绩效影响因素众多而且凌乱的问题，本书从外包生命周期全过程的角度，对外包相关基础理论进行分类和归纳分析，将外包相关的经济学、战略管理和管理学理论整合到一个统一的研究模型中，并以外包过程为基础对外包决策和外包绩效的影响因素进行梳理、归纳和提炼，把外包决策相关因素纳入绩效影响因素模型之中，提出具有理论支撑的、基于外包过程的、可以进行实证检验的外包绩效研究模型，将外包决策和外包管理紧密结合，并使众多的绩效影响因素整合到同一个模型，从而有利于分析对比这些影响因素对于外包绩效的相对重要程度。

随着专业分工的深入发展和企业间的竞争越来越激烈，信息系统和企业资源外包对于企业经营和竞争力提升的影响作用越来越大，信息系统外包已经成为企业战略尤其是信息系统战略的重要组成部分，对于企业竞争优势的建立甚至长远发展都具有重要意义。本书针对现有研究对信息系统外包战略、策略方面缺乏关注的问题，以信息系统外包的战略管理理论观点为基础，将外包的战略决策因素引入外包决策和外包绩效研究模型中，以反映企业外包实践的最新发展和企业信息技术战略因素对于外包绩效的影响。

另外，现有研究缺乏关于完整的外包过程的全面深入的定量实证性研究(Mahnke，Overby and Vang，2005)，国内关于信息系统外包的定量研究更是缺乏。本书在基于外包过程的绩效影响因素研究模型基础上，提出其研究假设，并通过问卷调查、数据分析等实证研究方法，对绩效影响因素模型进行实证检验，以弥补现有外包绩效影响因素实证研究的缺乏和不足。

第三章　信息系统外包理论分析

信息系统外包是企业一项重要的信息战略决策和管理活动，相关的基础理论非常多，许多学者通过不同的理论视角分别探讨了不同的主题和侧面。本书综合应用外包的经济学、战略管理和管理学理论，对外包的基础理论进行分析和综述，以建立本书的理论基础。外包的经济学理论包括专业分工、完全市场、交易成本和代理成本理论，战略管理理论包括资源基础、资源依赖、企业关系、竞争战略理论，管理学理论包括关系交换、委托代理、心理契约和关系管理理论等。

第一节　外包决策的经济理论观点

近年来随着企业信息系统外包的日益风行，学术界为了更好地理解外包的动因，一直在寻求能够更好地解释信息系统外包现象及其动因的相关理论。信息系统外包行为是企业的一种经济活动，从而其动因的理论根源就离不开相关的经济学理论。经济理论研究的是经济活动主体在与其他经济主体进行交易时的动机、协调、控制等问题（Cheon，Grover and Teng，1995）。在本书中，与信息系统外包行为相关的经济理论主要包括专业分工理论、完全市场理论、交易成本理论和代理成本理论。

一、专业分工理论

亚当·斯密因在其著名的《国富论》中创立了古典经济学派而成为“自由市场经济之父”，他详细阐述了劳动分工对提高生产率的好处：①使每个劳动者的熟练程度提高。②节省工作转换的时间。③发明许多机械，简化和降低了劳动的复杂性。

专业分工理论的基本观点是如果大规模从事某些活动，由于学习曲线和经验积累效应的存在，企业从事这些活动的效率就会大大提高（Looff，1995），同时，扩大生产规模，企业还可以通过工艺流程、生产流程、产品零部件的标准化等途径降低单位产品的生产成本，实现规模经济效益。

外包可以看成是劳动分工的延伸（李沐纯、彭说龙，2005），根据专业分工理论，对于信息系统外包来说，如果信息系统服务供应商能够大规模地为不同客户提供某些信息系统功能服务，那么企业进行信息系统外包就可以大大降低企业的信息系统费用支出，提高信息系统服务质量和效率，信息系统外包就是较好的选择。

二、完全市场理论

新古典经济学把所有的企业都看成是在利润最大化目标驱动下的一个“生产函数”（Willianmson，1981），企业会根据自己生产与外购的相对成本优势来决定一些产品或者服务是自己生产还是外部购买（Ang and Straub，1998）。因此，对于信息系统来说，如果相对于企业内部自己提供信息服务而言，信息系统外包具有更大的生产成本优势，那么企业应该考虑进行信息系统外包，从而降低信息系统成本。

此外，在完全竞争市场中，有大量独立的买方和卖方，其可以自由进入和退出市场，产品及价格信息充分（Looff，1995），因此，只有那些能够以最有效率的方式生产某种产品或者提供某种服务的供应商才能够生存。对于信息系统外包来说，在相对完全竞争的市场中，市场上信息服务供应商数量较多，外包服务商之间的竞争很激烈，企业进行信息系统外包就是较可取的方案，通过信息系统外包，企业可以降低信息系统服务成本，提高信息系统投资效率；相反，如果市场上信息服务供应商数量较少，供应商之间几乎没有什么竞争，供应商处于垄断地位，那么信息系统外包可能就不是一个理想的选择。

三、交易成本理论

交易成本理论认为，市场是不完善的，价格机制的运行是有成本的，市场运行存在交易成本，其内容主要包括：①“运用价格机制的成本”，即在交易中发现相对价格的成本，如获取和处理市场信息的费用，这是在交易准备阶段发生的费用。②完成市场交易而进行的谈判和监督履约的费用，包括讨价还价、订立合约、执行合约并付诸法律规范而必须支付的有关费用，这是交易过程中发生的费用。③未来不确定性导致的费用以及衡量、界定和保护产权的费用（Coase，1937）。

交易成本理论为企业外包决策提供了重要的分析依据。当交易的四个主要特征，即资产专用性、不确定性、评价问题和交易频率都较低时，市场是有效的协调手段；当这四个特征都较高时，企业的组织形式则成为有效的协调手段；而处于这两者之间的是双边、多边或者混合的中间组织形态。Williamson（1991）将这三种经济活动管理方式分别称为市场机制、混合机制（组织间协调）和官僚（科层）体制。

交易行为的管辖结构或组织方式取决于市场机制、混合机制以及官僚体制的相对有效性，各种管理机制的运行（交易）成本取决于交易的特性，即资产专用性、不确定性、有限理性和交易频率（Williamson，1979，1991；Cheon，Grover and Teng，1995；Looff，1995；迈克尔·迪屈奇，1999）。

以交易成本理论为基础，学术界对信息系统外包决策问题进行了大量研究（Loh and Venkatraman，1992；Ang and Straub，1998；Cheon，Grover and Teng，1995；徐绮忆，1999；徐绮忆、王存国，2001），交易成本理论是分析信息系统外包问题的一个非常有效的理论框架（Grover，Cheon and Teng，1996；徐绮忆，1999），可以较好地解释信息系统外包决策问题。

外包可以看成是市场交易模式或者是介于完全市场交易和科层制管理体制之间的一种混合模式，或者可以称为组织间协调模式。根据交易成本理论，如果信息系统外包的交易成本较高，即资产专用性较高、不确定较高、服务质量难以衡量以及交易频率较高，那么这样的信息系统职能就不太适合进行外包；反之，如果交易成本较低，即资产专用性低、不确定性小、服务质量易于衡量、交易频率低，那么这样的信息系统职能则较适宜进行外包或通过外部市场来获得。

四、代理成本理论

代理成本理论最早是由 Ross（1973）、Jensen and Meckling（1976）发展起来的。代理成本理论主要是要解决委托代理关系中的代理成本问题，因为委托人和代理人的目标可能会不一致，而委托人又无法以较低的成本对代理人进行有效的监督（Ross，1973；Jensen and Meckling，1976；Eisenhardt，1989）。代理成本是委托人的监督成本、代理人的保证成本以及委托人的剩余损失之和（Jensen and Meckling，1976）。

外包可以看成是一种典型的客户企业和供应商之间的委托代理关系，客户和供应商之间会存在目标不一致、信息不对称、信息扭曲等问题（杨英、霍国庆，2001）。在外包关系中，代理成本会由于高不确定性、高风险规避、低程序化工作、结果难以评价和较长的代理关系时间等因素而提高（Jensen and Meckling，1976；Eisenhardt，1989；Cheon，Grover and Teng，1995；Looff，1995）。因此，在委托代理关系中，关键是要设计适宜的委托代理合同、激励机制和监督机制，使代理关系能够顺利进行，从而达到企业的预期目标。

对于企业信息系统外包来说，信息系统用户和供应商之间就是一种典型的委托代理关系，两者之间目标不一致和信息不对称问题也非常突出，如果外包结果难以衡量、外包的不确定性很高，外包的代理成本过高，那么信息系统外包可能就不是一个理想的选择（Looff，1995）。

五、经济理论观点汇总

从对上述经济理论观点的分析来看，企业信息系统外包的经济动因主要是：相对于企业内部完成信息系统职能来说，信息系统外包可以有效降低企业信息系统的投资、运营和管理成本，提高信息系统的投资、运营效益。信息系统外包的经济决策因素主要包括生产成本节约（Looff，1995；Ang and Straub，1998；）、交易成本（Loh and Venkatraman，1992；Cheon，Grover and Teng，1995；Grover，Cheon and Teng，1996；Ang and Straub，1998；徐绮忆，1999）和代理成本（Jensen and Meckling，1976；Eisenhardt，1989；Cheon，Grover and Teng，1995；Looff，1995）。当然，这些决策因素都要以相对完善的市场环境作为基础，市场越完善，外包供应商降低成本、提高效率的动力就越强，而且相对应的交易成本和代理成本也会越低。

信息系统外包成本优势主要来自于专业分工、经验曲线以及供应商的规模经济优势，即信息系统供应商的生产成本优势，以及供应商之间的有效竞争，而外包的额外成本主要是外包关系的交易成本和代理成本。其中，交易成本取决于交易对象的资产专用性、环境不确定性、评价问题和交易的频率；代理成本取决于环境不确定性、风险规避、低程序化工作、衡量问题以及代理时间等。如果外包的交易成本和代理成本足够大，超过了供应商的生产成本优势或者通过外包所节省的费用支出，那么从经济性的角度来看，信息系统外包就会变得不可取。因此，外包决策的经济理论动因可以用下面的几个公式来表示：

外包 = f（生产成本节约，交易成本，代理成本）

生产成本节约 = f（经验曲线，标准化，规模经济，竞争）

交易成本 = f（资产专用性，不确定性，评价问题，高频率）

代理成本 = f（不确定性，风险规避，低程序化工作，评价问题，代理时间）。

对上述外包的经济学理论动因进行进一步整合，形成了外包决策的经济学理论研究框架，如图 3–1 所示。

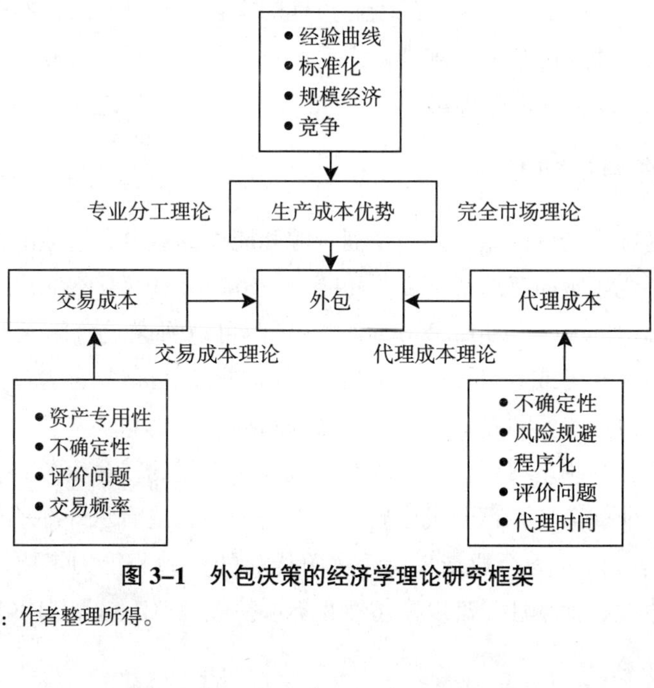

图 3–1　外包决策的经济学理论研究框架

资料来源：作者整理所得。

第二节 外包决策的战略管理理论观点

由于信息系统应用的复杂性和特殊性及其对于企业竞争优势的极端重要性（Porter and Millar，1985），信息系统建设及运营、信息系统外包就成为企业经营过程中的一种战略性或者策略性行为，从而企业信息系统外包战略也就成为企业战略的组成部分。由此可见，企业战略因素也是企业外包决策和外包管理的重要考虑因素，而战略管理的相关理论也相应地成为企业信息系统外包动因的重要理论基础。

战略是关于组织目标以及为了实现目标而对必要的资源进行分配的一系列决策（Snow and Hambrick，1980），战略管理理论研究企业为了实现所期望的绩效目标如何制定和执行战略（Cheon，Grover and Teng，1998），战略管理领域的一个基本问题就是企业如何获得并保持竞争优势（Porter，1991；Barney，1991；Teece，Pisano and Shuen，1997）。信息系统自制与外包是现代企业的一项重要决策，关系到企业目标的实现和长远发展。本书中与信息系统外包决策相关的战略管理理论主要有资源基础理论、资源依赖理论、企业关系理论以及竞争战略理论。

一、资源基础理论

资源基础理论认为企业是一系列资源和能力的组合，企业的发展和竞争优势来自于企业所拥有的特殊资源和能力（Rubin，1973；Wernerfelt，1984；Prahalad and Hamel，1990；Barney，1991）。可以将企业资源定为一种能使企业实现特定任务或者目标的固定投入。这些资源可以划分为三类：物质资本资源、人力资本资源和组织资本资源（Barney，1991）。

为了充分利用现有资源，获取企业成长所必需的富余资源，从而获得竞争优势，企业就需要内部开发必要的资源与能力，或者从外部获得互补性的资源与能力。能够为企业带来持续竞争优势的资源与能力需要满足四个条件，即价值性、稀缺性、难以模仿性和不可替代性（Barney，1991）。在信息技术的四个特性（资本要求、专利技术、信息技术技能和信息技术管理技能）中，只有信息技术管理技能可能会成为企业持续竞争优势的来源（Mata，Fuerst and Barney，1995）。Prahalad and Hamel（1990）强调，企业应该识别并专注于企业的核心竞争力，从而保持企业持续的竞争优势，他们认为企业的核心能力应该能够为企业提供广阔的市场空间、能够为最终顾客创造价值，并且使得竞争对手很难进行模仿。

企业的核心资源还应该包括在动态的、快速变化的市场中持续保持竞争优势的能力，即所谓的“动态能力”。动态能力是指企业在快速变化的环境中整合、创造或者改造内部和外部资源以保持竞争优势的能力（Teece，Pisano and Shuen，1997），包括具体的战略和组织流程，如产品开发、战略联盟和战略决策等，在动态的市场环境中，这些活动通过将各种资源转化成新的战略从而为企业创造价值（Eisenhardt and Martin，2000）。

根据资源基础理论，企业应该致力于获取和建立能够为企业带来持续竞争优势的资源和能力，其他的资源和能力则可以通过外包的方式来获取（Quinn and Hilmer，1994）。尽管信息技术可以为企业带来竞争优势（Porter and Millar，1985），但是信息技术的某些特性以及信息系统的某些职能并不能为企业带来持续的竞争优势（Mata，Fuerst and Barney，1995）。通常对于很多非主营 IT 的企业来说，企业进行必要的信息技术投资不是为了获得竞争优势，而是为了能够避免竞争劣势（Hitt and Brynjolfsson，1996），对于这样的信息系统，企业就可以采用外包方式来加快企业信息系统应用步伐。

因此，从资源基础理论视角来看，信息系统外包是企业对于信息系统投资的一项战略性、策略性决策，可以填补企业信息系统现状与企业信息系统战略要求之间的差距。企业信息系统的战略重要性取决于信息系统的价值、稀缺性、不可模仿性和不可替代性，不具有战略重要性、对竞争优势影响不大的信息系统或职能则较适宜于进行外包，而具有战略重要性的信息系统或职能则应主要由企业内部来提供或完成。

二、资源依赖理论

资源基础理论关注于对企业内部资源和能力的分析，而资源依赖理论则聚焦于企业的外部环境。资源依赖理论认为任何组织都不可能是自给自足的，为了生存和发展，所有组织都必须与其环境发生联系、进行交换，企业的成功依赖于其周边的公司和组织为其提供必要的资源。这种对于外部环境的依赖是由于外部组织控制了这些企业所必需的资源，如土地、资金、技术、信息或特定的产品和服务等。

获取资源的需求产生了组织对外部环境的依赖，资源的稀缺性、重要性和不可替代性以及外部资源环境的集中度、资源富裕程度和相互连接的程度决定了组织对于外部资源的依赖程度（Pfeffer and Salancik，1978；Aldrich and Pfeffer，1976；Ulrich and Barney，1984）。依赖是权力的对立面，资源依赖理论主张通过控制外部资源来减少对其他组织的依赖，并增加其他组织对其产生的依赖，从而获得对其他组织的控制权力（Ulrich and Barney，1984）。

资源依赖理论认为，组织的生存有赖于其从外部环境获得必要的资源，强调组织与外部环境之间的依赖关系。如果某些资源在组织内部无法获得或者内部产生这些资源的成本过高，那么企业可能就会与环境中的其他组织发生交换关系，从而获得必要的资源（Cheon，Grover and Teng，1998）。

根据资源依赖理论，企业可以考虑通过外包的方式来获得信息系统资源，从而不同程度地依赖外部供应商。但是，如果信息系统对于企业非常重要，或者企业所必需的信息系统资源稀缺、供应商非常少，或者信息系统的转换成本非常高，那么企业就会强烈依赖于外部供应商，使企业处于不利地位，从而使得外部供应商拥有较大的权力，这时进行信息系统外包就要非常慎重。通常在信息系统外包决策中，企业可以考虑建立长期伙伴关系、战略联盟、合资/合作公司、子公司等多种外包合作方式，从而降低企业对信息系统供应商的依赖。

三、企业关系理论

关系理论将企业之间的关系作为分析单元，认为企业的关键资源和能力可能会超越组织边界而植根于跨企业的资源和流程中，企业之间的合作战略可以为企业带来跨组织的竞争优势（Dyer and Singh，1998；Mahnke，Overby and Vang，2005）。关系理论认为，跨组织的竞争优势有四个潜在来源：关系专用资产、知识共享流程、互补的资源或能力以及有效的组织管辖（Dyer and Singh，1998）。企业关系理论相对较新，结合了战略联盟、社会网络以及关系管理的最新研究成果，并部分地借鉴了资源基础理论、资源依赖理论以及交易成本理论等基础理论，但是在研究对象、研究视角和理论观点方面又有很大发展，强调企业间战略合作和长期伙伴关系对于企业竞争优势的重要性。

根据关系理论，如果企业之间的合作关系能够促进企业之间专用资产的建立、知识的共享、资源或能力的互补，或者有效组织管辖结构的建立，并进而产生跨组织的关系竞争优势，那么建立外包合作关系是可取的。关系理论并没有假设不同企业之间资源的结合就能产生竞争优势；相反，只有进行有效的伙伴关系管理，持续发展合作伙伴关系才有可能创造竞争优势（Klepper，1995；Lee and Kim，1999）。

对于信息系统外包来说，如果外包关系能够使得外包双方投资建立关系专用资产，建立企业之间的知识共享流程，企业之间可以实现资源或者能力的互补，并且能够在企业之间建立起有效的管辖结构，从而能够创造外包关系优势，那么信息系统外包就是较好的战略选择。

四、竞争战略理论

资源基础和资源依赖理论强调的是企业内外部资源对于企业竞争力的重要作用，而竞争战略理论则强调企业在所处行业中的竞争地位的重要性（Porter，1991），企业在价值链或者供应链中的不同位置和地位对企业的竞争优势和战略选择具有重要影响。竞争战略理论认为，有五种竞争力量决定了企业的竞争地位，这五种竞争力量分别是产业中现有企业之间的竞争、供应商的议价能力、客户的议价能力、潜在进入者的威胁以及替代性产品的威胁（Porter，1979，1980；Porter and Millar，1985）。

竞争战略的思想具有广泛的应用领域，不仅可以用在具有市场竞争关系或者博弈、谈判关系的不同组织之间，而且还可以据此在组织内部引入竞争机制，提高组织的活力和运行效率。根据竞争战略的理论观点，信息系统外包可以在信息系统建设中引入竞争机制，这不仅可以提高内部信息系统职能部门的效率，而且还有利于选择最合适的信息系统外包提供商；信息系统供应商之间的竞争有利于企业在外包过程中议价能力的提升和谈判优势地位的建立；信息系统的功能整合还可以提高潜在进入者的进入障碍。当然，如果信息系统供应商非常强大，甚至处于垄断地位，具有很强的议价能力，那么进行信息系统外包的风险可能就会非常大。

五、战略理论观点汇总

从对上述战略管理理论观点的分析来看，信息系统外包的战略动因主要是企业应该将有限的资源集中在核心业务和核心能力建设上，而依靠外部环境（供应商）来获得企业所必需的其他资源和能力。信息系统外包的战略决策因素包括信息系统战略重要性（Wernerfelt，1984；Barney，1991；Prahalad and Hamel，1990；Mata，Fuerst and Barney，1995）、信息技术资源依赖性（Pfeffer and Salancik，1978；Ulrich and Barney，1984；Cheon，Grover and Teng，1998）、外包关系优势（Klepper，1995；Dyer and Singh，1998；Lee and Kim，1999；Mahnke，Overby and Vang，2005）和企业竞争地位（Porter，1979，1980；Porter and Millar，1985）。

企业资源的战略重要性取决于资源的价值性、稀缺性、难以模仿性和不可替代性；企业对于特定资源的依赖性取决于资源的价值性、稀缺性和不可替代性；企业关系优势来源于关系专用资产、知识共享流程、互补的资源或能力以及有效的管辖结构；而企业竞争地位则决定于现有企业、供应商、客户等多种因素。对于信息系统外包来说，最核心的是现有信息系统供应商之间的竞争。从而，信息系统外包的战略动因可以用下面的公式来表示：

外包 = f（战略重要性，资源依赖性，关系优势，竞争力）

战略重要性 = f（价值性，稀缺性，难以模仿性，不可替代性）

资源依赖性 = f（重要性，稀缺性，不可替代性）

关系优势 = f（关系专用资产，知识共享流程，互补资源或能力，有效管辖）

竞争地位 = f（现有企业之间的竞争，供应商的议价能力，客户的议价能力，潜在进入者的威胁，替代性产品的威胁）

对上述外包的战略管理理论动因进行进一步整合，形成了外包决策的战略管理理论研究框架，如图 3–2 所示。

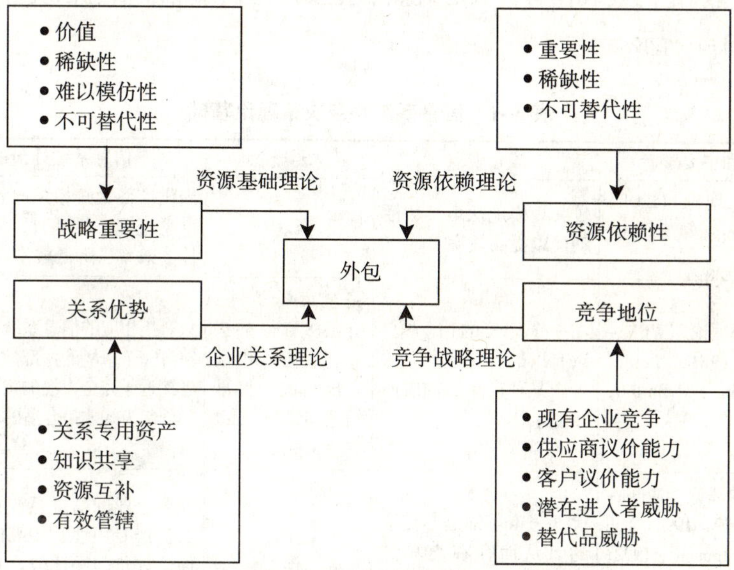

图 3–2 外包决策的战略管理理论研究框架

资料来源：作者整理所得。

第三节 外包决策理论评述

信息系统外包决策的实质就是要决定外包什么、外包到什么程度，是企业战略决策的组成部分，是一个比较复杂的决策过程。科学周密的外包决策是实现外包预期效果的前提和基础（Lacity，Willcocks and Feeny，1996），信息系统外包决策的成功与否会对外包绩效甚至是企业整体业绩产生重要影响。

将信息系统外包动因的理论观点归结为经济理论观点和战略管理理论观点，可以较好地解释企业信息系统外包的实际决策因素和过程，并对未来的企业信息系统外包理论研究具有一定的指导和借鉴意义。其中，经济学理论主要有专业分工理论、完全市场理论、交易成本理论和代理成本理论；战略管理理论主要有资源基础理论、资源依赖理论、企业关系理论和竞争战略理论。这些理论的代表作者、核心观点、主要概念以及对于信息系统外包的意义如表 3-1 所示。

表 3-1　信息系统外包决策理论基础

理论和主要学者	核心观点	主要概念	对于信息系统外包的意义
专业分工理论（Looff，1995；Ang and Straub，1998）	较大规模地从事某项活动可以提高效率	规模、经验	当供应商大规模从事特定的信息系统服务活动时，外包可以提高效率、降低成本
完全市场理论（Willia-nmson，1981；Looff，1995；Ang and Straub，1998）	在一个完美的市场中，只有以最有效率的方式生产某种产品的供应商才能生存	完全市场条件：有很多独立的买方和卖方、市场进出自由、标准信息化的产品、完全信息	只有当相应的信息系统外包市场符合完全市场的大部分情况，或者接近于完全市场的情况时，选择外包方式才是合适的
交易成本理论（Willia-mson，1979，1991；Loh and Venkatraman，1992；Cheon，Grover and Teng，1995；Grover，Cheon and Teng，1996；Ang and Straub，1998）	大部分市场都是不完全的，从而存在交易成本。因为交易成本的不同，所以不同特性的交易有其适合的治理结构	资产专用性 不确定性 评价问题 交易频率	如果企业的信息系统具有较高的资产专用性、较高的不确定性、评价问题比较严重，那么该信息系统就不适合外包。若将不适合外包的系统外包，那么外包的绩效就会较低
代理成本理论（Jensen and Meckling，1976；Eisenhardt，1989）	委托人和代理人的目标可能不一致，委托人不能完全且无成本地监督代理人的行为	目标不一致、信息不对称、评价难易程度、不确定性、激励设计、监督机制	外包双方可能会有较大的目标不一致和信息不对称，当评价难度高且不确定性很高时，不建议外包；激励与监督机制可以减少外包的目标不一致和信息不对称
资源基础理论（Werne-rfelt，1984；Barney，1991；Prahalad and Hamel，1990；Mata，Fuerst and Barney，1995）	企业的竞争优势取决于其获得与保护重要资源的能力，为了发展竞争优势和充分利用现有资源，企业可能需要从外部获得互补的资源与能力	资源/能力差异取决于价值、稀缺性、不可模仿性、不可替代性	信息系统外包是一种战略决策行为，可用来填补期望的信息资源/能力与实际情况之间的差距，而企业信息系统资源/能力的战略重要性由企业信息资源的战略定位和特性（价值、稀缺性、不可模仿性、不可替代性）决定

续表

理论和主要学者	核心观点	主要概念	对于信息系统外包的意义
资源依赖理论（Pfeffer and Salancik，1978；Ulrich and Barney，1984；Cheon，Grover and Teng，1998）	所有企业不同程度上都依赖于其外部环境，企业采取的策略是安全地获取关键资源，并稳定与外部环境的关系，以求生存和发展	资源环境的集中度、富裕程度和相互联系的程度，资源的重要性、稀缺性和不可替代性	企业内部缺乏的资源可考虑以外包的方式从外部环境获得，而外包会使企业在信息资源上不同程度地依赖外部供应商；为减轻对外部资源的过分依赖并稳定与环境的关系，如果信息系统对于企业很重要或者外包供应商数量很少，或者供应商转换成本高，那么就不建议过分外包
企业关系理论（Dyer and Singh 1998；Mahnke，Overby and Vang，2005）	企业的关键资源和能力可能会超越组织边界而植根于跨企业的资源和流程之中，企业之间的合作战略可以为企业带来跨组织的竞争优势	关系竞争优势有四个潜在来源：关系专用资产、知识共享流程、互补的资源或能力以及有效的组织管辖	如果企业之间的合作关系能够促进专用资产的建立、知识的共享、资源或能力的互补，或者有效组织管辖结构的建立，并进而产生跨组织的关系竞争优势，那么双方建立长期的外包合作关系才是可取的
竞争战略理论（Porter，1979，1980；Porter and Millar，1985）	企业所处的竞争地位对于企业竞争绩效具有重要影响，地位越有利，企业绩效就会越好	企业的竞争地位取决于五种竞争力量：产业中现有企业之间的竞争、供应商的议价能力、客户的议价能力、潜在进入者的威胁以及替代性产品的威胁	信息系统外包可以在信息系统建设中引入竞争机制，这不仅可以提高内部信息系统职能部门的效率，而且还有利于选择最合适的信息系统外包提供商；信息系统的功能整合还可以提高潜在进入者的进入障碍；如果信息系统供应商非常强大，具有很强的议价能力，那么进行信息系统外包的风险可能就会非常大

资料来源：作者整理所得。

信息系统外包动因包括经济动因和战略动因，经济动因主要指信息系统外包的相对收益以及与此相关的各种成本，而战略动因主要关注的是信息系统对于企业经营的战略重要性以及外包在战略、策略方面的相对优势与劣势。由于不同企业的实际情况不同，企业对于经济因素与战略因素的关注重点可能会有所不同。但是，从总体上看上述的经济学理论和战略管理理论可以较好地解释外包的决策过程，相应的经济决策因素和战略决策因素也可以较好地用来作为外包决策的重点考虑因素。

当然，信息系统外包决策除了要考虑经济和战略因素之外，还要充分认识信息系统外包可能存在的风险（Earl，1996；Willcocks and Lacity，1999；Aron，Clemons and Reddi，2005），同时信息系统外包合同管理以及信息系统外包关系管理对于成功的信息系统外包也非常重要（Ring and Van de Ven，1994；Klepper，1995；Lee and Kim，1999）。只有对包括外包决策在内的信息系统外包全过程进行周密安排和管理，才能充分发挥信息系统外包的优势，规避可能的外包风险，实现企业外包的预期效果。

信息系统外包可以获得经济、战略、技术等各方面的利益，对企业发展有积极的影响，但同时也有这样那样的阻碍因素，从而妨碍信息系统外包利益的实现。在现实的信息系统建设和运营过程中，企业会有多种多样的选择，一部分信息系统职能由企业内部提供，而将其他的信息系统职能外包出去，或者将某些职能由企业和外包商共同来完成，即所谓的“选择性外包”（Lacity，Willcocks and Feeny，1996），从而在信息系统外包研究中也就出现了外包程度的概念。

外包决策研究包含的范围非常广，可以分为适合外包的职能与范围、外包可选择方案、内制/外包成本、外包利益与问题、外包风险、决策模型与策略外包等主题（徐绮忆，1999）。本书在外包决策方面，重点关注外包程度的决策问题，这也是当前外包决策实证研究的重要方向。

第四节　外包管理理论观点

经济理论观点和战略理论观点可以较好地解释为什么要进行外包、外包什么以及外包到什么程度的问题，即可以很好地解释外包决策的相关问题，但是在企业实际外包过程中，这些理论却无法很好地解释如何有效实施外包决策以及如何管理外包伙伴关系从而实现外包的价值的问题（Mahnke，Overby and Vang，2005）。信息技术外包的成功有赖于对客户与外包商之间的外包关系进行认真的管理（Koh，Ang and Straub，2004）。

正如一般的管理工作一样，外包管理同样既是一门科学，也是一门艺术，能够用来解释和指导外包管理的理论很多，但是外包管理的实际工作可能要比管理学的理论观点复杂得多。本书中，外包管理的基础理论除了前面讨论的交易成本理论、资源依赖理论等经济学和战略管理理论之外，在这里着重讨论与外包关系管理密切相关的几个理论：关系交换理论、委托代理理论、心理契约理论以及外包关系管理的一些理论观点。

一、关系交换理论

关系交换理论是在20世纪60年代兴起于美国进而在全球范围内广泛传播的社会学理论。由于它对人类行为中心理因素的强调，也被称为行为主义社会心理学理论。这一理论主张：人类一切行为都受到某种或明或暗的、能够带来奖励和报酬的交换活动的支配。因此，人类的一切社会活动都可以归结为一种交换，而人们在社会交往中所结成的一定的社会关系也只能是一种交换关系。

关系交换理论认为，交换双方处于相互协调的交换关系中，这种关系比其他任何形式的交换关系更有成效，或者比与其他合作伙伴进行交换更有成效。这就促使交换各方考虑双方关系的重要性，投入资源来保持并提高这种关系（Goles and Chin，2005）。关系交换理论认为，合同是不完备的，合同无法预期或者规定合同期内所有可能出现的情况（Macniel，1980），交换双方通过一系列的规则或者预期来维护合作关系，这些规则来自于双方都认为继续合作关系是值得的，从而双方都会尽力去维持这种关系。

Emerson（1981）认为社会交换关系有三种类型：第一种是谈判或协商交易，双方在有条件的情况下彼此进行交换；第二种为赠送或执行某种利他的行为，强调一方的贡献，另一方的回报行为则只取决于对方；第三种形态则为合作型交换关系，是一种特殊的交换形态，因为交换的双方无法单独地获得回报，唯有双方在彼此互动的过程中均有贡献，才能使对方获得利益。信息系统外包关系的本质不但属于第一种谈判或协商交易关系，而且也符合第三种合作型的交换关系，需要在谈判与协商的基础上彼此深入进行合作。

交易成本理论认为，经济活动的治理模式主要有两种：市场模式和官僚（层级）模式，这是两种极端的非常理想化的治理模式。而Kim and Chung（2003）认为，从关系交换的理论视角来看，关系交换的治理结构是一种跨组织的合作关系模式，它既不是市场模式，也不是层级模式，而是一种混合模式。

关系交换理论的最主要特点就是存在这种创造、维持和改善合作关系的各种规则（Macneil，1980；Brown，Dev and Lee，2000）。这些规则被交换参与者各方所接受，会产生行为预期，并隐含着一些特定的行为（Kern and Blois，2002）。在合作各方中形成参与者共同接受、共同遵守的行为规则可以大大提高合作的效率，降低合作成本，从而提高合作效果，维持"双赢"的合作关系。

在合作关系中，双方的沟通、协调和配合以及信任、承诺和融合对于信息系统外包关系的成功至关重要（Grover，Cheon and Teng，1996；Lee and Kim，1999；Goles and Chin，2005）。信息系统外包过程也是信息系统与企业实际业务活动密切结合的过程，涉及企业业务流程再造（Hammer，1990）和管理、工作方式的变革，同时也是一个持续改进、不断提高企业运行效率的过程，企业与外包供应商的关系目标就是要建立一个相互信任、相互协作、长期"共赢"的合作关系。

二、委托代理理论

西方企业理论把经营者的人性行为假设为"经济人"，即假定人首先都是"自利"的，在一定的约束条件下追求个人利益的最大化。这种假设前提成为委托代理理论的基本出发点。由此，该理论认为在缺乏适当激励与约束的情况下，代理人可能过分追求个人利益而给委托人带来损失。委托人为了减少损失，就要对代理人进行激励、约束和监督，委托人为此而付出的代价之和统称为代理成本。①

如前所述，委托代理理论主要是要解决代理关系中的代理成本问题，因为委托人和代理人的目标可能会不一致，而委托人又无法以较低的成本对代理人进行有效的监督（Ross，1973；Jensen and Meckling，1976；Eisenhardt，1989）。代理成本是委托人的监督成本、代理人的保证成本以及委托人的剩余损失之和（Jensen and Meckling，1976）。对于委托人来说，需要在监督激励成本与可能的声誉损失之间做出平衡，设计出有效的、成本相对较低的监

① 徐姝：《企业业务外包战略运作体系与方法研究》，中南大学出版社，2006年，第62页。

督、激励机制是解决委托代理问题的为数不多的选择之一。

在信息系统外包过程中，外包双方信息不对称、目标和利益不一致、合同不完善等原因都会导致外包的委托代理成本过高，甚至外包关系的失败，从而影响外包绩效。因此，在外包管理工作中要尽量设计完备的合同、可衡量的服务质量水平以及必要的监督、评价和激励机制，从而尽可能降低代理成本对外包绩效产生的负面影响。

三、心理契约理论

20世纪90年代以来，心理契约理论引起了学者的极大研究兴趣（Koh，Ang and Straub，2004）。从Rousseau（1989）的开创性研究开始，雇佣关系心理契约方面的实证研究取得了很大进展。根据Rousseau的观点，心理契约是指基于相互交换的心理预期，在合同关系中，合同双方内心的对于其相互责任的信念和预期。

心理契约理论强调，双方相互（而不是单方的）责任、心理（而不是明确的法律规定）责任（Koh，Ang and Straub，2004）。心理契约明显不同于正式的合同，它既包含了对正式合同中书面的、明确条款的心理预期，也包含了对非书面的、隐含条款的心理预期，是合同关系管理的重要理论基础。

Koh，Ang and Straub（2004）应用心理契约理论观点，通过实证研究发现信息系统外包双方的相互责任以及各自责任的履行对于外包关系成功具有重要影响，甚至比合同类型、外包期限和外包规模的影响更大。客户企业认为，供应商的责任包括准确的项目范围，明确的权力结构，负责任、有效的人力资本管理，有效的知识转移以及有效的跨组织工作团队；供应商认为客户企业的责任包括详细的要求说明，及时付款，密切的项目监督，敬业的项目人员，知识共享以及项目主人翁意识。其中，知识共享、知识转移、明确的项目范围和需求说明是双方共同的心理预期和相互责任，是双方最为重要的心理契约。

四、外包关系管理

外包关系管理是整个外包管理的重点，直接决定外包的成败。Kishore，Rao and Nam等人（2003）认为，更应该将外包看成是与信息服务供应商之间的一种关系管理，而不仅仅是一个简单的信息系统产品的交易合同，并认为影响外包成功的最为重要的因素是客户与它们的服务供应商之间的相互理解。

Corbett（1994）针对 100 家盈利超过 5000 万美元的企业的信息技术部门主管进行了一项信息技术外包前后所花费工作时间的调查比较，如表 3-2 所示。[①] 尽管这项调查时间较早，但是也反映出外包关系管理在整个信息系统工作中，尤其是外包工作中的重要性。从表 3-2 可以看出，在大规模外包之前，外包关系管理就是信息技术主管的一项重要工作，而在大规模外包之后，外包关系管理已经成为除了企业战略/计划之外最为重要的工作内容。当前，CIO 和 IT 管理人员的一个重要角色就是决定外包哪些信息服务以及外包给谁（戴维·查菲、史蒂夫·伍德，2008）。[②]

表 3-2　部门主管在信息技术外包前后工作时间的变化

	工作项目	外包前工作时间占比（%）	外包后工作时间占比（%）
战略规划	企业战略/计划	20	26
	技术研究	8	8
	信息基础架构	8	8
	资源需求	10	6
资源管理	系统开发与项目管理	10	9
	运营管理	14	7
	人员管理	12	11
关系管理	内部关系管理	11	11
	外包关系管理	7	14

资料来源：Corbett（1994）。

企业与信息系统供货商之间的外包关系可由不同的维度来表示，例如，企业或供应商是否有选择外包对象的自由、企业与供应商之间的关系是仅有的单一交易还是延续数个交易、何种付款方式、协商机制以及解决冲突的机制等（De Looff，1995）。

① 毛美叶、王文涛：《国外信息技术外包关系研究综述》，《管理现代化》，2006 年 2 月，第 5 页。

② 戴维·查菲、史蒂夫·伍德著：《企业信息管理：用信息系统改进绩效》，赵苹、陈守龙、刘现伟译，中国人民大学出版社，2008 年，第 479 页。

从战略管理的观点出发，一些文献认为企业与供货商之间可能建立合作伙伴的关系，甚至是战略联盟的关系。McFarlan and Nolan（1995）即把信息系统外包视为战略联盟，探讨企业如何管理外包联盟关系。Willcocks and Choi（1995）探讨信息系统外包的合作关系，建议动机、承诺与互利为外包伙伴关系的三个决定因素。而 Grover，Cheon and Teng（1996）在探讨外包程度与外包成功的关系时，亦把伙伴作为中介变量，该研究的实证结果显示，包含沟通、信任、合作以及满意度在内的四个方面的伙伴关系质量，与外包成功之间具有强烈的正相关，相关系数为 0.63，并且非常显著。[①]

Klepper and Jones（1998）按照外包合同性质的差异，将外包关系分为市场型、中间型和伙伴型。市场型外包关系的特点是外包的需求是可以预先在合同中完全地、具体地说明，在合同有效期内，组织内部或环境都不会发生使外包需求出现改变的重大变化。如果外包服务的需求是连续不变的，与同一个外包商继续后续的交易并不存在太大的优势；如果合同执行到一半时中止，把相关工作收回到组织内部或者寻找其他的外包商并签订外包合同不会造成重大的损失。

中间型外包关系的特点是不可能签订一个完备的、能够预料合同期内所有可能发生变化的合同。此外，由于双方或某一方对外包工作进行了大量的投资，如果在合同期内双方的合作关系破裂，外包工作转交给另外一个外包商或者转移到组织内部，这都将使客户、外包商或双方的投资无法收回并造成重大损失。

伙伴型外包关系与中间型外包关系一样，也不可能签订完备的合同，不可预期的需求变化要求外包商对提供的服务必须做出相应的变化。双方都需要做出相当大的、专门针对双方合作关系的投资。此外，在伙伴型外包关系中，对于服务会有连续性的要求，而同某一外包商就这些服务续签合同有很大的好处。这是因为双方的沟通、协调、配合以及具体工作的融合程度很高，在上一个合同期内客户逐渐了解外包商，外包商也逐渐了解客户，双方续约有助于提高服务质量和降低签约成本。

---

① 数据来源：Grover，V.，Cheon，M. J. and Teng，J.，"The Effects of Service Quality and Partnership on the Outsourcing of Information Systems Functions"，Journal of Management of Information Systems，Vol.12，No.4，Spring 1996，89–116。

各种类型的外包关系各有其优缺点，在外包管理过程中，必须根据交易环境、信息系统的特点和要求，审慎选择适当的外包关系，提高外包关系管理质量，从而提高外包绩效。

五、外包管理理论汇总

外包的经济理论观点和战略理论观点主要解释为什么要进行外包、外包什么以及外包到什么程度的问题，即主要解决外包决策相关问题。如果一旦决定要进行外包，那么不论外包范围和外包程度如何，在实际的信息系统外包过程中，如何实施外包决策、如何对外包过程各阶段和外包关系进行有效管理，从而实现外包预期效果的问题成为最为关键的问题。信息系统外包的成功有赖于对整个外包过程和顾客与外包商之间关系进行认真的管理。

外包管理理论主要是基于外包管理过程的有关供应商选择、外包合同签订、监督激励机制设计以及外包关系管理的理论，上面分析的外包管理理论主要包括关系交换理论、委托代理理论、心理契约理论和外包关系管理理论，本书对这些理论的代表作者、核心观点、主要概念以及对于信息系统外包的意义进行了提炼和总结，如表 3-3 所示。

表 3-3　信息系统外包管理理论基础

理论和主要学者	核心观点	主要概念	对于信息系统外包的意义
关系交换理论（Macniel，1980；Goles and Chin，2005；Kim and Chung，2003；Brown，Dev and Lee，2000；Kern and Blois，2002；Grover，Cheon and Teng，1996；Lee and Kim，1999）	交换双方相互协调的交换关系比其他任何形式的交换关系更有成效，从而交换各方考虑双方关系的重要性，投入资源来保持并提高这种关系	规则 预期 沟通 协调配合 信任	企业与信息系统供应商之间建立一种相互信任、相互协作、长期“共赢”的合作关系，比其他任何形式的外包合作关系更有成效，从而外包的绩效也会更高，相互协调的合作关系可以成为外包双方的共同选择
委托代理理论（Ross，1973；Jensen and Meckling，1976；Eisen-hardt，1989；徐姝，2006）	双方信息不对称、目标和利益不一致、合同不完全等原因会导致代理成本过高	目标不一致、信息不对称、激励设计、监督机制	在外包管理工作中要尽量设计完备的合同、可衡量的服务质量水平以及必要的监督、评价和激励机制，从而最大可能地降低代理成本对外包绩效的负面影响

续表

理论和主要学者	核心观点	主要概念	对于信息系统外包的意义
心理契约理论（Rousseau，1989；Koh，Ang and Straub，2004）	强调双方相互（而不是单方的）责任、心理（而不是明确的法律规定）责任以及对于双方隐含责任的信念和心理预期	预期 心理责任	双方相互责任的心理预期以及各自责任的履行对于外包关系成功具有积极的影响，及时沟通、知识共享、知识转移是双方共同的心理责任和心理契约
外包关系管理理论（McFarlan and Nolan，1995；Willcocks and Choi，1995；Klepper and Jones，1998）	外包关系管理是外包的一项重要工作内容，合适的外包关系对外包的成功具有重要影响	承诺、互利、市场型、中间型与伙伴型外包关系	重视外包关系管理，遵守承诺和互利的合作关系原则，审慎选择适当的外包关系，提高外包关系质量，从而提高外包绩效

资料来源：作者整理所得。

理论关注的是现象之间的联系，是对一些行为、事件、结构和思想等发生的原因的解释，理论强调现象之间的因果关系（Sutton and Staw，1995），有价值的理论必须对主体（Who）、事件（What）、地点（Where）、时间（When）、原因（Why）及方法（How）等问题有明确的解释，尤其是对因果问题的解释（Van de Ven，1989）。理论的作用就是要揭示相关变量之间的关系，并对可能的结果进行预测，理论模型对于理论研究和相关实践都具有重要意义（Cheon，Grover and Teng，1995）。

对于信息系统外包来说，由于信息系统外包决策过程、管理过程复杂性，除了上述的经济学、管理学理论之外，可以用来解释外包绩效的理论和相关因素还有很多，如博弈论、知识管理理论（Gottschalk，2006；Lee，2001；Nonaka and Konno，1998）、协调理论（Mintzberg，1979）、吸收能力理论（Malhotra，Gosain and El Sway，2005；Zahra and George，2002），根据建立研究模型和实证研究的需要，本研究对这些理论不再进行深入的分析。

当然，正如前面提到的，外包管理与一般的管理工作一样，既是一门科学，也是一门艺术，实际的外包管理工作远比这些理论观点要复杂得多。理论只是对管理实践中一些现象和规律的总结和归纳，并不能涵盖管理工作的所有方面。对于外包相关理论的分析也无法穷尽所有的相关理论，而只是对与本书的外包决策和外包管理过程密切相关的理论进行简要的分析和概括，并将其应用于信息系统外包问题的讨论和分析。本书接下来以外包相关理论为基础，从外包全过程的角度建立外包绩效影响因素的研究模型。

第四章　基于外包过程的 IS 外包绩效影响因素

外包战略决策和外包绩效影响因素众多，不同研究基于不同的理论观点和研究视角，提出的外包绩效影响因素也会有很大差异。本书以信息系统外包过程为基础，结合外包战略相关理论观点，对外包绩效影响因素进行探讨，以建立具有理论支撑而且具有更强实践指导意义的外包绩效影响因素模型。本章对外包战略、信息系统外包、信息系统外包过程的相关概念、相关研究进行深入分析，整合外包过程模型，结合信息系统外包的相关理论观点，总结提炼基于外包过程的外包绩效影响因素。

第一节　企业信息系统职能探讨

一、信息系统职能范围分析

企业的信息系统职能是企业的一项重要辅助职能，与企业财务、人力资源职能一样，对企业日常运营起着重要的辅助作用，并且随着信息技术的发展和信息技术应用的日益深入，企业信息系统职能变得越来越重要。

根据 Looff（1996）的研究，企业的信息系统职能可以定义为：建立和维持企业信息系统所必需的职能活动以及与此相关的人力和其他资源的集合。企业信息系统职能并不局限于企业的信息系统部门或者数据中心，有些信息系统职能可以由信息部门的专业人员完成，而有些信息系统职能则可以由用户部门的非专业人员完成。哪些信息系统职能由信息系统专业人员来完成，哪些由用户或者一线的管理人员来完成，这是企业信息管理设计的一项重要决定。

如果企业决定外包部分的信息系统职能，那么就必须对信息系统职能进行区别和分类，从而可以决定对哪些信息系统职能进行外包，哪些由企业内部来提供。很多学者对信息系统的职能进行了分类，如将信息系统活动分为系统开发、运营、管理、规划与设计，将信息系统的组成要素分为软件、数据和硬件，而将企业的信息系统划分为战略性系统和一般系统。

一个完整的信息系统职能分类应该包括所有的信息系统活动、信息系统组成要素和各类具体信息系统。因此，信息系统职能应根据三个维度进行分类：①信息系统职能所提供的各类信息系统。②信息系统的构成要素。③建设和维持信息系统所必需的信息活动。企业信息系统的职能就是规划、建设、提供企业必需的各种信息系统资源和各类信息系统。

二、信息系统职能分类探讨

如前所述，企业信息系统职能可以从企业信息系统类别、信息系统构成要素、信息系统职能活动三个维度对企业信息系统职能进行分类。

1. 企业信息系统分类

企业信息系统是指为企业的生产经营管理和控制提供信息支持的人机系统，现在所说的信息系统就是指计算机信息管理系统。根据迈克尔·波特（2005）的价值链理论框架，企业的经营活动可以分解为基本活动和辅助/支持活动。基本活动直接存在于产品流向消费者的整个过程当中，主要有进货后勤（包括接收货物、储存货物等）、生产作业（或改造）、发货后勤（包括订单处理、实物分配等）、营销、服务（包括安装、维修等）。辅助活动的存在可以支持基本活动，提高企业的运行效率，辅助活动包括采购、开发、人力资源管理以及企业基础设施的供应（包括财务、会计和全面管理等）、信息系统等。

根据企业活动的不同，企业信息系统也可以分为基本业务信息系统和辅助业务信息系统。基本业务信息系统包括企业资源计划（ERP）系统、生产管理系统、客户关系管理（CRM）系统、供应链管理（SCM）系统、电子商务系统、业务处理系统；辅助业务信息系统包括财务管理系统、会计业务系统、人力资源管理系统、办公自动化系统以及决策支持系统（DSS）、专家系统（ES）以及商业职能系统等（赵苹、陈守龙、郭爽，2006）。[①]

当然，随着企业业务活动的不断扩大和日益复杂，信息技术应用的日益深入、信息系统重要性的日益提升以及信息系统应用范围的日益扩大，企业信息系统的职能范围和信息系统的应用范围都将会进一步深化和扩大。企业信息系统的分类是一个动态的、相对的概念，很难详细区分和完全列出企业所有的信息系统。

2. 信息系统的构成要素分类

信息系统职能还可以根据信息系统的构成要素来划分。信息系统的构成要素是指信息系统的各个组成部分，可以划分为硬件、软件、人员、操作规程和数据五类。对于当今的计算机信息系统而言，通常一个完整的信息系统都会包含所有类型的构成要素。

在这五类构成要素中，每一类都可以进一步分类。如硬件可以进一步分为输入设备、存储设备、处理设备、通信设备和输出设备，软件又可以分为系统软件、数据库、应用软件等。

当然，这些构成要素与各个信息系统并不是一一对应的，如多个信息系统可以共用一个硬件设备。通常情况下，企业的多个信息系统都会共用一套硬件、系统软件和数据库管理软件。因此，硬件、系统软件和数据库管理系统又被称作信息系统基础设施，是企业重要的基础信息资源。

3. 信息系统职能活动分类

信息系统职能是由信息系统职能活动构成的，信息系统职能活动是指建立和维持信息系统所必需的各类信息活动，是企业信息管理工作的具体内容。根据信息系统开发、运营的生命周期模型，信息系统职能活动可以分为系统规划、系统开发、系统实施、系统维护和系统操作（Looff，1996）。信息系统职能活动的具体内容如表 4-1 所示。

很多研究文献也对信息系统职能活动进行了分类，如早期的研究把信息系统活动划分为三类：系统开发、系统运营和系统管理（Olson and Chervany，

① 有关企业信息系统的详细分类请参见：赵苹、陈守龙、郭爽：《企业信息战略管理》，清华大学出版社，2006 年，第 109~140 页。

表 4-1　信息系统职能活动的具体内容

信息系统活动	描述	信息活动实例
规划	确定企业信息系统战略，并将其作为开发、维护和终止信息系统的依据	• 信息系统战略 • 项目规划
开发	设计、建设信息系统	• 定义或分析问题 • 功能设计 • 详细技术设计 • 建设或设计程序 • 测试
实施	安装采购、开发或者改编的信息系统，并做好使用前准备	• 用户批准 • 安装 • 数据转换 • 用户培训
维护	通过变更系统的功能或技术参数，保证信息系统的使用正常	• 预防性维护 • 正确性维护 • 完整性维护 • 适用性维护 • 扩展性维护
操作	在不改变系统功能或技术参数的条件下，操作信息系统、确保不间断使用	• 帮助界面 • 容量管理 • 问题管理

资料来源：作者根据 Looff 的观点整理。

1981；Tavakolian，1989）。随着企业信息技术越来越复杂，信息系统职能范围也越来越广泛，Grover，Cheon and Teng（1996）将信息系统职能分为五类，分别是应用开发与维护、系统操作、通信与网络管理、终端用户支持以及系统规划与管理。这里的信息系统职能等同于本书所指的信息系统职能活动。尽管不同的研究对于信息系统职能活动的称谓和分类存在较大差异，但是总体上来说，信息系统职能活动的内容大致相同。

此外，信息系统职能活动分类不同于人员划分或部门划分，几项信息系统活动可以由一个部门来完成，一项信息系统活动也可以由多个专业信息系统部门或非专业信息系统部门完成。例如，信息系统规划通常既要包括信息系统管理部门，也要求用户部门和企业的高层领导参与。最终用户有时候也会进行一些简单的操作和维护活动，如处理小的问题，备份个人数据文档等。目前的信息系统开发工具甚至可以让最终用户开发个人应用系统。因此，企业中参与信息系统职能活动的部门和人员范围越来越广泛。目前，很多企业甚至把企业内部大部分的信息系统职能活动委托给外部供应商来进行，即采用信息系统外包的方式来满足企业的信息系统需求。

第二节 信息系统外包的含义及演变

一、外包的内涵与外包战略

1. 外包成为企业普遍接受的业务模式

外包（Outsourcing）一词最早源自英文，来自西方企业的经营管理实践，是“Outside Resource Using”的缩写，英文直译是“外部资源利用”或者“从外部寻找资源”，是与传统的企业内部寻源（Insourcing）相对的。也有文献称之为外部寻源、外部委托，或者资源外包，与垂直专业化、产品内专业化或全球资源分享等概念相似，是企业通过寻求外部合作来满足企业某方面需求新经营方式的统称。

戴维·查菲和史蒂夫·伍德著（2008）认为，外包是指企业利用第三方来完成某些企业活动，而这些活动以前通常都是在企业内部完成的。这些活动通常包括餐饮、保洁、公共关系、呼叫中心和信息系统等，各种类型的外包都是一种常见的企业活动，信息服务外包也不例外。[①]

外包是企业在内部资源有限的情况下，仅保留其最具竞争优势的核心资源，而把其他资源借助于外部的专业化资源予以整合利用，以优化资源配置，降低企业的产品或者服务的提供成本，从而达到提升企业核心竞争力和竞争优势的目的。简言之，外包的本质就是做企业最擅长的事，将剩余的部分交由外部专业企业来完成，外包是与企业内部自行执行某项活动或者提供某种资源/服务相对应的概念。外包的最高境界或者最理想情况就是外包双方都把有限的资源放在最重要的方面，双方能共同做出一些战略性和策略性的

① 戴维·查菲、史蒂夫·伍德：《企业信息管理：用信息系统改进绩效》，赵苹、陈守龙、刘现伟译，中国人民大学出版社，2008年，第479页。

决定，双方各有侧重、各尽所长，最终实现各自的战略发展目标，取得“双赢”的效果。

由此可见，外包可以定义为企业整合利用外部第三方最优秀的专业化资源，从而达到降低成本、提高效率、充分发挥自身核心竞争力、建立企业竞争优势和增强企业对环境的迅速应变能力的一种经营管理模式。外包是专业化分工日益发展、产品内部分工日益细化、企业全球化竞争日益激烈、企业管理活动日益复杂化和专业化的必然结果。

外包的理念越来越得到企业管理人员的普遍接受，企业任何不擅长、不经济的，或者效率低、无法为企业带来竞争优势的职能或者活动都可以外包出去。外包在全球范围内已经形成了一个规模庞大的产业。资料显示，2004年全球外包市场达到6.3万亿美元，预计今后将以每年20%的速度递增，到2010年形成约20万亿美元的大市场。①

外包业是新近兴起的一个行业，它给企业带来了新的活力，给经济注入了强大的动力，成为21世纪世界经济分工发展和企业经营管理的新方向。目前，外包产业已经发展成为包含软件外包、计算机信息服务外包、研发外包、金融服务外包、财务和会计服务外包、企业管理外包、人力资源外包以及物流外包等在内的庞大生产性服务外包产业和生产制造外包产业。21世纪，外包产业对社会经济的发展和企业经营效率的提高已经并将继续发挥无法替代的重要作用。

2. 外包战略涉及企业所有的业务活动

随着企业业务活动日益复杂、外包理念被普遍接受、企业外包业务不断增加以及外包产业的蓬勃发展，外包范围越来越广泛。根据不同的分类目的和分类标准，外包的分类也越来越多。

根据外包对象划分，外包可以分为资源外包、后勤服务外包、客户关系外包、电子商务外包、研发外包以及人事外包。根据外包作用划分，主要有提高生产率的外包，如生产外包、后勤外包等；弥补辅助工作环节能力不足的外包，如研发外包、人力资源外包、信息系统外包；强化公司核心能力的

---

① 郑明身：《非核心业务一体化管理外包——企业精干主体、强化主业的新经验》，《企业管理》，2006年2月，第41页。

外包，如将非核心业务外包。

根据供应商的地理分布状况划分，外包可以分为两种类型：境内/本地外包和离岸外包。境内外包是指外包客户企业与其外包供应商来自同一个国家，因而外包工作在国内完成；离岸外包则指外包客户企业与其供应商来自不同国家，外包工作需要跨越国界完成。

由于劳动力成本的差异，外包客户企业通常来自劳动力成本较高的国家，如美国、西欧和日本，外包供应商则来自劳动力成本较低的国家，如印度、菲律宾和中国。虽然境内和离岸外包具有许多类似的属性，但它们的差别也很大。境内外包更强调核心业务战略、技术和专门知识、从固定成本转移至可变成本、规模经济、重价值增值甚于成本节约。而离岸外包则主要强调成本节省、技术熟练劳动力的可用性，利用较低的生产成本来抵消较高的交易成本。在考虑是否进行离岸外包时，成本是决定性的因素，技术能力、服务质量和服务供应商等因素次之。

本书中，外包是指企业整合利用外部第三方最优秀的专业化资源，从而达到降低成本、提高效率，为客户提供富有竞争力的产品的一种管理模式。因此，本书中外包的分类方法主要按照企业外包的对象来划分，即按照企业外包的具体职能活动的不同来对外包进行分类。

企业是一个为满足最终顾客需要而设计一系列作业的集合体。新型企业观将作业作为由一系列要素组成的系统，企业是一系列作业活动的集合。这些作业活动从产品研发设计、生产再到营销，形成一个始于企业供应商，经过企业内部活动，最后为顾客提供产品或服务的作业链。因而，这些相互联系、相互影响的作业链就构成了企业系统，它是价值创造活动的集合。

任何一个系统都是以一定的结构形式存在的，结构揭示了系统要素内在的有机联系方式。根据迈克尔·波特（2005）的价值链理论，在企业内部存在着价值创造系统，价值链起始于新产品的开发，通过市场营销、生产制造、配送、服务等环节，最终实现了企业的价值。同时，为了保证企业职能系统的正常运营，企业还必须要建立辅助支持职能系统，主要包括采购、财务、会计、信息和人力资源等，如图 4-1 所示。因此，企业内部系统就包括了研发、生产、市场、销售、配送、服务等直接职能部门系统，还包括采购、财务、会计、信息、人事等间接支持职能部门系统，这些相互联结、相互作用的系统就构成了企业的内部系统。

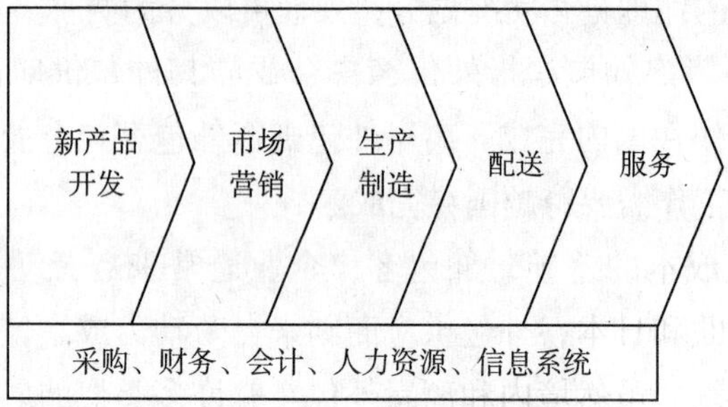

图 4-1 企业价值链系统

传统的企业经营管理将企业内所有直接职能活动和间接辅助支持活动都完全由企业内部完成，而我国传统计划经济条件下的企业，甚至把员工的住房、饮食、医疗、子女教育等活动全部承担起来，成了“大而全、小而全”的企业内封闭系统。

随着市场经济、专业分工、信息技术和管理专业化的发展，在当今条件下，几乎所有的企业活动都可以通过外包的方式进行，甚至出现了依靠虚拟网络从事产品、服务经营的“虚拟企业”。美国著名学者、市场营销学专家菲利普·科特勒认为，2005 年在大多数公司的活动中，有 60%以上通过外包实现，少数公司 100%要靠外包，这使得它们实际上只拥有少量资产，但却赢得惊人的回报。①

这种把企业的生产、销售、研发、管理、物流、信息以及客户关系等重要职能活动通过外包的方式加以完成的企业经营战略就是所谓的“外包战略”。外包战略管理的核心就是进行外包决策，包括外包职能范围的选择和每一种职能活动外包程度的选择。外包战略管理既是企业的一项日常管理活动，更是企业的一项重要决策活动。随着产业分工越来越细、企业间关系越来越复杂，企业外包战略管理必将对企业业务模式、经营战略与长远发展产生越来越深远，甚至越来越具有决定性意义的影响。

根据企业外包的不同职能活动，外包可以分为企业直接职能活动外包和

① 转引自郑明身：《非核心业务一体化管理外包——企业精干主体、强化主业的新经验》，《企业管理》，2006 年 2 月，第 41 页。

间接辅助职能外包。直接职能外包可以分为创新与研发设计外包、营销与销售外包、生产经营外包、物流与配送服务外包、客服呼叫中心与售后服务外包；辅助职能外包可以分为财务与会计外包、人力资源服务外包、后勤服务外包、信息系统外包。如表4–2所示。随着职能外包业务的不断增长，这些外包业务都已经发展成为各类规模庞大的外包产业。

表4–2　企业职能外包的分类

企业外包职能分类		外包活动	外包相关产业
直接职能外包	研发、设计外包	研发、设计、试验	创新、研发、技术服务外包业
	营销外包	公关、广告、策划、分销、电子商务	广告传媒业、批发零售业、电子商务、网络营销产业
	生产外包	制造外包、流程外包	来料加工业、贴牌生产制造业
	配送外包	配送服务外包、第三方物流	仓储物流业、交通运输业
	售后服务外包	呼叫/客服中心外包、安装/维修服务外包	客户服务外包、维修服务外包业
辅助职能外包	财务、会计外包	财务、会计职能活动外包	金融服务业、会计服务业、财务代理服务、综合理财服务
	人力资源外包	招聘、培训、人事代理、人员外包服务	人力资源外包服务业、调查、咨询、培训服务业
	后勤服务外包	餐饮、保洁、物业管理外包服务	餐饮外包、物业管理外包、租赁和商务服务业
	信息系统外包	信息基础设施、应用开发、用户支持外包	通信、计算机服务和软件业、IT外包、软件外包业、流程外包业

资料来源：作者整理所得。

从以上外包活动的分类和分析来看，外包不仅跨越国界，而且渗透到企业生产和经营管理的方方面面，成为现代企业降低成本、提高效率的重要方式之一，也是现代企业的一个最为重要的经营战略。随着全球经济一体化发展和企业间竞争的日益激烈，企业业务职能外包还有更进一步发展的空间和潜力，尤其是在我国企业管理水平相对较低的情况下，大力发展外包产业是调整产业结构、转变经济发展方式、提升企业经营效率和竞争力的重要途径之一。

从企业的业务职能外包分类来看，外包还可以看成是任何的业务职能从一个组织转移到另外一个组织的过程，外包并非新事物，也不局限于信息技术。从企业外包战略选择的业务范围来看，外包的业务内容主要包括信息系统，其次是人力资源、财务和会计。其中，信息系统外包作为企业内部IT

部门的替代以及 IT 服务的采用而受到越来越多企业的重视，信息系统外包已经成为企业 IT 战略的重要组成部分。

在企业各类职能外包中，信息系统外包是发展时间相对较短、外包过程比较复杂、外包过程与企业的业务流程结合最为紧密的职能外包活动，企业信息系统外包的成败不仅关系到运营效率的提升，而且还关系到企业长远信息系统战略和企业发展战略的实现。因此，近年来信息系统外包受到企业界和学术界越来越多的重视，本书重点对企业信息系统外包过程和外包绩效影响因素进行研究，以期能对企业信息系统职能外包实践和外包理论研究有所贡献。

二、信息系统外包的含义及分类

1. 信息系统外包的含义

信息系统外包可简单地视为将组织中部分或全部的信息系统职能交由外部的信息系统服务供应商来完成（Grover，Cheon and Teng，1996）。一些文献对于信息系统外包的类似定义还有很多，本书对其中有代表性的信息系统外包定义进行汇总，如表 4-3 所示。

表 4-3 信息系统外包的定义

学者及时间	定义描述
Richmond，Seidmann and Whinston（1992）	一个公司转包一些或全部的信息系统职能给另一个公司
Loh and Venkatraman（1992a）	外部供应商对用户组织中信息技术基础架构的特定或全部组成部分的相关有形资源/人力资源有显著贡献
Due（1992）	将组织中的数据处理、硬件、软件、通信网络、系统人员的一部分或全部转交由包括硬件提供商、咨询公司与系统供应商在内的第三方来提供
Alpar and Saharia（1995）	外包厂商与一个或者多个独立的供应商签订中到长期的合同（通常是 5~10 年），在合同期限内信息系统供应商持续为用户企业提供各种不同的信息系统服务
Claver，Gonzalez，Gasco 等人（2002）；Gonzalez，Gasco and Llopis（2005）	企业将与企业信息技术相关的有形资源、人力资源由外部专业供应商来提供或管理
Levina and Ross（2003）；Barthelemy and Geyer（2004）；Hall and Liedtka，（2005）；Wang，Gwebu，Wang 等人（2008）	企业将信息技术相关的有形资源/人力资源的所有权或者决定权交给外部供应商，并由其提供网络管理、应用系统开发、数据管理或者基础设施维护等 IT 服务
Goles and Chin（2005）	组织将其部分或者全部信息系统职能以合同方式委托给一个或多个第三方供应商，其中“职能”包括一个或多个 IT 活动、过程、服务

资料来源：作者整理所得。

这些关于信息系统外包的定义有一个共同的要素就是外包由双方来组成，一方（公司、企业或组织）委托另一方（供应商、第三方）来承担信息系统职能，外包供应商是外部组织，而不是客户企业的组成部分，与客户企业内部的信息系统部门相区别。这些定义也有一些区别，其中最重要的是关于信息系统外包对象或者标的物。关于外包对象的称谓包括“信息系统职能”、“有形资源”、“人力资源”、“软件”、“硬件”、“网络”、“系统人员”等，其中使用最多的就是信息系统职能。Goles and Chin（2005）认为，信息系统职能包括一个或者多个IT活动、过程或者服务。

本书综合以上信息系统外包的定义，将信息系统外包广泛地定义为组织将部分或全部的信息系统职能以合同的方式委托给外部专业的信息系统供应商来开发、管理或提供。根据前文对企业信息系统职能的定义和分类，这里信息系统职能包括三个维度：①企业所需要的各类信息系统。②信息系统的构成要素。③建设和维持信息系统所必需的信息活动。企业信息系统的职能就是规划、建设、提供企业必需的各种信息系统资源和各类信息系统。

本书为了问卷调查和实证研究的需要，主要从企业信息系统活动的角度，对企业各类信息系统或企业整体信息系统的相关信息活动交由外部信息系统供应商处理的程度进行研究，同时兼顾这些信息系统相关的有形资源、人力资源的外包情况。

2. 信息系统外包的分类

信息系统外包对象的核心是组织的信息系统职能，本书从信息系统职能活动的角度，以信息活动为重点来研究信息系统外包。因此，本书所指的信息系统外包主要是指信息系统职能活动外包。很多文献也从企业外包的信息系统职能活动的角度对信息系统外包进行了分类。

Grover，Cheon and Teng（1996）认为，信息系统外包主要包括五大类：①应用系统开发与维护：应用软件系统的分析、设计、建设和维护；②系统操作：维持主机日常运行、数据备份和系统软件的维护等；③网络管理与维护：通信软硬件的开发及日常维护、语音影像数据的日常维护及网络的操作维护；④终端用户支持：PC机采购、用户培训和咨询；⑤系统规划与管理：系统规划、项目管理、人事管理、财务管理及行政支持等。

郭宪铭（2005）引用中国台湾资讯软件协会的外包项目分类方法，将信息系统外包明确定义为 14 种项目，具体分类如表 4–4 所示，从表中可以看出信息系统外包项目几乎涵盖了企业所有可能的信息系统活动。

表 4–4 信息系统外包项目

外包内容	工作内容说明
1. 整体规划	对组织未来信息系统应用方式提供一整体性的蓝图，以确定使用信息系统（电脑）的目的，分析所需要的各类资源（设备、人力、经费、时间安排等）以及具体的实施步骤
2. 顾问咨询	顾问咨询是指在信息系统开发、使用过程中，可寻求专业机构所提供的管理技术、专职知识及建议
3. 资料登录	将原始文件录入工作外包，以人工作业方式输入成电脑可以处理的文件
4. 资料处理	委托单位将需要电脑处理的工作，全部或部分地委托给服务商代为规划、设计、处理或由服务商派人员操作委托单位的设备，按照一定程序处理资料
5. 软件开发	指应用软件系统制作及相关的服务，其业务范围包括新系统开发设计、旧系统淘汰更新、旧系统架构更改、系统转移训练、系统保修等工作
6. 软件维护	指应用软件的维护服务，包括版本更新、错误检测与排除、更正性服务等
7. 系统管理	对全部或部分信息系统的整体运营，包括人员、环境设备、机器设备、作业流程及管理制度，以及其他相关或延伸的作业外包。系统管理服务方式可以是委托单位自有设备，服务单位提供管理服务；或者由服务单位提供信息或环境设备及管理服务，委托单位拥有使用权等不同方式。工作内容包含整体信息管理制度的规划及建设，拟定并执行信息系统的运营方式，制定服务水平指标等工作
8. 网络服务	网络所包含的范围相当广泛，从最基本的两台工作站的串接、区域网络建设、主机连接到广域网、国内外长距离传输等。不仅包含硬件、软件系统的建设，还涉及数据库的使用、各地区电信线路的租用
9. 机房设施管理	电脑设备、机房及相关管理业务委托供应商处理，运用外部的专业技术，协助执行设备管理任务。包括管理制度的规划、执行，提供运营环境及软硬件设备的规划和管理等
10. 灾难恢复服务	灾备中心的规划、建设或提供灾备中心服务，由于数据处理中心的脆弱性，需要开发灾难发生时及时恢复重要信息系统的运行和使用计划
11. 培训推广	信息教育培训的规划与执行，业务信息化过程中有关各方面人员日常教育、培训的规划与执行。培训范围包括电脑软硬件技术、信息管理技术、行政管理技术及领域专业技术等
12. 硬件维护	对于购买的硬件设备（如系统主机、终端机、工作站、个人电脑、打印机、绘图仪、连接设备等），在保修期内由原供应商根据购买时的约定提供各种售后服务。在保修期满后，为维护原硬件的功能及正常运行，按照合同所提供的定期维护工作统称为硬件维护

续表

外包内容	工作内容说明
13. 系统整合	针对特定业主的特定个性需求，以重新开发软件、搭配硬件、网络及外围设备等所组成的整体信息系统。这类系统通常只针对极少数客户的大型专业计算整合不同厂商、品牌的硬件、软件及外围产品，以及相关的专业知识，包括网络、需购置或开发的硬件设备和软件
14. 系统审计	确保电脑中心内部作业安全控制能有效地建立并长期保持一定品质，协助建立电脑中心安全作业管理标准，评估并审计电脑中心安全作业管理标准

资料来源：郭宪铭（2005）。

戴维·查菲和史蒂夫·伍德著（2008）认为，信息系统、信息技术和信息管理职能外包是一个非常成熟的实践，在过去20年中非常流行。信息服务外包在范围上的差异非常大，有时所有的信息服务活动都会被外包出去，范围从信息系统战略、硬件购买、应用程序开发到IT平台支持服务。①

由于不同的信息系统活动的特性不同，企业对其进行外包的态度也不同，从而不同的信息系统活动的外包程度也不同。Gonzalez，Gasco and Llopis（2005）将企业的信息系统活动分为11类，并通过对357家企业的调查发现硬件维护、程序开发和软件维护是外包程度最高的3种信息系统活动，信息系统外包百分比由高到低依次排列，如表4-5所示。

表4-5 信息系统活动外包百分比

信息系统活动	外包百分比（%）
硬件维护	64.1
程序设计	41.6
软件维护	39.4
系统实施	38.4
员工/用户培训	29.8
网络服务	25.9
应用系统分析	24.3
系统操作	21.3

① 戴维·查菲、史蒂夫·伍德：《企业信息管理：用信息系统改进绩效》，赵苹、陈守龙、刘现伟译，中国人民大学出版社，2008年，第480页。

续表

信息系统活动	外包百分比（%）
安全管理	19.4
终端用户支持	18.7
电子商务解决方案	14.9

资料来源：Gonzalez，Gasco and Llopis（2005）。

本书所指的信息系统职能活动，包含企业所有的信息系统活动，主要包括：信息系统整体规划、软件开发与维护、网络管理与服务、设施管理、数据输入与处理、系统整合、数据库建立、顾问咨询、培训推广以及用户支持等。其中核心的是 Grover，Cheon and Teng（1996）提出的应用系统开发与维护、系统操作、网络管理与维护、终端用户支持和系统规划管理五类。而组织的信息系统的范围也比较广泛，包括企业资源计划系统、客户关系管理系统、供应链管理系统、办公自动化系统以及各种部门应用信息系统等。

当然，还可以从其他的角度对信息系统外包进行分类，如根据外包的程度，信息系统外包可以分为整体外包和选择性外包，整体外包指 80%以上信息系统职能活动由外部供应商来承担，或者企业信息系统外包预算超过企业整个信息系统预算的 80%；而外包比例低于 80%的信息系统外包则被称为选择性外包。根据企业与信息系统供应商之间的外包关系类型和外包战略定位可以将信息系统外包划分为市场关系型外包、中间关系型外包和伙伴关系（战略联盟）型外包。

三、信息系统外包的演变趋势分析

信息技术飞速发展，其应用越来越广泛，信息技术正在日益影响着人们生活的每时每刻、企业运营的方方面面，信息技术甚至正在并将继续改变着全球经济的运行方式。与信息技术密切相关的信息系统外包战略的很多方面都会随着经济社会环境的不断变化、技术创新的不断推进和市场的不断成熟而不断演进。信息系统外包战略管理是一种实践性、时效性非常强的管理活动。

对现有信息系统外包文献进行汇总、分析可以发现，主要从四方面讨论信息系统外包的演变：第一方面着眼于信息系统外包原因的改变；第二方面探讨信息系统外包种类与范围的扩充；第三方面观察企业与信息系统供应商之间关系的转化；第四方面探讨企业规模与外包金额等的变化。

1. 外包原因的改变

信息系统外包最早可以追溯到20世纪60年代，早期外包定位于经济上的考虑，以降低成本为主要目的，因此外包决策偏重于成本效益的比较，信息系统外包决策类似于一般产品的购买/自制决策（Walker and Weber，1984）。随着信息技术的快速进步，信息系统对企业的重要性不断增加，加上全球商业环境的激烈竞争，信息系统外包的目的也在变化。成本因素不再是唯一的考虑，外包的理由变得更多样化，一些文献中常提及的外包理由包括：重新专注于核心业务、更快地发展信息技术运用、获得先进的信息技术与能力、满足变动的人力需求以及达到改变组织结构的目的等（Benko，1993；Collins and Millen，1995；Pinnington and Woolcock，1997）。

Claver，Gonzalez，Llopis 等人（2002）通过调查发现企业进行信息系统外包的主要原因，除了节约人力成本、技术成本以外，还包括提高信息系统部门的灵活性、聚焦于信息系统战略问题以及处理棘手的日常问题等，按照重要性排序如表4-6所示。Weeks and Feeny（2008）也认为，随着信息技术外包的逐步深入，外包的目标从对成本节约的关注转向了企业业务创新和业务价值的实现。现代企业进行信息系统外包的理由不只是成本的节约，企业若能有效地制定外包决策，信息系统外包还可能成为企业有效运用信息技术、改善业务流程、增强竞争力的策略性工具。

表4-6 信息系统外包的原因

外包的原因	所占百分比（%）
节约人力成本	68.6
提高信息系统部门的灵活性	62.8
聚焦于信息系统战略问题	40.0
消除棘手的日常问题	37.1
节约技术成本	34.3
提高信息系统质量	28.6
替换内部的信息系统	17.1
利用最新技术并降低技术落后的风险	11.4

资料来源：Claver，Gonzalez，Llopis，et al.（2002）。

2. 外包种类与范围的扩充

20世纪六七十年代，信息系统外包的种类和范围与如今的外包范围有很大的不同。在应用软件方面，由软件开发外包转变为应用系统的管理；在专业服务方面，从签订合同进行程序设计提升至系统全面整合；在运行服务方面，则从特定的操作服务变为系统操作的管理（Grover，Cheon and Teng，1994）。此外，就外包范围而言，早期为数据处理时代，侧重于交易的处理（McFarlan and Norlan，1995），通常只包含单一系统功能；而20世纪90年代以后为网络时期，注重计算机与通信技术，外包范围涵盖网络规划与应用（McFarlan and Norlan，1995），并牵涉多种系统与大量资产的整合与转移。

不同于传统的信息系统外包，现在的信息系统外包客户把大部分的信息系统职能都外包给服务提供商。依照合同的不同类型，甚至将有些信息技术部门的人员也一起移交给外包服务提供商（Grover，Cheon and Teng，1994）。柯达与IBM公司以及DEC公司的外包合同之所以得到广泛的关注，就是因为柯达公司信息系统的外包不仅涉及服务的外包，而且还涉及包括信息系统设施和信息技术系统等信息技术资产的转移（Loh and Venkatraman，1992b）。

Fish and Seydel（2006）通过对美国181位高级IT专业人员的调查，发现除了数据中心操作、系统开发和通信网络外包能获得快速增长之外，应用开发、应用系统维护、个人电脑维护和系统维护也将获得极大的增长。可见，目前信息系统外包的范围已经大大扩充了，几乎涵盖了所有类型的信息系统和信息系统的所有活动和职能领域。

3. 外包关系的转化

由于信息系统外包的原因已由成本节约延伸至战略与技术等层面，因此企业与信息系统供应商之间的关系亦不再是单纯的传统契约买卖关系。McFarlan and Norlan（1995）即主张将信息系统外包视为企业间的战略联盟，他们认为战略联盟观念的日益普及与信息技术的日新月异，促使现代企业寻求适合的信息系统供应商，并借助与信息系统供应商的相互合作以填补企业在价值链中较薄弱的环节。

早期信息系统供应商承包的是企业日常业务的信息处理或硬件维护工作（Ketler and Walstrom，1993），信息系统供应商对企业的战略影响力不大。

随着信息系统外包范围的扩大、专业服务内容的增强，外包供应商对企业信息系统的参与程度不断提高，企业变得更加依赖于信息系统供应商的专业能力，信息系统外包关系也由过去的合同买卖关系逐渐升级至合作伙伴关系。

此外，信息系统外包所面临环境的不确定因素越来越大，信息系统外包项目越来越涉及企业的核心竞争力，信息系统外包管理的复杂程度越来越高，信息系统外包中资产专用性越来越高，合同的期限越来越长，金额越来越大，信息外包的风险越来越大，这些都使得信息系统外包双方的关系已经不仅仅是市场型的外包关系，而是逐渐演变为合作伙伴关系（杨波、彭思立，2005）。目前，企业要从外包中获取更大收益，就必须注重与供应商建立合作伙伴关系而不是简单的合同关系。

4. 企业规模与外包金额的增大

就企业规模而言，Grover，Cheon and Teng（1996）认为，信息系统外包已不限于中小型企业，现在连拥有较大规模信息部门的大型企业也经常将信息系统外包。在20世纪90年代之前，信息系统外包还处于探索发展阶段，外包规模和金额相对较小。1989年，Kodak和IBM签订了高达10亿美元的信息系统外包合同，并成为经典的外包成功案例，该项目也成为IT外包的里程碑。之后，众多知名大企业也纷纷开始采用信息系统外包模式，许多财富100强公司也开始将企业的信息技术和信息系统外包给承包商，这些公司包括Delta Airlines、Chevron、Dupont、JP Morgan、McDonnell Douglas等。

而信息系统外包金额也逐渐增大，2002年11月新加坡发展银行（DBS）与IBM正式签订10年价值达12亿新元的IT服务外包协议。2002年12月12日，EDS公司（Electronic Data Systems）和美洲银行签订了45亿美元外包订单，对美洲银行的语音和数据网络进行改造和管理。2003年7月3日，葡萄牙著名金融集团BCP与IBM签署为期10年总价值达3.4亿欧元的外包协议，IBM全球服务部将为BCP集团提供IT基础架构的外包服务。[①] BCP出于提高集团投资的灵活性和节约IT成本等方面考虑，做出了由IBM为其提供服务的战略决策。根据协议，IBM全球服务部将为BCP管理IT基础设施、

① 杨波、彭思立：《伙伴关系——信息技术外包的演变趋势》，《管理学报》，第2卷，2005年，第257页。

大型主机、系列服务器和 IT 中心，为其提供 Unix 系统主机服务，以及业务连续性与灾难恢复系统的运营维护（杨波、彭思立，2005）。

2003 年以来，主要的 IT 外包承包合同还包括：消费品企业宝洁公司与惠普公司签订了 10 年达 30 亿美元的 IT 外包合同，瑞士能源与自动化技术公司 ABB 与 IBM 签订 10 年达 11 亿美元的 IT 服务外包合同，法国轮胎制造商米其林公司与 IBM 公司签订了 12.1 亿美元的服务合同（戴维·查菲、史蒂夫·伍德，2008）。[①] 本书根据以上分析，对信息系统外包的演变趋势情况进行了汇总，如表 4–7 所示。

表 4–7 信息系统外包的演变

		20 世纪 60~90 年代	1990 年以来
外包原因		以降低成本为主	多样化，加入战略等多种因素
外包种类与范围	软件应用	套装软件	应用系统管理
	专业服务	程序设计、分时处理	系统整合
	处理服务	特定处理服务，如硬件维护与数据处理	系统操作
	涵盖范围	单一系统，注重业务处理	多种系统，涵盖网络规划与应用
外包关系		合同买卖关系	合作性伙伴关系
企业规模		限于中小型企业	扩展至大型企业外包
外包金额		较小	很大

资料来源：作者根据徐绮忆的研究整理所得。

从国内企业的外包实践来看，尽管企业信息系统应用和外包起步较晚，还处于初期发展阶段，但是发展的速度却非常快，尤其是三资企业通过借鉴和引进西方成熟的信息系统建设和外包经验，其信息系统应用水平也非常高。我国企业从 20 世纪 90 年代，尤其是跨入 21 世纪以来也开始积极推进企业信息化建设。近几年国内出现了一系列 IT 外包交易，如国家开发银行与HP、神州数码的外包，海尔与东软的系统集成外包，百安居与 IBM、HP 和Wincor Nixdorf 的多方外包合作等。随着信息化投入不断增加，信息系统外包开始由局部尝试向全面实施的方向发展，信息系统外包已经成为企业信息化建设和信息系统应用的重要手段，信息系统外包的趋势也开始向国际化

① 戴维·查菲、史蒂夫·伍德：《企业信息管理：用信息系统改进绩效》，赵苹、陈守龙、刘现伟译，中国人民大学出版社，2008 年，第 480 页。

靠拢，呈现出良好的发展态势。

20世纪90年代以前，人们通常认为IT外包是企业对自身运营不佳的独立信息系统采取的权宜之计，信息系统外包也曾经被认为是通过规模、范围和专业化经济实现服务成本降低的工具。但是现在越来越多的公司将外包视为战略性的措施，以获得高质量的服务、优厚的财务回报和新业务的拓展(杨农，2003)。在此背景下，企业信息系统外包管理对于我国企业信息系统应用水平和运行效率的提高，甚至是企业竞争力的提升和竞争优势的建立都具有重要意义。目前，在我国进行信息系统外包过程管理研究不仅具有一定的实践基础，而且其研究成果对我国企业外包实践具有更强的现实指导意义。

第三节 信息系统外包过程探讨

一、信息系统外包过程方法探讨

一般来讲，过程是指事情进行或事物发展所经过的程序或阶段。ISO9001：2000质量管理标准对“过程”做了很精辟的描述：通过使用资源和管理，将输入转化为输出的活动可视为过程。通常，一个过程的输出直接形成下一个过程的输入（刘妍、李耘涛，2007)。

各种过程间是相互联系和作用的，一个过程的输出是另一个过程的输入，将各个相关过程有机联系起来的过程系统即构成体系。而过程方法就是对体系中的诸过程进行识别、明确过程间的联系和相互作用，对诸过程进行系统的应用、管理和连续的控制，使体系运行达到更佳的效果。“过程方法”是ISO9001：2000质量管理标准的八项原则之一，是一种非常有效的结构化通用管理方法。

对于信息系统外包战略管理来说，过程管理方法也是一种改善外包管理、提升外包绩效的非常有效的方法。为了确保外包的质量，国外很早就有一些文献主张企业应遵循结构化的程序进行信息系统外包（Lowell，1992；Goldsmith，1994；Lacity and Hirschheim，1993；Judenberg，1994；

Chaudhury, Nam and Rao, 1995)。学术界对于信息系统外包过程的研究也是一个对信息系统外包管理认识不断深化的过程。

学者对信息系统外包的研究主要就是对外包过程中的相关管理问题进行研究，分析和发现外包过程管理中的普遍性和规律性，发现对信息系统外包绩效具有重要影响的因素和环节，找出提高外包绩效的措施和办法。因此，信息系统外包过程也就成为外包研究的重要内容，是信息系统外包研究的基础和前提，对于深刻理解信息系统外包战略管理具有重要意义。

然而，一些文献对于外包过程的研究仅限于对外包过程阶段的划分和描述方面，并没有对外包过程进行明确定义。本书从一般的意义上认为，外包过程就是企业为了降低成本、提高效率，将某些职能活动委托给外部组织加以完成的必需的活动或者必须经历的阶段。企业通过对外包过程的各项活动或者各个阶段进行有效的计划、管理和控制，从而实现外包预期目标的过程即为外包过程管理。

由于每一个过程通常都会包含一些子过程和不同的阶段，因此同一个过程的子过程和阶段划分方法会有所不同。一般来说，外包过程都包含外包决策、供应商选择和外包商管理三个过程。

对于信息系统外包来说，信息系统外包过程可以定义为企业将某些信息系统职能交由外部信息系统供应商完成所必需的活动或经历的阶段。信息系统外包是企业一项重要战略性决策，对企业的经营甚至长远发展都会产生深远影响，因而信息系统外包过程都必须要包含外包的决策过程。同时为了实现外包的预期目标，还要对外包工作精心管理和控制，因而外包过程还包括外包管理过程。

当然，外包过程还可以进一步细分，如外包管理过程还可以细分为选择供应商、签订外包合同、外包绩效考核、管理外包关系等不同的阶段。而这些外包过程和各个外包阶段还可以进一步细分为具体的外包活动，如供应商选择包括制定供应商选择标准和方法、搜集和分析供应商资料、制定需求建议书、招投标并选定供应商等在内的各种不同的活动。鉴于信息系统外包对于企业经营管理的重要性，本书接下来对信息系统外包过程进行更加深入的分析和探讨。

二、信息系统外包过程研究借鉴

一些文献对信息系统外包过程进行了描述性研究。Chaudhury，Nam and Rao（1995）从项目招投标的角度将信息系统外包过程看做是自制/外包决策和外包供应商选择的过程，如图 4-2 所示。外包决策首先要确定企业信息系统采用自制或者外包方式；在决定外包的情况下，确定外包程度，即全部外包或者是选择性外包；然后根据结构化的程序精选最适合的信息系统供应商。

徐绮忆（1999）依据相关文献和企业信息系统外包管理实际提出详细的信息系统外包过程管理流程模型，如图 4-3 所示。该模型列出了五项与外包流程相对应的信息系统外包重要研究议题，包括：外包决策、信息系统供应商选择、外包合约设计原则、外包关系的管理以及外包结果的评估。其中，外包决策又分为适合外包的职能与范围、外包方案选择、自制/外包成本、外包利益与问题、外包风险、外包决策模型与策略外包七个子议题。

Dibbern，Goles，Hirschheim 等人（2004）采用西蒙（Simon）的决策阶段模型，将信息系统外包过程划分为两个阶段，分别是决策过程和实施过程，同时还将外包的实施过程划分为供应商选择、外包关系建立以及关系管理三个子过程。

信息系统外包是一个复杂的管理过程，Mahnke，Overby and Vang（2005）提出了信息系统外包过程的概念模型。根据外包管理的过程、对象与问题，将外包过程分为两大步，即事前的外包决策与事后的外包管理；根据合同管理的不同阶段将外包过程划分为合同前管理、合同执行和合同后管理三个阶段；根据企业在外包过程中的具体管理活动将外包过程划分为识别业务活动、选择 IS 服务提供商、签订外包合同、监督与评价和外包关系管理五个阶段，如图 4-4 所示。

左美云、杨波和陈禹（2003）将信息技术外包划分为三个主要的连续过程：信息技术外包的决策过程、信息技术外包商的选择过程和信息技术外包商的管理过程。王磊（2006）提出了信息技术外包的生命周期模型，该模型将外包过程划分为 5 个阶段，分别是外包决策阶段、服务商选择阶段、签订合同阶段、外包过渡阶段和外包关系管理阶段。徐姝（2006）将企业业务外包管理过程总结为战略性分析、评估与选择、合同签订、过渡与整合、外包

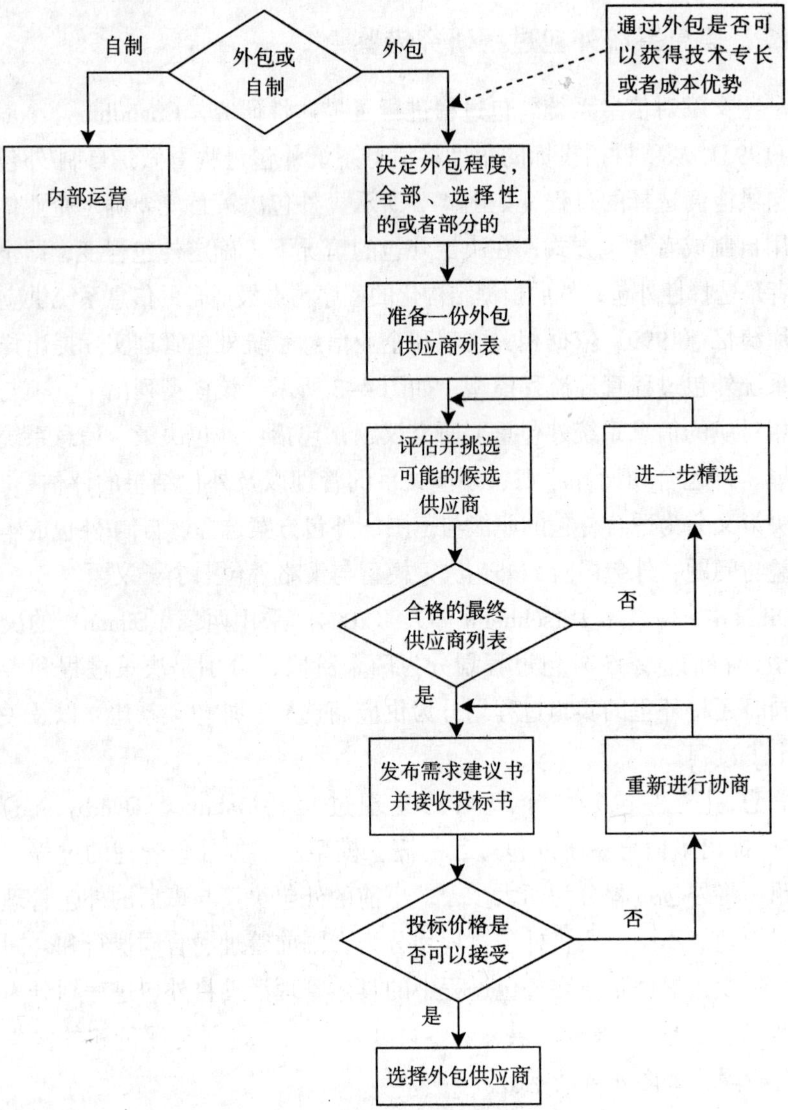

图 4-2 外包决策与供应商选择过程

资料来源：Chaudhury，Nam and Rao（1995）。

关系管理和合同终止六个阶段，并以此为基础建立了企业业务外包运作与管理整体框架。①

① 徐姝：《外包业务外包战略运作体系与方法研究》，中南大学出版社，2006 年，第 66~74 页。

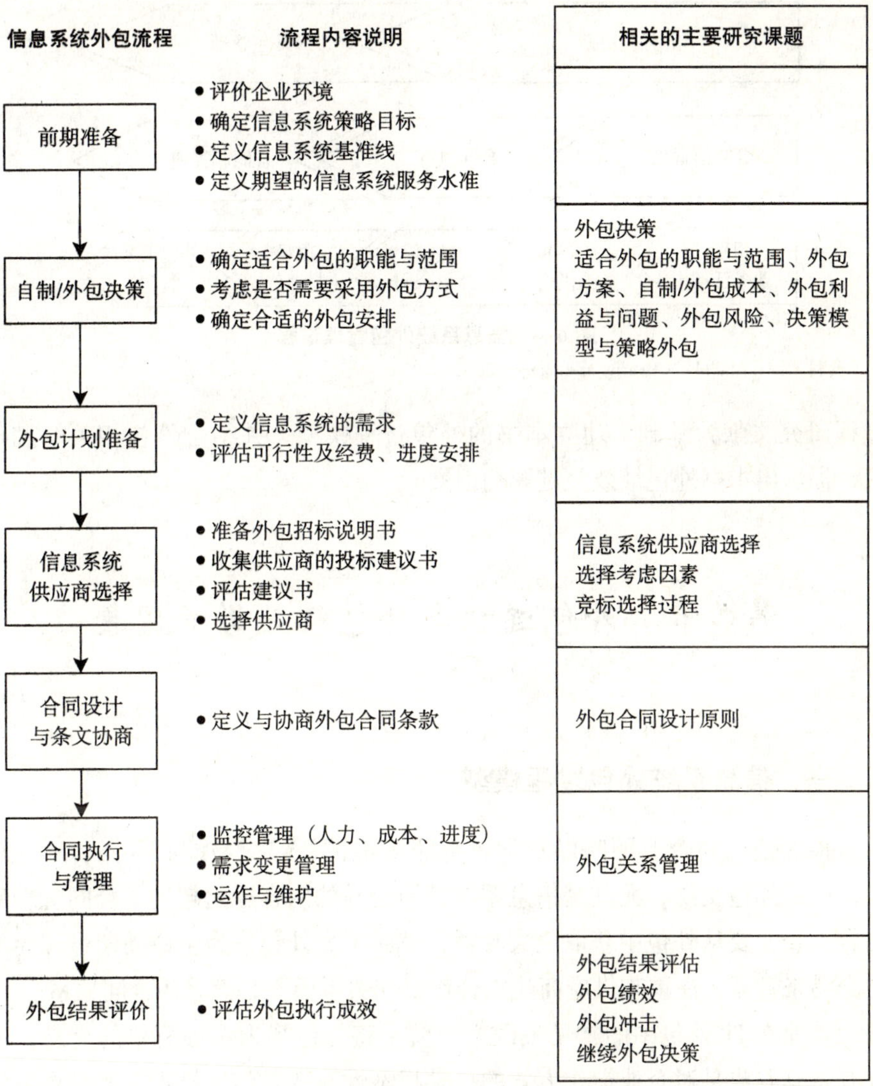

图 4-3　信息系统外包流程与内容说明

资料来源：徐绮忆（1999）。

根据这些研究对信息系统外包过程的阶段进行划分，外包过程总体上可以区分为外包决策和外包管理两大过程，其中外包管理又可以区分为外包商选择、签订外包合同和外包商管理过程，而外包商管理过程又包括监督与评价外包商、外包关系管理以及外包绩效评价等内容。本书接下来以现有外包

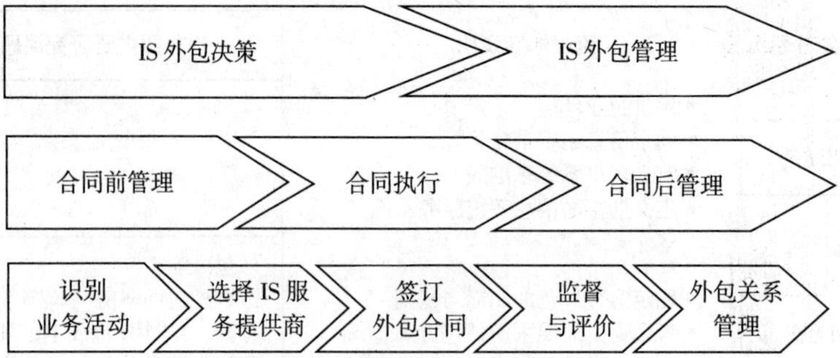

图 4-4 信息系统外包管理过程

资料来源：Mahnke，Overby and Vang（2005）。

过程研究文献为基础，建立本书的外包过程模型，并结合外包相关基础理论，提炼出本书外包绩效关键影响因素。

第四节 外包过程与外包绩效影响因素

一、信息系统外包过程模型

很多公司和企业顾问以及学者都非常重视外包交易的必要条件——合同，但是外包交易，尤其是信息系统外包交易的内容远远超过了合同管理的内容。企业要从外包中获取更大收益，就必须将外包作为生命周期过程而不是交易来管理，注重与供应商建立合作伙伴关系而不是简单的合同关系。

企业在 IT 外包中的常见失误之一就是将外包视为一桩简单的交易，而没有将其看成是对企业运作方式的一种根本性改变。信息技术需要与企业的具体业务活动紧密结合才能发挥应有的作用，信息技术的作用主要体现在企业运营的整个过程之中（陈守龙、刘现伟，2007），离开信息技术与企业具体业务活动的结合，信息系统的作用就无从谈起。因此，信息系统外包过程不仅是外包决策与实施的过程，而且也是信息系统与企业业务活动紧密结合、不断整合的过程，是对企业运营方式的一种根本性变革。企业信息系统外包不仅要重视外包决策过程，而且还必须要重视对供应商和外包实施过程的管理、协调和控制。

如前所述，关于外包过程的描述性、探讨性研究有很多，外包过程概念模型也很多，本书对主要的外包过程阶段性模型进行了汇总，如表4-8所示。这些模型都属于定性的描述性研究，通过建立研究模型进行定量的实证性研究则很少。这些外包过程概念模型包含的外包阶段有多有少，各个阶段名称也有所差别，但从外包整个过程所包含的活动来看，却比较一致，多阶段模型是对两阶段、三阶段模型的丰富和细化。

表4-8 外包过程管理概念模型对比

阶段模型	阶段名称	学者
两阶段模型	外包决策、外包管理	Mahnke，Overby and Vang（2005）
	外包决策、外包实施	Dibbern，Goles，Hirschheim 等人（2004）
	外包决策、外包商选择	Chaudhury，Nam and Rao（1995）
三阶段模型	合同前管理、合同执行、合同后管理	Mahnke，Overby and Vang（2005）
	决策过程、外包商的选择过程、外包商的管理过程	左美云、杨波、陈禹（2003）
五阶段模型	外包决策、服务商选择、外包合同签订、外包过渡和外包关系管理	王磊（2006）
	识别业务活动、选择供应商、签订外包合同、监督与评价、外包关系管理	Mahnke，Overby and Vang（2005）
	外包决策、供应商选择、外包合同设计、外包关系管理、外包结果评价	徐绮忆（1999）
六阶段模型	战略分析、评估与选择、合同签订、过渡与整合、外包关系管理、合同终止	徐姝（2006）

资料来源：作者整理所得。

本书为了实证研究的需要，对多阶段模型进行合并和简化，并采用了两阶段和多阶段相结合的外包过程模型，总体上将外包过程划分为外包决策和外包管理两大过程，外包管理过程又进一步划分为外包商选择过程和外包商管理过程。其中，外包决策过程包括业务活动识别、风险评估、外包范围确定等活动，而外包商管理过程包括外包合同签订、外包商监督与评价以及外包关系管理等阶段，如图4-5所示。

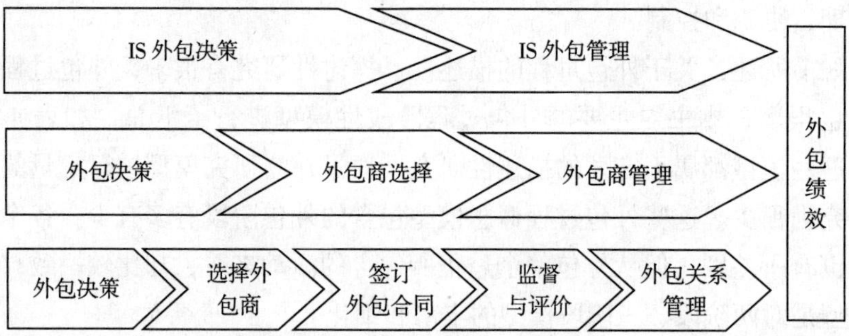

图 4-5　信息系统外包过程概念模型

资料来源：作者整理所得。

根据上述信息系统外包过程模型，外包过程首先可以根据外包工作阶段和工作性质的不同区分为两大过程：外包决策和外包管理。外包管理过程可以进一步区分为外包商选择过程和外包商管理过程，而外包商管理过程可以再进一步划分为外包合同管理、外包商监督与评价以及外包关系管理。因此，根据实证研究需要，本书将外包过程划分为外包决策和外包管理两大过程以及外包决策、外包商选择、签订外包合同、外商监督与评价、外包关系管理五个阶段。

二、外包过程与外包活动

在信息系统外包的五个阶段中，由于不同阶段的工作内容、关注侧重点和关键考虑要素各不相同，从而使得在外包过程各个阶段的外包活动既相互联系，又在不同的外包过程阶段中相对独立，所有这些外包活动的质量及其相互作用都可能会对最终的外包绩效产生影响。

在外包决策阶段，企业要确定是否要外包，为什么要外包、明确外包的目标、范围、程度和形式等。为了进行更好的外包决策，企业需要分析行业环境、企业发展战略、企业信息系统战略、企业信息系统应用环境、企业信息系统发展目标、信息系统特性以及自身信息技术能力等，从而综合各方面因素，选择最适当的信息系统治理结构和管理模式，并对外包工作进行最适当的安排。

在供应商选择阶段，企业要确定供应商选择的标准和方法，搜集和分析供应商的资料，对所要外包的信息系统进行详细分析并制定需求建议书，通过招投标选定能够满足企业信息系统需要的、最合适的供应商。

在外包合同签订阶段，要对将要建立的外包关系有一个深入的分析和清晰的认识，签订尽可能完备的合同，并针对未来外包安排的不确定性保持适当的弹性。

在监督与评价阶段，要协商制定完备的供应商管理制度，供应商评价、监督管理办法以及供应商激励办法，并保证监督、评价、激励措施的有效实施。

在外包关系管理阶段，企业要与供应商建立适当的外包关系，并尽力建立相互沟通、信任良好的合作关系，提高外包关系质量，确保外包预期目标的实现。

信息系统外包各个阶段的工作质量和效果是信息系统外包成功的决定性因素，外包的成功是这些外包过程工作质量的最终体现。因此，本书接下来从外包过程各阶段工作关键要素的角度来研究外包绩效的关键影响因素。

三、外包过程与绩效关键影响因素

外包过程阶段划分是外包绩效影响因素选择的基础，也是本书的研究重点之一，基于外包过程的绩效影响因素是本书的研究主题。如上所述，信息系统外包过程包含多个阶段，有多种阶段划分方法，包括两阶段、三阶段、五阶段、六阶段模型，每一个阶段对应的外包绩效关键影响因素有很多，本书根据外包绩效影响因素研究的需要，整合各种外包阶段模型，并重点采用了两阶段和五阶段模型；同时根据现有的外包关键成功因素研究成果以及外包的相关理论观点，提出了基于外包过程模型的外包绩效影响因素模型，如表 4-9 所示。表中对外包过程各个阶段的主要工作内容、关键绩效影响因素、影响因素的理论基础、相关研究的代表作者及这些研究的核心观点进行总结，从而建立具有理论支持的外包绩效影响因素模型。

外包决策过程主要包括评价企业环境、确定信息系统战略目标、定义信息系统需求、定义期望的信息系统服务水准、分析外包利益与问题、评估外包风险、确定适合外包的职能与范围、确定适当的外包安排、评估可行性及经费、进度安排等活动，目的就是要回答外包什么的问题，即外包什么、外包到什么程度。外包决策过程的核心就是要恰当分析和评估外包决策因素，

表 4–9 基于外包过程的外包绩效影响因素

外包过程阶段	工作内容	关键影响因素	理论基础	主要学者	核心观点
确定外包范围/外包决策	• 评价企业环境 • 确定信息系统战略目标 • 定义信息系统的需求 • 定义期望的信息系统服务水准 • 分析外包利益与问题 • 评估外包风险 • 确定适合外包的职能与范围 • 确定适当的外包安排 • 评估可行性及经费、进度安排	信息系统的战略重要性	资源基础和资源依赖理论	Wernerfelt（1984）；Barney（1991）； Pfeffer and Salancik（1978）； Ulrich and Barney（1984）； Prahalad and Hamel（1990）； Mata，Fuerst and Barney（1995）； Fowler and Jeffs（1998）	企业应致力于获取和建立能够为企业带来持续竞争优势的资源和能力，其他的资源和能力则可以通过外包的方式来获取
		企业的信息技术能力	资源依赖和企业关系理论	Pfeffer and Salancik（1978）； Ulrich and Barney（1984）； Cheon，Grover and Teng（1998）； Dyer and Singh（1998）； Willcocks and Feeny（2006）； Gefen，Wyss and Lichtesstein（2008）	为了生存，所有组织都必须与其环境发生联系，进行交换，从而获得企业缺少的重要资源。同时企业自身也必须建立必要的资源和能力
		信息技术、供应商之间的竞争	竞争战略和资源依赖理论	Porter，1979，1980； Pfeffer and Salancik（1978）； Ulrich and Barney（1984）； Porter and Millar（1985）； Fowler and Jeffs（1998）	企业所处的竞争地位对企业绩效具有重要影响，地位越有利，企业绩效就越好
		外包成本优势	专业分工和完全市场理论	Willianmson（1981）；Looff（1995）； Ang and Straub（1998）	外部供应商的专业化和规模经济优势以及有序的外包市场环境对于信息系统外包具有积极的作用
		信息系统资产专用性程度	交易成本理论	Williamson，1979，1991； Loh and Venkatraman（1992）； Cheon，Grover and Teng（1995）； Grover，Cheon and Teng（1996）； Ang and Straub（1998）； 徐绮忆（1999）	市场是不完全的，在不完备市场中，资产专用性越高，交易成本就越高，需要选择适当的经济活动治理结构来降低交易成本
		不确定性	交易成本和代理成本理论	Williamson，1979，1991； Jensen and Meckling（1976）； Eisenhardt（1989）； Loh and Venkatraman（1992）； Cheon，Grover and Teng（1995）	交易的极其不确定性会导致合作双方交易成本和代理成本上升，从而会影响交易行为的最终效果

续表

外包过程阶段	工作内容	关键影响因素	理论基础	主要学者	核心观点
		评价问题	交易成本和代理成本理论	Williamson，1979，1991；Jensen and Meckling（1976）；Eisenhardt（1989）；徐绮忆（1999）	外包结果的评价难度越大，则外包的交易成本和代理成本就越高，从而外包绩效就会越差
选择外包商	• 准备招标说明书 • 收集、评估投标建议书 • 选择供应商	供应商美誉度	关系交换理论和委托代理理论	Goles and Chin（2005）；Macniel（1980）；Jensen and Meckling（1976）；Eisenhardt（1989）；徐绮忆（1999）	相互协调的交换关系比其他任何形式的交换关系更有成效，良好的美誉度作为供应商的一种资源投入有利于提高外包合作关系的质量和效果
签订外包合同	• 定义与协商外包合同条款	合同完善程度	委托代理理论	Ross（1973）；Jensen and Meckling（1976）；Eisenhardt（1989）	完善的合同可以降低由于代理人过分追求个人利益而给委托人带来的损失，从而降低代理成本
监督、评价	• 评估外包执行成效 • 评估综合表现并进行激励	监督、评价与激励机制	委托代理理论	Ross（1973）；Jensen and Meckling（1976）；Eisenhardt（1989）；Looff（1995）；Cheon，Grover and Teng（1995）	建立有效的监督、评价和激励机制可以降低由于委托人和代理人之间目标和利益不一致而产生的代理成本问题
外包关系管理	• 沟通及需求变更管理 • 外包关系质量管理	知识共享	心理契约与关系交换理论	Rousseau（1989）；Koh，Ang and Straub（2004）；Jensen and Meckling（1976）；Eisenhardt（1989）；Dyer and Singh（1998）	隐含的、非书面的、相互交换的心理预期（心理契约）以及正式与非正式的沟通交流可以完善合作关系的效果
		关系质量	关系交换理论	Goles and Chin（2005）；Dyer and Singh（1998）；Macniel（1980）；Grover，Cheon and Teng（1996）	最理想的情况是交换双方能够通过一系列的规则或者预期来维护良好合作关系，提高外包关系管理质量，从而提高外包绩效

资料来源：作者整理所得。

对外包程度做出最合理的决策，其理论基础主要是战略管理理论和经济学理论。

根据以往的关于外包关键因素的研究以及外包决策相关理论观点，与外包决策过程相关的理论主要包括资源基础、资源依赖、企业关系和竞争战略等战略管理理论以及专业分工、完全市场、交易成本、代理成本等经济学理论。在外包决策过程中，本书重点研究信息技术战略重要性、企业的信息技术能力、信息技术供应商之间的竞争这三个外包战略决策因素和外包成本优势、信息系统资产专用性、外包不确定性和评价问题这四个外包经济决策影响因素。外包决策的目的就是要回答有关外包范围和程度的问题，即外包什么、外包到什么程度。如果确定适合外包的信息系统职能及范围，适合外包的信息系统职能的外包绩效就高；相反，如果外包了不适合外包的信息系统职能，那么外包的绩效可能就会较差。因此，本书假设外包决策影响因素同时也是外包绩效重要影响因素。

外包过程除了外包决策过程以外，还包括外包商选择、外包合同签订、监督与评价和外包关系管理等多个外包管理过程，在这些外包管理过程中，也有很多因素会对最终的外包绩效产生重要影响。与这些外包管理过程相对应的基础理论主要包括关系交换理论、委托代理理论、心理契约理论和外包关系管理理论。本书根据每个过程的核心工作内容和相关理论，选择在管理过程中最为重要的绩效影响因素，包括外包商美誉度、合同完善程度、评价激励机制、知识共享程度和外包关系质量五个关键管理因素。

第五章　外包绩效影响因素研究模型

本书的主要研究模型包括与外包战略管理密切相关的外包过程模型、外包决策模型、外包绩效影响因素模型以及外包决策与外包管理因素之间的关系模型。本章在外包过程模型基础上，提出本书的相关研究模型，并在这些研究模型的基础上提出外包决策、外包绩效以及外包决策与管理相关关系研究假设。

第一节　信息系统外包绩效模型

在本书中，外包战略研究的核心问题之一就是要找出对于外包绩效具有重要影响的因素、活动和环节，找到改善外包战略管理、提高外包绩效的方法和途径。信息系统外包包括外包决策、外包管理两大过程，在这两大过程中，外包决策就是要确定最合适的外包范围和外包程度，即要解决外包什么、外包到什么程度的问题；而外包管理要解决的是如何实现外包的预期效果的问题，即如何能够提高外包绩效、实现外包预期效果。由此可见，外包管理因素会对最终的外包绩效产生最直接、最重要影响，同时作为外包管理的前提条件和外包决策重要考虑因素，外包决策和外包程度因素也会对外包绩效产生一定影响。

因此，本书将外包绩效的影响因素区分为外包决策因素、外包程度和外包管理因素，根据外包过程模型和外包绩效影响因素及其相互关系可以构建基于外包全过程的外包绩效影响因素概念模型，如图 5-1 所示。该模型包括三个子模型，即外包程度研究模型、外包绩效研究模型以及外包决策与外包

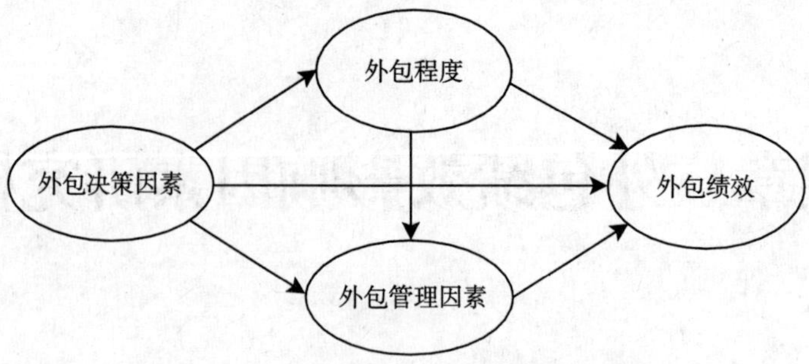

图 5–1　基于外包过程的外包绩效概念模型

资料来源：作者设计所得。

管理之间相关关系模型。

外包决策概念模型，亦即外包程度影响因素模型，用 H1 表示，如图 5–2 所示。外包程度影响因素包括经济因素和战略因素。外包决策基础理论包括经济理论和战略管理理论两大类，以这些经济、管理理论为基础，相应的外包决策因素可以分为经济决策因素和战略决策因素两大类。根据与外包相关的专业分工理论、完全市场理论、交易成本理论、代理成本理论等经济理论和资源基础理论、资源依赖理论、企业关系理论、竞争战略理论等战略管理理论的基本观点，本书讨论的经济决策因素包括外包商的成本优势、企业信息系统专用性程度、外包的不确定性和外包结果评价的难易程度等；战略决策因素包括信息技术对于企业的战略重要性、企业信息技术能力、IS 供应商之间的竞争等。

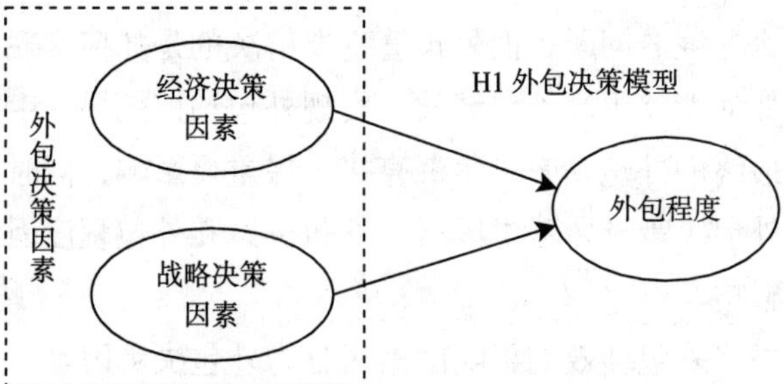

图 5–2　外包决策研究概念模型

资料来源：作者整理所得。

外包绩效影响因素概念模型用 H2 表示，如图 5–3 所示。外包绩效影响因素包括经济决策因素、战略决策因素、外包程度和外包管理因素。根据对外包管理相关理论和外包关键成功因素的分析以及对外包管理过程的讨论，可以发现外包管理最主要的就是对外包商的管理。外包商管理过程包括选择供应商、签订外包合同、监督与评价以及外包关系管理。与外包商管理过程密切相关的理论除了外包决策因素研究中提到的经济管理理论之外，主要包括委托代理理论、关系交换理论、心理契约理论、外包关系管理理论。根据这些外包管理的相关理论观点以及对外包管理过程的阶段划分，外包管理的各个阶段中对外包绩效有重要影响的外包管理因素主要包括：所选择的供应商美誉度，外包合同的完善程度，对于外包商的监督、评价与激励，客户与外包商的知识共享程度和外包关系质量。

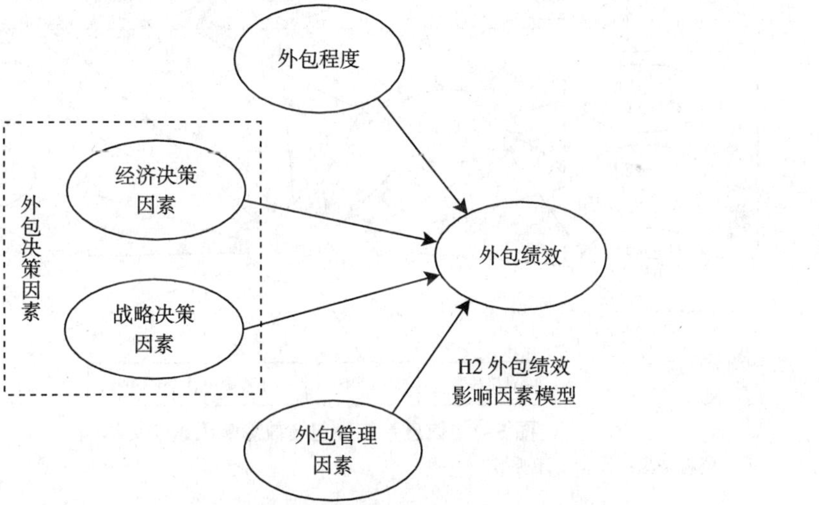

图 5–3 外包绩效研究概念模型

资料来源：作者整理所得。

外包决策因素和外包程度对外包管理因素的影响以及外包决策、外包管理内部各因素之间的相关关系模型用 H3 表示。由于外包决策因素、外包程度、外包管理因素之间的相关关系数量多而且比较复杂，本书将对外包决策与管理的研究假设进行详细分析。本书接下来的研究假设部分即围绕这三个子模型展开论述，其中最主要的是外包绩效影响因素研究模型，这是研究主题和研究重点。

基于外包决策模型的外包程度影响因素分析和外包绩效模型的外包绩效影响因素分析，而且外包决策因素同时也是外包绩效的重要影响因素，本书提出外包决策因素和外包管理因素对于外包绩效的影响模型，如图 5–4 所示。该模型包含本书所研究的所有变量，是本书后面研究假设和实证研究的基础框架和研究依据，其包含两个子模型，即外包决策模型和外包绩效影响因素模型。其中，外包决策模型包含经济决策因素和战略决策因素对外包程度的影响，而外包绩效影响因素模型包含外包经济决策因素、战略决策因素、外包程度以及外包管理因素对外包绩效的影响。

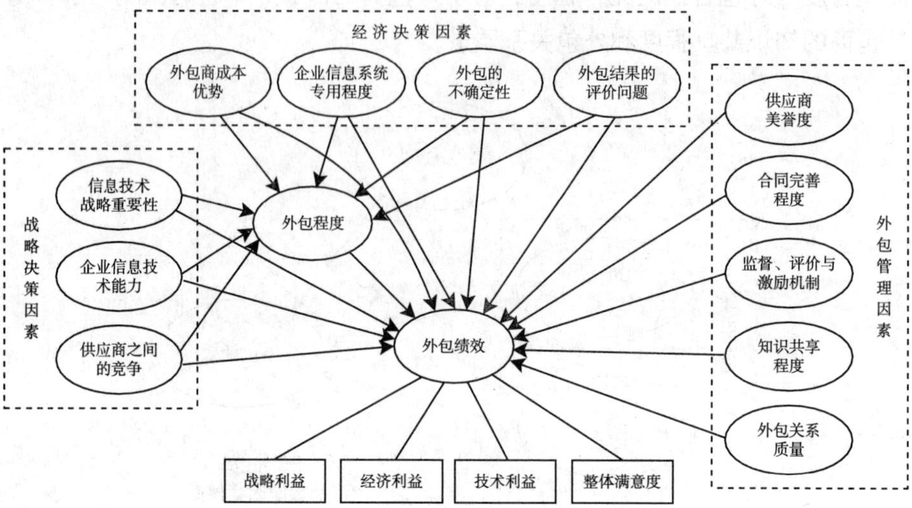

图 5–4　信息系统外包绩效影响因素研究模型

资料来源：作者设计所得。

在外包绩效影响因素研究模型中，经济决策因素包括外包商的成本优势、企业信息系统专用性程度、外包的不确定性和外包结果评价的难易程度等；战略决策因素包括信息技术对于企业的战略重要性、企业信息技术能力、供应商之间的竞争等；外包管理因素包括所选择的供应商美誉度、外包合同的完善程度、对于外包商的监督、评价与激励、客户与外包商的知识共享程度以及外包关系质量。

在本书中，外包绩效采用学术界比较成熟的外包绩效测量方法，将外包绩效定义为企业从信息系统外包中所获得的战略、经济和技术方面的外包利益以及组织对于信息系统外包的整体满意度。模型中战略利益、经济利益、技术利益和整体满意度即为因变量（外包绩效）的四个测量维度。

第二节 外包绩效模型的概念定义

本书研究模型中的研究概念较多，为了准确把握研究模型及这些相关概念，下面对信息系统外包绩效研究模型中的概念分别进行定义，如表 5-1 所示。

表 5-1 信息系统外包绩效模型的概念定义

外包绩效	企业从某个特定的信息系统外包中所获得的战略、经济和技术方面的利益，以及对于该信息系统外包的整体满意度
外包程度	企业以合同方式将组织的信息系统职能委托给外部信息系统供应商处理的程度
资产专用性	企业对于特定信息系统的专用或专属程度
不确定性	企业对于信息系统开发与应用等相关方面无法预期的程度
成本优势	与企业内部提供信息系统相比，外包供应商在提供信息系统服务方面所具有的成本优势
评价问题	企业评价外包商所提供的信息系统服务质量水平的困难程度
战略重要性	特定信息系统对于企业实现其战略目标的重要程度
技术能力	企业拥有足够的信息技术专业知识与能力的程度
供应商竞争	外部信息系统供应商在提供外包服务方面的竞争激烈程度
美誉度	企业的信息系统外包供应商被认为是服务质量优越、诚实与守信的程度
合同完善程度	企业与供应商签订的信息系统外包合同在特殊情况处理、关系管理、衡量指标和价格等方面的完善程度
激励机制	为了能够使外包商按照企业的预期和要求提供信息系统服务，企业所设计和执行的评估、激励机制的完善程度
知识共享程度	外包双方为了实现各自预期目标而相互共享所有专业技术知识和业务知识的程度
关系质量	外包双方在相互沟通、协作、信任和满意度方面的表现

资料来源：作者整理所得。

第三节 外包决策研究假设

一、经济决策因素

1. 成本优势

近年来企业投资于信息技术的资金快速增加，相对于企业内部其他费用，信息系统预算正在以惊人的速度增长。虽然信息技术的投资越大，它的重要性就越明显，但是许多企业发现需要对信息技术采取更好的成本控制方式（Loh and Venkatraman，1992a）。目前，外包已经成为企业控制信息系统成本的最主要方法。

外包的成本优势是企业进行信息系统外包的最主要动因之一。信息系统外包的成本优势是指相对于企业内部提供信息系统来说，外包商在提供信息系统方面所具有的成本优势。相对于企业内部自己提供信息服务来说，如果信息系统外包服务提供商能够通过专业分工、经验曲线、规模经济（Looff，1995；李沐纯、彭说龙，2005）以及充分的市场竞争来获得较大的成本优势，那么信息系统外包就可以提高信息系统投资和信息服务的效率，从而企业就更愿意通过专业的外包供应商来提供信息系统服务。

对于企业信息系统建设和维护而言，如何控制信息服务成本是一个重要的问题。企业为了合理地配置信息资源，降低信息系统成本开支，可能将原本由组织内部信息管理部门开发和维护的信息系统委托给外部的信息服务供应商来发展和维护，以减少信息系统较高的成本负担（Loh and Venkatraman，1992a）。

外包供应商可以集中许多客户的项目，从而使其在硬件、软件与人员上可能达到经济规模。此外，因为供应商可能承接许多不同的信息系统活动和职能，也能够获得范围经济优势，而这些优势是一般企业所不具备的。信息系统外包提供了明确而详细的信息服务成本计算方法，企业可以预测并控制信息系统相关成本，而将成本超支的责任或风险转移到信息系统供应商身上

(Grover, Cheon and Teng, 1994)。

一般而言，信息系统外包具有控制信息技术预算与降低信息系统成本的潜力，许多企业也将外包视为一种解决信息系统花费过高的方法。一些针对信息经理人的问卷调查与深度访谈的结果指出，节省成本是企业将信息系统外包的最主要理由（Collins and Millen, 1995; Sobol and Apte, 1995; Clark, Zmud and McCray, 1995; Klepper and Jones, 1998）。

因此，本书假设对于企业特定的信息系统而言，如果企业采用信息系统外包方式的成本优势越大，那么企业就更倾向于采用信息系统外包的方式来降低信息系统成本，从而企业信息系统的外包程度就越高。

假设 1：企业信息系统外包的成本优势越大，信息系统外包的程度越高。

2. 资产专用性

在交易成本理论中，资产专用性是交易特性的一个关键概念，并可能显著地影响经济活动管辖结构的选择（Williamson, 1975, 1979）。Monteverde and Teece（1982）即指出资产专用性与企业的垂直整合之间有很强的相关关系。Aubert, Rivard and Patry（1996a）的实地访谈也发现，可以完全标准化的资产与需要较大规模经济效益的信息系统活动较适合外包，如通信服务、电子数据交换网络以及个人计算机安装等。一些实证研究结果纷纷指出，外包决策需要考虑资产专用性（Grover, Cheon, and Teng, 1996; Aubert, Rivard and Patry, 1996a, 1996b; Ang and Straub, 1998）。

根据交易成本理论的假设，信息系统外包供应商可能存有投机行为，具有高资产专用性的交易可能引起严重的问题（Ang and Cummings, 1997）。由于专用性资产的次佳使用价值较低，如果外包合同被中断或永久停止，投资专用性资产的一方将损失全部或者部分使用价值，所以没有进行专用性资产投资的一方可以借此威胁欲结束交易，而从另一方获取类似于准租（Quasi-rent）的利益（Aubert, Rivard and Patry, 1996b）。而一些预防投机行为的预防措施需要额外的监督与评估成本才能够确保企业与信息系统供应商的利益结合在一起（Ang and Cummings, 1997）。

因此，信息系统外包的交易成本将随着资产专用程度的提高而增加。由于资产专用性越高，交易成本也越高，企业因而更倾向于由组织内部提供所必需的信息系统服务。此外，高资产专用性的信息系统资产意味着在生产产品或服务时是高互补的特殊资产，企业倾向于拥有高互补资产的所有权（Nam，Rajagophlan，Rao，et al.，1996），因而企业倾向于选择可以拥有所有权的层级制（官僚制）管辖结构。

从组织层次分析，资产专用性可视为组织的整体信息环境对于企业的专属程度。本书认为企业的整体信息环境的资产专用性越高，一般而言，企业在外包交易中投入的专用性资产越多，进行外包交易的交易成本也随之提高，从而企业将信息系统外包可能就会引起严重的问题。因而企业更倾向于拥有信息系统资源的所有权，并由企业内部来提供必要的信息系统服务。因此，本书假设资产专用性对企业信息系统的外包程度具有负面的影响。

假设 2：企业信息系统的资产专用性越高，企业外包的程度越低。

3. 不确定性

除了资产专用性之外，不确定性也是影响市场经济活动交易成本和企业外包决策的重要因素（Walker and Weber，1984）。Williamson（1991）即指出不确定性在某种程度上与有效率的组织边界密切相关，不确定性会影响到经济活动的治理、管辖方式。

不确定性是指行为结果或者环境变化的无法预期性，由于不确定性的存在，外包合约很难对所有可能的情况做出明确规定（Nam，Rajagophlan，Rao，et al.，1996）。对于信息系统外包而言，不确定性可视为企业对于信息技术运用与信息需求无法预期的程度。特别是当人的理性为有限时，一个不确定的交易环境是投机行为的繁殖场所（Loh，1994）。然而，不同的管辖结构在克服不确定性的效果上具有不同的能力。根据 Nam，Rajagophlan，Rao 等人（1996）的研究，高不确定性将增加企业对集权协调的需要，而集权协调在组织内执行比通过市场方式更有效率。另外，通过以职权为基础的层级模式将交易内部化，可以移转由不确定性引起的交易成本（Loh，1994）。

此外，外包关系是一种非常典型的委托代理关系，信息系统开发和应用的高不确定性增加了设计完美外包合同的难度和成本，在不确定性较高的情况下，设计完美的合同甚至是不可能的，这就会增加外包关系中的委托代理问题。高不确定性会增加代理成本（Jensen and Meckling，1976；Eisenhardt，1989；Cheon，Grover and Teng，1995；Looff，1995），降低委托代理关系的效率。如果信息系统的不确定性很高，那么企业就会更加倾向于由组织内部来提供必要的信息系统服务。

因此，本书认为对于企业来说信息系统开发和应用面临的不确定性越高，企业就更有动力由组织内部来提供信息系统服务。

假设 3：企业信息系统面临的不确定性越高，信息系统外包的程度越低。

4. 评价问题

古典经济学假设信息是可自由取得的，并认为交易双方具有评价所交换产品或服务价值的能力。然而这种假设在现实的经济活动中通常是不成立的，实际的交易活动存在着一定程度的不确定性，而且受限于评价问题（Aubert，Rivard and Patry，1996b）。

评价问题是指针对所交换的产品或服务，交易当事人要评价其真实价值所遭遇的困难程度（Aubert，Rivard and Patry，1996b）。对于信息系统开发而言，企业可能没有足够的信息技能和太多的专业知识，以评价供应商的信息系统开发过程或者系统开发的品质和信息服务的质量。实际上，要有效评价所交换的产品或服务通常是非常困难的，特别是在交换服务的情况下更是如此（Aubert，Rivard and Patry，1996b）。严重的评价问题将导致企业家的管理与监督，而监督与管理增加了额外的交易成本（Williamson，1979，1991；Cheon，Grover and Teng，1995；Looff，1995）。因此，评价问题越严重，交易成本也会随之增加，企业越倾向于由组织内部自行提供所需要的信息系统功能。

另外，根据委托代理理论的基本观点，信息系统外包结果的评价难度越大，委托代理问题越严重，从而企业进行信息系统外包的代理成本也就越高（Jensen and Meckling，1976；Eisenhardt，1989；Cheon，Grover and Teng，1995；Looff，1995），过高的委托代理成本也会降低企业进行信息系统外包的动力，而使企业更倾向于由组织内部来提供必要的信息系统服务。

因此，本书认为企业信息系统外包服务质量的评价问题越严重，企业在外包交易中要有效地评价信息系统的输出结果或是供应商提供的信息服务就越困难，外包的交易成本和代理成本也就越大，从而使得企业更倾向于选择由组织内部来提供必要的信息系统职能。信息系统活动的评价问题对于信息系统的外包程度具有负面的影响。

假设 4：企业信息活动的评价问题越严重，企业外包的程度越低。

二、战略决策因素

1. 战略重要性

在现代企业的经营管理过程中，信息技术已经从技术辅助角色提升为提供战略竞争优势的新来源（McFarlan，1984；Porter and Millar，1985；Loh and Venkatraman，1992a；Mata，Fuerst and Barney，1995）。如果信息技术在企业中仅仅处于非战略性的传统角色，此时信息技术支持的主要是企业内部的运营、行政管理与决策支持。如果信息技术已经整合为企业战略的一个组成部分，此时信息技术成为企业改变行业竞争状态的工具，企业借此改善生产力、促进新的管理与组织方式、创造新的产品与服务、改变供应商与顾客的关系，最终建立新的行业或产业标准等（Porter and Millar，1985）。而信息技术的战略性角色会对企业信息资源的获取方式产生显著的影响（Teng，Cheon and Grover，1995）。

如果信息技术对于企业来说具有战略上的重要影响，那么信息技术即被认为是企业的核心能力或者核心竞争力。企业应该识别并专注于企业的核心竞争力，从而保持企业持续的竞争优势（Prahalad and Hamel，1990）。相对于不具有战略重要性的信息系统一般运行、维护活动来说，企业在某种程度上应专注于发展具有战略重要性的信息技术能力，从而企业更愿意将具有战略重要性的信息系统由组织内部开发和管理，进而降低了信息系统外包商参与具有战略重要性的信息系统运营的程度。信息系统对于企业的经营越重要、越具有战略意义，信息系统就越不适合进行外包，企业就越应该考虑由企业内部来提供信息系统服务（Fowler and Jeffs，1998）。

此外，资源依赖理论主张企业内部无法提供竞争所需的全部资源，企业因而对环境的一些要素有着不同程度的依赖（Pfeffer and Salancik，1978；Aldrich and Pfeffer，1976；Ulrich and Barney，1984；Cheon，Grover，and Teng，1998）。依赖是权力的对立面，资源依赖理论主张通过控制外部资源来减少对其他组织的依赖，并增加其他组织对其产生的依赖，从而获得对其他组织的控制权力（Ulrich and Barney，1984）。

从资源依赖的角度考察，企业如果依赖其他组织提供关键的资源和能力，该企业在赖以生存的资源获取上将比其他竞争对手具有更高的不确定性，这样可能造成企业对于关键资源控制权力的丧失。因此，如果信息系统对于企业的战略重要性越高，为了安全可靠地获取、利用重要资源，并降低对外部资源的依赖与不确定性，企业信息系统的外包程度应越低。

因此，本书假设信息系统在企业内所扮演的战略重要性越高，对于企业的核心竞争力和竞争优势越重要，企业信息系统外包的程度就会越低。

假设5：信息系统对于企业的战略重要性越高，企业外包的程度越低。

2. 信息技术能力

信息技术能力是指企业拥有充足的信息技术专门知识与能力的程度（Nam，Rajagophlan，Rao，et al.，1996）。由于信息技术进步的速度非常快，一般企业通常无法持续保有先进的技术知识与能力。尚未拥有信息技术知识与能力的企业，若由企业内部自行开发创新信息系统应用，不仅成本高，而且效率也很低（Loh，1994）。信息系统外包是弥补企业自身信息技术能力不足的重要途径，也是很多企业进行信息系统外包的重要原因之一。

如前所述，关系理论将企业之间的关系作为分析单元，认为企业的关键资源和能力可能会超越组织边界而植根于跨企业的资源和流程中，企业之间的合作战略可以为企业带来跨组织的竞争优势（Dyer and Singh，1998；Mahnke，Overby and Vang，2005）。根据关系理论，如果企业与供应商之间的信息系统外包合作关系能够促进企业之间专用资产的建立、知识的共享、资源或能力的互补，企业和外包供应商能够建立起互补的信息技术知识与能力，信息系统供应商能够利用其专业的信息技术知识与能力去有效弥补企业信息系统知识与能力方面的不足，那么信息系统外包就是企业的一种可行的提高信息技术应用水平的方法。

资源依赖理论认为组织的生存有赖于其从外部环境获得必要的资源，强调组织与外部环境之间的依赖关系。如果某些资源在组织内部无法获得或者内部产生这些资源和能力的成本过高，那么企业可能就会与环境中其他组织发生交换关系从而获得必要的资源和能力（Cheon，Grover，and Teng，1998）。根据资源依赖理论，如果企业没有充分的信息技术知识和能力，那么企业可以考虑通过外包的方式来获得信息系统资源和能力。

如果企业的信息技术知识与能力越强，那么企业就越具有独立发展企业所需信息系统的能力，不需要依赖供应商的协助即能发展高品质的信息系统。此外，信息系统供应商因为拥有先进的信息技术专业能力而产生的生产成本优势，也将随着企业自身信息技术知识与能力的增强而变弱，企业采用外包方式的动力由此也会减弱。

因此，本书假设企业自身的信息技术能力对于企业信息系统外包程度具有负面的影响，如果企业自身拥有较强的信息技术能力，那么企业更倾向于由组织内部来提供信息系统服务。

假设 6：企业自身的信息技术能力越强，企业外包的程度越低。

3. 供应商竞争

信息系统服务市场上外包服务供应商的情况也是信息系统外包决策的重要影响因素，Walker and Weber（1984）在研究一般产品的购买与自制决策时，就把产品供应商之间的竞争作为一个重要的决策因素，并指出供应商的报价竞争以及现有供应商的数量是反映供应商竞争程度的关键指标。

供应商竞争是指外部信息系统供应商在提供外包服务方面的竞争激烈程度，竞争战略理论认为有五种竞争力量决定了企业的竞争地位，这五种竞争力量分别是产业中现有企业之间的竞争、供应商的议价能力、客户的议价能力、潜在进入者的威胁以及替代性产品的威胁（Porter，1979，1980；Porter and Millar，1985）。根据竞争策略理论，信息系统外包可以在信息系统建设中引入竞争机制，这不仅可以提高企业内部信息系统职能部门的效率，而且还有利于选择最合适的信息系统外包供应商，提高外部供应商的服务质量；信息系统的功能整合和信息系统应用水平的提高还可以增加潜在进入者的进入障碍。当然，如果信息系统供应商非常强大，具有很强的议价能力，那么进行信息系统外包的风险可能就会非常大。

此外，根据完全竞争市场理论，在相对完全竞争市场中，有大量独立的买方和卖方，没有处于垄断地位的供应商，市场可以自由进入和退出，产品及价格信息充分（Looff，1995）。在这样的市场结构中，只有那些能够以最有效率的方式生产某种产品或者提供某种服务的供应商才能够生存，因此这种市场结构也被认为是最有效率的市场结构。对于信息系统外包来说，在相对完全竞争的市场中，市场上信息服务供应商数量较多，外包服务商之间的竞争很激烈，企业进行信息系统外包就是可取的方案（Fowler and Jeffs，1998）。通过信息系统外包，企业可以降低信息系统服务成本，提高信息系统投资效率（Ang and Straub，1998）；相反，如果市场上信息服务供应商数量较少，供应商之间几乎没有什么竞争，供应商处于垄断地位，那么企业在外包交易中处于劣势地位，信息系统外包可能就不是一个理想的选择。

因此，本书假设信息系统供应商之间的竞争对企业信息系统外包程度具有正面的影响，有利于企业选择外包方式以满足企业的信息系统需要。

假设 7：信息系统供应商之间的竞争越激烈，企业外包的程度越高。

本书对外包决策研究模型的上述研究假设进行整理汇总，如表 5–2 所示。

表 5–2　外包决策研究假设列表

假　设	假设内容
假设 1	企业信息系统外包的成本优势越大，信息系统外包的程度越高
假设 2	企业信息系统的资产专用性越高，企业外包的程度越低
假设 3	企业信息系统面临的不确定性越高，信息系统外包的程度越低
假设 4	企业信息活动的评价问题越严重，企业外包的程度越低
假设 5	信息系统对于企业的战略重要性越高，企业外包的程度越低
假设 6	企业自身的信息技术能力越强，企业外包的程度越低
假设 7	信息系统供应商之间的竞争越激烈，企业外包的程度越高

资料来源：作者整理所得。

第四节　外包绩效研究假设

一、决策因素

1. 经济决策因素

相对于企业内部自身提供信息服务来说，通常信息系统外包服务提供商能够通过专业分工、规模经济（Looff，1995；李沐纯、彭说龙，2005）和充分的市场竞争来获得较大的成本优势。一般而言，信息系统外包具有控制信息技术预算与减少成本的潜力，许多企业也将外包视为一种解决信息系统花费过高的方法。

外包供应商可以集中许多客户的项目，从而供应商在硬件、软件与人员上可以达到规模经济的要求。同样地，由于供应商具有充分信息技术转化知识和技能，可以同时承接许多不同的信息系统职能和活动，从而也能够获得范围经济的优势，而这些优势是一般企业所无法具备的。同时，如果供应商能够有效降低信息服务成本，在成本方面有较大优势，那么供应商就可以以同样的甚至更低的成本，提供更多、更专业、更高质量的信息系统服务，从而提高信息系统投资的整体绩效。

从企业的角度来说，如果外包商的专业化、规模化效率很高，服务成本优势很大，那么企业就可以以较低的成本获得必要的服务，或用同样的成本获得更加专业、更高质量的服务。

因此，本书假设相对于企业内部提供信息系统服务而言，信息系统外包供应商的成本优势越大，企业外包的绩效就越高。

假设 1：信息系统供应商的成本优势越大，信息系统外包绩效越高。

在信息系统外包交易中，企业与供应商双方都有可能进行具有资产专用性的投资。但是，由于具有资产专用性的资产很难转为其用，交易双方都应该慎重考虑是否投入具有高资产专用性的投资，以免将自己陷于特定的交易关系中。一旦企业进行专用于特定信息系统或者供应商的投资，供货商就有可能从事投机行为，包括扭曲或隐藏信息、企图重新协商合同或是进行一些权谋活动，增加了企业的外包风险。

信息系统外包供应商可能存有投机行为，因此具有高资产专用性的交易可能引起严重的问题（Ang and Cummings，1997）。而一些预防投机行为的预防措施需要额外的监督与评估成本才能够确保企业与信息系统供应商的利益结合在一起，这会增加企业的代理成本（Ang and Cummings，1997）以及外包交易过程中的交易成本。

信息系统外包的交易成本将会随着系统资产专用程度的提高而增加。因此，如果从企业信息系统投资的角度来看，本书假设信息系统的资产专用性越高，企业外包的绩效越低。

假设 2：企业信息系统的资产专用程度越高，企业外包绩效越差。

信息系统项目的不确定性是影响外包交易成本和代理成本的重要因素。Walker and Weber（1984）指出有两种形态的外包不确定性：数量不确定性与技术不确定性。就信息系统外包而言，数量不确定性源于对某一信息系统服务的需求会发生变动，而技术不确定性源于信息技术的快速发展或发生无法预期的变化。除了数量与技术不确定性外，其他不确定性的可能来源包括：产品与服务的规格和说明、成本与利益估算以及最终输出的品质等方面的变化（Walker and Weber，1984；Loh，1994；Richmond，Seidmann and Whinston，1992）。

信息系统的不确定性越高，外包的交易成本也会随之提高（Joskow，1988；Walker and Weber，1984；Williamson，1979）。以技术不确定性为例，技术发生变化表示需要将使用的技术重新进行规划安排，企业与供应商将需要重新协商外包合同的内容。如果市场处于竞争状态，或许这种因为规格改变而重新签订合同的做法是有效率的（Williamson，1979）。然而，当技术变动的次数增加，企业与信息系统供应商的协调成本，可能比由组织内部自行发展信息系统的成本要高（Walker and Weber，1984）。因而，如果将不确定性较高的信息系统外包，由于外包过程中存在较高的交易成本和代理成本，那么信息系统的外包绩效可能会受到较大的影响。

因此，本书认为信息系统项目的不确定性越高，将越不适合外包，企业外包的绩效将越低。

假设 3：企业信息系统的不确定性越高，企业外包的绩效越低。

信息技术飞速发展，日新月异，一般企业可能没有足够的技能和太多的专业知识以评价供应商开发信息系统的过程或是系统开发的品质。实际上，要有效评价交换的产品或服务是非常困难的，特别是在交换服务的情况下更是如此（Aubert，Rivard and Patry，1996b）。严重的评价问题将导致管理与监督，而监督与管理增加了额外的交易成本（Williamson，1979，1991；Cheon，Grover and Teng，1995；Looff，1995）。

此外，根据委托代理理论的基本观点，信息系统外包结果的评价难度越大，则委托代理问题越严重，从而企业进行信息系统外包的代理成本也就越高（Jensen and Meckling，1976；Eisenhardt，1989；Cheon，Grover and Teng，1995；Looff，1995），过高的委托代理成本也会影响信息系统外包的绩效。

因此，本书认为企业信息系统外包服务品质的评价问题越严重，企业在外包交易中要有效地评价信息系统的输出结果或是供应商提供的信息服务质量越困难，外包的交易成本和代理成本也就越大，从而会对信息系统的外包绩效产生负面的影响。

假设 4：信息系统外包结果的评价难度越大，信息系统外包绩效越低。

2. 战略决策因素

对于不同的企业来说，信息技术的战略定位会有所不同，如果信息技术对于企业来说具有战略上的重要影响，是企业的战略性资源和能力，那么信息技术即被认为是企业的核心竞争力，对企业的经营模式、产品/服务质量和竞争优势的建立具有重要意义。企业应该识别并专注于其核心竞争力，从而保持企业持续的竞争优势（Prahalad and Hamel，1990），如果将具有战略意义的信息系统外包，那么企业可能无法实现信息系统外包的预期效果，难以达到理想的外包绩效；相反，如果企业信息技术仅仅处于支持企业日常运营的地位，对企业的持续发展和竞争优势的建立不具有重要影响力，那么企业信息系统外包的风险就较低，外包的预期效果也就更加容易实现。

此外，从资源依赖的角度考察，企业如果依赖其他组织提供关键的资源和能力，该企业对赖以生存的资源的获取将比其他竞争对手具有更高的不确定性，这样可能造成企业对于关键资源控制权力的丧失，从而导致企业在关键能力方面丧失主动权，影响企业信息技术竞争优势的建立和保持，进而也会影响到企业外包目标的实现和外包绩效的提升。

因此，本书假设信息系统在企业内所扮演角色的战略重要性越高，对企业的核心竞争力和竞争优势越重要，则企业信息系统外包的绩效就会越低。

假设 5：信息系统对于企业的战略重要性越高，企业外包的绩效越差。

尽管信息技术进步的速度非常快，一般企业通常无法持续保有先进的信息技术知识与能力，而采用信息系统外包方式来解决这一问题，但企业自身的信息技术能力对外包绩效的提高、外包的成功仍然具有非常重要的意义，企业自身的信息技术能力是企业信息技术外包的技术基础。而且，仅仅拥有充分的信息技术能力还不够，现代企业信息技术部门还需要独具特色的业务、人际和技术等方面的综合知识（Willcocks and Feeny，2006）。

如前所述，关系理论认为如果企业与供应商之间的信息系统外包合作关系能够促进企业之间专用资产的建立、知识的共享、资源或能力的互补

(Dyer and Singh，1998；Mahnke，Overby and Vang，2005)；资源依赖理论认为组织的生存有赖于其从外部环境获得必要的资源，强调组织与外部环境之间的依赖关系。如果某些资源在组织内部无法获得或者内部获得这些资源的成本过高，那么企业可能就会与环境中的其他组织发生交换关系，从而获得必要的资源和能力（Cheon，Grover and Teng，1998）。

企业进行信息系统外包需要与外包供应商建立互补的知识与能力，同时企业自身的信息技术能力还可以避免对于供应商的过分依赖，以及失去对信息系统应用的主导权。更为重要的是，正如前面提到的，要有效评价交换的产品或服务通常是非常困难的，特别是在交换服务的情况下更是如此(Aubert，Rivard and Patry，1996b)。这样，企业如果没有一定的信息技术能力，那么对于外包合同管理、供应商服务品质的评价以及外包商的管理等都将面临极大的风险，最终将会影响外包的绩效。企业自身拥有较强的信息技术能力、熟悉信息服务业务和外包流程将大大降低外包的风险（Gefen，Wyss and Lichtesstein，2008）。

此外，企业通过信息系统外包来提高信息技术应用水平和能力，需要企业自身具备充分的信息技术吸收能力（Malhotra，Gosain and El Sway，2005)，以保证信息技术知识的有效共享、转移和利用，从而通过供应商的专业技术能力来提高企业信息技术应用绩效和外包绩效。企业自身的信息技术能力是企业有效共享、转移、利用供应商专业技术能力的基础(Gottschalk，2006)。企业自身的核心IT技能对于信息技术外包价值的产生、绩效的展现和提高起到重要的补充和基础性作用（Wang，Gwebu，Wang，et al.，2008）。

因此，本书假设企业的信息技术能力对企业信息系统外包绩效具有重要影响，企业自身拥有的信息技术能力越强，企业信息系统外包的绩效越高。

假设6：企业自身的信息技术能力越强，企业外包绩效就越好。

外部信息系统供应商在提供外包服务方面的竞争激烈程度对企业外包绩效也会产生一定影响，竞争战略理论认为有五种竞争力量决定了企业的竞争地位。如果供应商之间的竞争比较激烈，那么外包企业在外包关系中就处于相对有利的位置，从而对外包绩效的提高、外包的成功产生积极的影响；相反，如果信息系统供应商非常强大，处于垄断地位，具有很强的谈判能力，那么进行信息系统外包的风险可能就会非常大，外包的预期收益可能也会很难实现。

此外，根据完全竞争市场理论，在相对完全竞争市场中，有大量独立的买方和卖方，市场中没有处于垄断地位的供应商，市场可以自由进入和退出，产品及价格信息充分（Looff，1995）。在这样的市场结构中，只有那些能够以最有效率的方式生产某种产品或者提供某种服务的供应商才能够生存，因此这种市场结构也被认为是最有效率的市场结构。对于信息系统外包来说，在相对完全竞争的市场中，市场上信息服务供应商数量较多，外包服务商之间的竞争很激烈，这有利于促进外包商改进服务质量、提升系统品质，从而提高外包绩效、确保外包成功。

因此，本书假设信息系统供应商之间的竞争对企业信息系统外包的成功具有积极的影响，有利于提高企业信息系统外包的绩效。

假设 7：信息系统供应商之间的竞争越激烈，企业外包绩效越高。

二、外包程度

最早针对外包决策的研究主要集中在是否要进行外包的二分决策上面，即企业要么将信息系统外包给第三方供应商，要么自主进行开发和管理。然而，这种决策模型并不符合企业信息系统管理的实际情况。在实际中，外包形式多种多样，外包规模各不相同，外包范围千差万别，每个组织都同时进行许多种不同的信息系统活动，因而无法以全部外包或全部不外包进行明确划分。用外包程度来取代是否外包的观点是较新的观念，也更加符合外包管理工作的实际情况。

自从提出了外包程度的概念，后来的外包决策模型大都将外包程度作为决策变量进行研究，外包决策成为包含无数多个解的连续体。外包程度可以替代是否进行外包或全部外包的决策建议，企业可以根据其信息需求做选择性的外包（Loh and Venkatraman，1992a；Arnett and Jones，1994；Teng，Cheon and Grover，1995）。本书也采用外包程度概念，将外包程度定义为“企业将组织内的信息系统功能委托给外部信息系统供应商处理的程度”。

如前所述，外包程度作为因变量的研究，即关于外包决策的研究已经受到众多学者的重视，并取得一定的成果；然而外包程度作为自变量的研究则相对较少，尤其是外包程度作为自变量对于外包绩效影响的研究还存在不少争议，由于使用的数据、方法和研究的侧重点不同，这些研究的结论甚至相互矛盾。Loh and Venkatraman（1992a）以信息系统外包的支出占总资产的比率来表示外包程度，并应用因素分析与回归分析的数据处理方法，研究结果指出信息系统外包程度与外包绩效具有负相关关系；而 Grover，Cheon and Teng（1996）的研究却发现外包程度与外包成功之间总体上具有显著的正相关关系，外包成功表示实现了战略、经济和技术方面的外包利益，提高了组织成员对于信息系统的满意度，即实现了较高的外包绩效。

根据资源基础理论，企业应该把精力和主要资源集中在核心能力上，关注核心能力的发展，从而在激烈的市场竞争中获得竞争优势（Prahalad and Hamel，1990）。对于大多数非 IT 企业来说，信息技术通常不是企业的核心能力，利用信息技术来发展核心竞争力往往存在较大困难，同时随着信息技术应用的日益深入和普及，企业进行信息系统建设往往是为了避免竞争劣势（Mata， Fuerst and Barney，1995），而非创造信息技术竞争优势。同时，信息服务外包商能够创造出在企业内部无法获取的互补优势，可以弥补企业在信息技术能力和信息系统建设方面的很多不足（Levina and Ross，2003）。因此，企业应该把处于非核心地位的、不能给企业带来持续竞争优势的 IT 职能外包给外部供应商。

此外，企业根据其信息系统需要进行信息系统外包，随着外包程度的加大，企业会更加重视信息系统的外包决策和外包管理工作，将外包管理工作作为企业整体管理的一个重要组成部分，注重与供应商的密切沟通和协调，注重与供应商建立恰当的长期合作关系，从而也就更有利于外包目标的实现与外包绩效的提高。另外，随着外包程度的提高，企业外包投资的增加、外包范围的扩大、外包经验的丰富、外包管理水平的提升都会对外包的成功起到积极的促进作用，外包程度的提高对外包绩效具有积极的影响。

因此，本书假设外包程度对于企业信息系统外包绩效具有积极的影响，外包程度越高，外包绩效也就越高。

假设 8：企业信息系统外包程度越高，外包绩效越高。

三、管理因素

1. 供应商美誉度

供应商美誉度是指信息系统供应商被认为是服务质量优越、诚实与守信的程度。外包管理过程的首要问题就是要选择合适的供应商，而供应商美誉度是选择的重要标志。

美誉度可以被视为企业的战略性资产（Michalisn，Smith and Kline，1997）。而企业在选择外包交易对象时，如果能充分考虑信息系统供应商的美誉度，那么企业将不仅得益于自身的外包经验，还能从其他众多厂商的外包经验中获益（Williamson，1991）。由于供应商良好美誉度的建立需要付出艰苦的努力，美誉度受到大部分企业的重视，而信息系统供应商在一些外包项目上的失误，将影响它在市场上保持已久的美誉度，美誉度因而在某种程度上类似于抵押的作用，使得供应商在从事投机行为方面有所顾忌（Ching，Holsapple and Whinston，1996）。Williamson（1991）也指出，投机行为的眼前利益将被未来的成本所抵消，因而在进行交易时，良好的美誉度能够减少厂商从事投机行为的诱因。

美誉度不仅可以降低投机行为发生的可能，也可有效地降低外包的交易成本。Ching，Holsapple and Whinston（1996）对 41 家计算机厂商进行的问卷调查结果显示，75%的企业认为与声誉较好的供货商交易所花费的沟通时间与监督成本较少，发生违约的机会也较低，并且愿意与其维持较长期的交易合作关系。

关系交换理论认为交换双方处于相互协调的交换关系中，这种关系比其他任何形式的交换关系更有成效，或者比与其他合作伙伴进行交换更有成效。这就促使交换各方考虑双方关系的重要性，从而投入资源来保持并提高这种关系（Goles and Chin，2005）。美誉度作为供应商的战略资产投入到这种外包关系之中，必然促使供应商尽力提高信息系统外包的绩效，确保外包的成功。

因此，本书假设信息系统供应商的美誉度对于外包绩效具有积极的促进作用，供应商美誉度越高，企业外包的绩效就越高。

假设 9：信息系统供应商的美誉度越高，企业信息系统外包绩效越好。

2. 合同完善程度

一个成功的外包除了需要选择合适的供应商之外，还要制定一个良好的外包合同。在众多学者关于外包关键成功因素的研究中，几乎毫无例外都会强调一份完善的外包合同的重要性，合同可以说是外包成功的最关键要素（Gray，1994）。如果企业决定将信息系统外包给供应商，合同是唯一确保实现外包期望的机制（Lacity and Hirschheim，1993）。Sauders，Gebelt and Hu（1997）在研究了34个信息系统外包的案例后发现，订立一份“严密”的合同是这些外包成功案例中最为重要的因素。

关于完善合同的设计，Due（1992）指出，为避免被信息系统供应商套牢的良好合同应具备下列要素：延误的处罚、后续协商的成本信息、指定软件所有权、控制因为未来处理数量增加或系统升级所发生的费用等。James（1993）建议良好的合同应包含：①变革条款，即发生预料之外的情况时如何修改合同的条款，允许当服务需求发生变化时可以调整价格的条款。Judenberg（1994）也认为合同中应包含如何以及何时可以提出与解决一些原本未成熟的问题。②终止方式条款，其中包括外包关系结束时的一些客观评价标准，如何赔偿因外包关系提早结束而引起的损失，以及商定提前处理时间等。

根据交易成本理论，由于人的有限理性，即使非常复杂的合同也无法保证完美无缺、明确规定所有可能的情况；又因为投机行为的存在，所以如同承诺一样的合同是脆弱的、有风险的（Williamson，1991）。一个有远见的合同应考虑到将来，在设计合同时应充分考虑未来的风险。通常的做法是在合约中设计事前的保障措施，以制止事后可能发生的投机行为（Williamson，1993）。尽管无法制定完美的合同，但是通过制定充分的、具有预见性的合同条款，可以有效防止投机行为的发生，从而外包绩效就可以在一定程度上得到提高。

另外，委托代理理论认为委托人和代理人的目标可能不一致，从而会产生委托代理问题。供应商为了自身利益可能会损害企业的利益，而完善的外包合同可以降低由于代理人过分追求自身利益而给委托人带来的损失，降低代理成本（Ross，1973；Jensen and Meckling，1976；Eisenhardt，1989），从而提高企业信息系统外包的绩效。

因此，本书假设完善的外包合同可以大大提高外包成功的可能性，从而可以有效提高信息系统的外包绩效。

假设 10：信息系统外包合同越完善，企业外包绩效越高。

3. 激励机制

除了适当的外包合同之外，为了确保外包合同的彻底有效执行并不断提高外包绩效，企业还需要设计合适的监督、评价与激励机制，以监督供应商的服务质量、评估外包执行成效、评估供应商的综合表现并进行适当的激励。

西方企业理论把经营者的人性行为假设为“经济人”，即假定人首先都是“自利”的，都在一定的约束条件下追求个人利益的最大化。这种假设前提成为委托代理理论的基本出发点，由此该理论认为在缺乏适当约束与激励的情况下，代理人可能过分追求个人利益而给委托带来损失（徐姝，2006）。[①] 娄策群、林菡密（2006）也指出，信息技术外包中存在着信息不对称，从而会引起信息技术外包的逆向选择和道德风险，全面的信息沟通、严格的控制、有力的监督和有效的激励是应对这些外包风险、提高外包绩效的有效手段。康毅、崔南方、林淑贤（2007）认为，在外包交易的契约中引入市场基准，并合理地安排激励机制和监督机制可以降低企业业务外包的总成本，提高业务外包的运作效率。

因为委托人和代理人的目标可能不一致，而委托人又无法以较低的成本对代理人进行有效的监督（Ross，1973；Jensen and Meckling，1976；Eisenhardt，1989），所以在外包关系中委托代理问题和代理成本是无法回避的，委托人通过适当的监督、评价和激励机制可以有效降低代理成本（Jensen and Meckling，1976）。监督—奖惩机制的引入可以成功地降低委托方的代理成本，同时激励机制和监督—奖惩机制能够有效地提高供应商的工作努力水平，并且委托方可以综合地应用这两个机制，从而在一定程度上可以有效提高外包的绩效（张海峰、李华，2008）。Kim and Chung（2003）通过对美国207 个外包关系进行调查研究也发现供应商的监督对于外包关系的成功具有积极的影响。

因此，本书假设有效的监督、评价和激励机制可以促使供应商不断改进

① 徐姝：《企业业务外包战略运作体系与方法研究》，中南大学出版社，2006 年，第 62 页。

外包服务、提高服务质量和水平，增加供应商确保外包成功的动力，从而可以大大提高外包的绩效。

假设 11：对供应商的监督、评价和激励机制越完善，企业外包绩效越高。

4. 知识共享

知识共享是指外包双方为了实现各自预期的目标而相互共享所拥有的专业技术知识和业务知识。对于信息系统外包来说，外包双方的信息沟通和知识共享对于外包的成功尤其重要。因为信息系统外包过程不仅仅是一种外包交易过程，也是信息系统与企业实际业务活动密切结合的过程，涉及企业业务流程再造以及管理、工作方式的变革等几乎企业运营的各个方面。

在合作关系中，双方的信息沟通和知识共享对于信息系统外包的成功至关重要（Grover，Cheon and Teng，1996；Lee and Kim，1999；Goles and Chin，2005）。外包双方充分的知识和信息共享是进行外包合作、提供外包服务、提高外包绩效、确保外包成功的基础。外包双方的知识转移、共享和管理对于提高外包关系质量、改善外包绩效具有积极的影响（Gottschalk，2006）。Lee（2001）通过实证研究也发现企业与供应商之间的知识共享对于外包成功具有积极影响，在某些条件下甚至对外包成功至关重要。梁建英、廖貅武（2008）认为，信息技术外包是企业在快速变化环境下的一种战略选择，而外包中知识转移对于外包的成功具有重要意义。秦黎、沈锋（2005）甚至认为，知识共享、信息共享决定了信息技术外包项目的成败。

另外，如前所述，心理契约是指基于相互交换的心理预期。在合同关系中，合同双方内心对于他们相互责任的信念和预期。心理契约理论强调双方相互（而不是单方的）的责任、心理（而不是明确的法律规定）责任（Koh，Ang and Straub，2004）。心理契约明显不同于正式的合同，它既包含了对于正式合同中书面的、明确条款的心理预期，也包含了非书面的、隐含条款的心理预期，是合同关系管理的重要理论基础。

Koh，Ang and Straub（2004）应用心理契约理论观点，通过实证研究发现外包双方的相互责任以及各自责任的履行对于外包关系的成功具有重要影响，甚至比合同类型、外包期限和外包规模的影响更大，外包双方都认为知识共享、知识转移是双方共同的心理预期和相互责任，是双方最为重要的心理契约。外包合同和其他合同一样，无法规定所有可能的情况，从而需要双方充分沟通和协商，共享所有可能的技术知识和业务知识，才能有效进行外包合作，提高外包绩效。企业与供应商之间的知识流动顺畅性，包括供应商到客户以及客户到供应商之间的双向流动是信息系统外包成功的保证（吴锋、李怀祖，2004）。

因此，本书假设客户和供应商之间的知识共享程度越高，企业信息系统外包的绩效越高。

假设 12：外包双方的知识共享程度越高，企业外包绩效越高。

5. 外包关系质量

外包关系质量是指外包双方在相互沟通、协作、信任和满意度方面的表现，是外包关系管理过程的目标和重点。信息系统外包不仅仅是企业与供应商之间的买卖关系，逐渐地已经成为服务接受者与提供者间的合作伙伴关系（Teng，Cheon and Grove，1995）。关系交换理论认为，交换双方处于相互协调的交换关系中，这种关系比其他任何形式的交换关系更有成效，或者比与其他合作伙伴进行交换更有成效。这就促使交换各方考虑双方关系的重要性，并投入资源来保持和提高这种关系（Goles and Chin，2005）。关系交换理论认为合同是不完备的，也就是说合同无法预期或者规定合同期内所有可能出现的情况（Macniel，1980），交换双方通过一系列的规则或者预期来维护合作关系，这些规则来自于双方都认为继续合作关系是值得的，从而双方都会尽力去维持这种关系。

在合作关系中，双方的沟通、协调和配合以及信任、承诺和融合对于信息系统外包关系的成功至关重要（Grover，Cheon and Teng，1996；Lee and Kim，1999；Goles and Chin，2005）。信息系统外包过程是信息系统与企业实际业务活动密切结合的过程，涉及企业业务流程再造（Hammer，1990）以及管理、工作方式的变革，同时也是一个持续改进、不断提高企业运行效率的过程，企业与外包商的关系目标就是要建立一个相互信任、相互协作、长期共赢的合作关系。Kishore，Rao and Nam 等人（2003）即认为外包更应该被看成是与信息服务供应商之间的一种关系管理，而不仅仅是一个简单的信息系统产品交易合同，影响外包成功的最为重要的因素是客户与其服务供应商之间的相互理解。

良好的外包关系是外包策略中的关键成功因素，无论是在企业有效获取先进的信息技术与专家知识方面，或在管理新兴的信息技术方面，外包双方的伙伴关系质量都扮演着重要的角色。Grover，Cheon and Teng（1996）的研究发现伙伴关系质量与外包成功之间有强烈的正相关关系，同时基于信任、沟通与合作的长期互动关系，对获得外包的最大利益非常关键。外包关系管理是整个外包管理的重点，直接决定外包的成败。

因此，本书假设企业与信息系统供应商之间的外包关系质量对企业外包绩效有正面的影响。

假设 13：外包关系质量越高，企业的外包绩效越高。

本书对外包绩效影响因素研究模型的上述研究假设进行整理汇总，如表5–3 所示。

表 5–3　外包绩效研究假设列表

假　设	假设内容
假设 1	信息系统供应商的成本优势越大，信息系统外包绩效越高
假设 2	企业信息系统的资产专用程度越高，企业外包绩效越低
假设 3	企业信息系统的不确定性越高，企业外包的绩效越低
假设 4	信息系统外包结果的评价难度越大，信息系统外包绩效越低
假设 5	信息系统对于企业的战略重要性越高，企业外包的绩效越低
假设 6	企业自身的信息技术能力越强，企业外包绩效就越高
假设 7	信息系统供应商之间的竞争越激烈，企业外包绩效越高
假设 8	信息系统外包程度越高，企业外包绩效越高
假设 9	信息系统供应商的美誉度越高，企业信息系统外包绩效越高
假设 10	信息系统外包合同越完善，企业外包绩效越高
假设 11	对供应商的监督、评价和激励机制越完善，企业外包绩效越高
假设 12	外包双方的知识共享程度越高，企业外包绩效越高
假设 13	外包关系质量越高，企业的外包绩效越高

资料来源：作者整理所得。

第五节　外包决策与管理关系假设

一、经济因素与外包管理

外包经济决策因素包括外包成本优势、资产专用性、不确定性和外包结果评价问题，这些因素是外包决策的重要影响因素，它们同时也会对外包管理行为产生一定的影响，本书主要分析资产专用性和不确定性对外包管理的影响。

当交易进行时，如果由单方投资于专用性资产的程度较高，那么没有投资或投资程度低的一方则可能实施投机行为，从而引起严重的问题，这正是文献所指的伙伴关系脆弱的一种表现（Lacity and Hirschheim，1993）。然而，对于企业而言，如果供应商投资于专用性资产的程度越高，供应商越不可能实施投机行为，从而拥有信息技术知识和能力的供应商越有可能会配合企业的信息需求，创造良好的信息系统合作伙伴关系（Klepper and Jones，1998），从而有助于提升企业与供应商之间在沟通、信任、合作与满意度等方面的外包关系质量。

另外，在外包合作关系中，外包信息系统的资产专用程度越高，外包双方的技术知识和业务知识的专业性就会越强，为了提高外包服务质量和外包绩效、确保外包成功，外包双方的知识转移、共享和管理就显得越重要，从而外包双方就越有动力提高双方的知识共享程度。

因此，本书提出如下两个假设：

假设 1：信息系统的资产专用程度与外包关系质量具有正相关关系。

假设 2：信息系统的资产专用程度与知识共享程度具有正相关关系。

在本书中，不确定性是指企业对于信息系统开发与应用相关方面无法预期的程度。不确定性是所有市场失灵或交易困难的根源（Aubert，Rivard and Patry 1996a）。特别是在有限理性的假设下，因为交易双方各自追求自身利益的最大化，当发生合同中没有预期或者没有明确规定的情况时，一个不确定性高的外包交易容易引发投机行为（Loh，1994）。投机行为的威胁可能降低企业与供应商之间的沟通、信任、合作与满意度，从降低外包双方的外包关系质量。因此，本书假设不确定性对于外包交易双方之间的外包关系质量具有负面的影响。

假设 3：信息系统的不确定性越高，外包关系质量越差。

由于外包项目存在不确定性，从而外包合同很难写得非常完善（Nam，Rajagophlan，Rao，et al.，1996）。Richmond，Seidmann and Whinston（1992）即指出由于技术与组织环境的快速变化，许多外包合约是不完整的。因此，在不确定性低的外包交易中，可以通过较详细的合同来规定当事人各项义务以及成本效益的分配；如果交易的不确定性较高，那么制定完善合同、解决不确定性将会非常困难，所需的合同成本也会非常昂贵。

一般而言，信息系统开发合同在高不确定性条件下可能是有问题的（Ang and Beath，1993），因此本书假设信息系统的不确定性越高，外包合同越不容易设计完善。

假设 4：信息系统的不确定性越高，外包合同越不完善。

二、战略因素与外包管理

信息系统外包战略因素包括信息技术战略重要性、企业信息技术能力以及外包供应商之间的竞争。本书此处重点讨论战略决策因素中战略重要性对于外包关系质量以及外包商竞争对于供应商美誉度、知识贡献程度和外包关系质量的影响。

资源依赖理论认为，组织的生存有赖于其从外部环境获得必要的资源，强调组织与外部环境之间的依赖关系（Cheon，Grover and Teng，1998）。根据资源依赖理论，企业可以考虑通过外包的方式来获得信息系统资源，从而不同程度地依赖外部供应商。如果信息系统对于企业非常重要，那么企业就会更加依赖于外部供应商，使企业处于不利地位，从而使得外部供应商拥有较大的权力。在这种情况下，企业会考虑采取建立长期伙伴关系、战略联盟、合资/合作公司、子公司等多种外包合作方式，只有进行有效的伙伴关系管理、持续发展合作伙伴关系才有可能创造竞争优势（Klepper，1995；Lee and Kim，1999）。

企业关系理论将企业之间的关系作为分析单元，认为企业的关键资源和能力可能会超越组织边界而植根于跨企业的资源和流程中，企业之间的合作战略可以为企业带来跨组织的竞争优势（Dyer and Singh，1998；Mahnke，Overby and Vang，2005）。关系理论强调企业间战略合作和长期伙伴关系对于企业竞争优势的重要性。关系理论并没有假设不同企业之间资源的结合就能产生竞争优势，相反，只有进行有效的伙伴关系管理、持续发展合作伙伴关系才有可能创造竞争优势（Klepper，1995；Lee and Kim，1999）。对于企业来说，具有战略重要性的信息系统外包促使企业与外包商建立长期合作关系，不断提高合作关系质量，从而创造跨组织的竞争优势。

因此，欲实现具有战略重要性的信息系统外包，需要企业与供应商建立有效的合作伙伴关系，发展长期的互利合作关系，不断提高外包关系质量，只有这样才有可能创造跨组织竞争优势，实现外包的预期目标。

假设 5：信息系统战略重要性与外包关系质量具有正相关关系。

供应商竞争是指外部信息系统供应商在提供外包服务方面的竞争激烈程度，竞争是提高信息服务效率的重要途径（Porter and Millar，1985）。外包供应商之间的竞争有利于提高供应商的服务质量和效率，进而也有利于提高供应商的美誉度；同时，供应商之间在报价、承诺、服务质量方面的竞争也有利于企业选择市场声誉良好、美誉度高的供应商。

此外，根据完全竞争市场理论，在完全竞争市场中，有大量独立的卖方存在，市场中没有处于垄断地位的供应商，市场可以自由进入和退出（Looff，1995），这样的市场结构被认为是最有效率的市场结构。在竞争比较充分的市场中，迫于竞争的压力和长远的发展需要，信息服务供应商更愿意主动与企业沟通、共享信息技术知识，企业对供应商也更加信任，更加愿意与企业共享业务知识，从而形成外包双方在知识与能力方面的互补；同时，市场上供应商之间的竞争还可以促使企业现有的信息系统供应商更加主动、更加积极地与企业保持良好的合作关系，提高外包合作关系质量。

因此，本书假设信息系统供应商之间的竞争对企业外包管理具有正面的影响，有利于企业选择美誉度高的供应商，有利于外包双方的知识共享，有利于外包关系质量的提高。

假设 6：供应商竞争与供应商美誉度具有正相关关系。

假设 7：供应商竞争与知识共享程度具有正相关关系。

假设 8：供应商竞争与外包关系质量具有正相关关系。

三、外包程度与外包管理

外包程度是指企业以合同方式将组织的信息系统职能委托给外部信息系统供应商处理的程度。本书此处主要讨论外包程度与外包管理因素中的知识共享和外包关系质量之间的关系。

随着企业外包程度的增加，企业往往会依赖于外部供应商来满足企业对信息技术、资源和能力的需求（Cheon，Grover，and Teng，1998），这种依赖会促使双方形成战略合作伙伴或者业务合作伙伴，从而双方也会更加深入地共享相互的信息技术和业务知识特长。因此，外包程度会对外包双方的知识共享产生积极的影响，随着外包程度的增加、外包范围的扩大，企业与供应商之间的知识共享和信息交流也会不断增加和深入。

此外，随着外包程度的加大，企业会更加重视信息系统的外包决策和外包管理工作，将外包管理工作作为企业整体管理的一个重要组成部分，更加重视外包关系管理，注重与供应商的密切沟通和协调，注重与供应商建立恰当的长期合作伙伴关系，从而也就更有利于外包目标的实现与外包绩效的提高（Klepper and Jones，1998）。Grover，Cheon and Teng（1996）的研究发现，外包程度与外包成功之间从总体上来看具有显著的正相关关系，同时他们的研究还发现外包双方之间的伙伴关系质量对于外包程度与外包成功之间的关系具有中介作用，即外包程度通过伙伴关系质量的中介作用而对外包成功具有积极的影响。

因此，本书假设外包程度对于外包管理具有积极的影响，外包程度越高，外包双方的知识共享程度越高，外包关系质量也越高。

假设 9：外包程度与知识共享程度具有正相关关系。

假设 10：外包程度与外包关系质量具有正相关关系。

四、外包决策因素之间关系

在本书中，外包决策因素包括经济决策因素（供应商成本优势、资产专用程度、不确定性、评价问题）以及战略决策因素（信息系统战略重要性、企业信息技术能力以及供应商之间的竞争)。本书重点分析战略重要性与资产专用程度、战略重要性与信息技术能力、资产专用程度与信息技术能力、供应商竞争与供应商成本优势之间的关系。

资源基础理论认为，企业是一系列资源和能力的组合，企业的发展和竞争优势来自于企业所拥有的特殊资源和能力（Rubin，1973；Wernerfelt，1984；Prahalad and Hamel，1990；Barney，1991）。能够为企业带来持续竞争优势的资源与能力需要满足四个条件，即价值性、稀缺性、难以模仿性和不可替代性（Barney，1991）。

根据资源基础理论，只有企业独具特色的、其他企业难以模仿的、资产专用性较高的信息系统才能为企业带来竞争优势，从而使企业具有战略重要性，资产专用性是企业某项资源或能力具有战略重要性的基础和前提。因此，本书假设资产专用程度与企业信息系统战略重要性之间具有正相关关系。

假设 11：资产专用程度与信息系统战略重要性具有正相关关系。

另外，核心竞争力理论认为企业应该致力于获取和建立能够为企业带来持续竞争优势的资源和能力，其他的资源和能力则可以通过外包的方式来获取（Quinn and Hilmer，1994）。一般来说，企业在具有战略意义的、能够为企业带来持续竞争优势的资源和能力方面表现得更加突出；反过来，企业在某些核心资源和能力方面的表现越突出，那么这些资源和能力对于企业的发展就可能越是具有战略性的意义。因此，本书假设企业信息系统的战略重要性与企业的信息技术能力之间具有正相关关系。

假设 12：信息系统战略重要性与企业信息技术能力具有正相关关系。

根据交易成本理论，如果信息系统的资产专用性较高，属于企业的专用性资产，那么这种信息系统职能外包的交易成本也较高，因此不太适合进行外包。这种信息技术外包的每个过程都隐藏着风险，始终会有套牢问题的困扰（李小卯，2002）。资产专用性越高，套牢问题就会越严重，企业在这些项目上的外包合作更加谨慎，往往会降低外包的程度，更多由组织内部培养信息技术能力、提供信息系统服务，从而有利于企业自身信息技术能力的提高。此外，信息系统服务的评价和管理是一项复杂的工作，尤其是资产专用程度较高的信息系统，企业无论是自己建设和提供信息服务，还是对外包商进行评价和管理，都需要自身拥有更高的信息技术能力。因此，本书假设企业信息系统的资产专用程度与企业信息技术能力之间具有正相关关系。

假设 13：资产专用程度与企业信息技术能力具有正相关关系。

根据完全市场理论，在完全竞争市场中，有大量独立的买方和卖方，市场可以自由进入和退出，产品及价格信息充分（Looff，1995）。因而，只有那些能够以最有效率的方式生产某种产品或者提供某种服务的供应商才能够生存；相反，如果市场上信息服务供应商数量较少，供应商之间几乎没有什么竞争而处于垄断地位，那么信息系统供应商可能就没有足够的动力来提高效率、降低成本。

此外，竞争战略理论强调企业在所处行业中的竞争地位的重要性（Porter，1991），供应商之间的竞争越激烈，企业在交易中所处的地位就越有利，企业谈判和议价能力就越强（Porter，1979，1980；Porter and Millar，1985）。从而有利于降低企业信息系统外包的成本，进一步扩大信息系统外包供应商的成本优势。

因此，本书假设供应商之间的竞争越激烈，相对于企业内部提供信息系统服务来说，供应商提供信息系统服务的成本优势就越大。

假设 14：供应商竞争与供应商成本优势具有正相关关系。

五、外包管理因素之间关系

本书中外包管理因素包括供应商美誉度、外包合同完善程度、评价激励机制、知识共享程度和外包关系质量。本书重点分析供应商美誉度与外包关系质量、合同完善程度与外包关系质量、评价激励机制与外包关系质量、知识共享程度与外包关系质量之间的关系。

如前所述，美誉度作为供应商的一种战略性资产投入（Michalisn，Smith and Kline，1997），不仅可以降低投机行为发生的可能，巩固双方的合作关系，增进双方的相互信任，而且也可以有效地降低外包活动的交易成本。Ching，Holsapple and Whinston（1996）对 41 家计算机厂商进行的问卷调查结果显示：75%的企业认为，与商誉较好的供货商交易所花费的沟通时间与监督时间较少，发生违约的机会也较低，并且愿意与其维持较长期的交易合作关系。供应商美誉度对外包关系质量具有积极的促进作用，有利于良好外包关系的建立和维持。

因此，本书假设信息系统供应商的美誉度越高，企业与供应商之间的外包关系质量越好。

假设 15：供应商美誉度对于外包关系质量具有正面的影响。

在外包合同方面，一个有远见的相对完善的外包合同会考虑到未来可能发生的问题，并详细规定各种情况发生时的处理原则和方法，在合同中事先设计一些防范不确定性的机制，如变更的处理程序、争议的解决途径、项目管理的一些手段、结合不同利益目标的激励机制以及后续与额外成本的计算方法等（Loh，1994；Klepper and Jones，1998）。而完善外包合同在上述各方面的规范，将有助于企业与供应商之间的沟通与合作，减少日常工作中的摩擦，并可以有效减少外包过程中的争议，从而可以提升相互的沟通、协调、信任以及整体的满意度，进而有利于提升外包双方的合作关系质量。

因此，本书假设信息系统外包合同越完善，企业与供应商之间的外包关系质量越高。

假设 16：合同完善程度对于外包关系质量具有正面的影响。

如前所述，因为委托人和代理人的目标可能会不一致，而委托人又无法以较低的成本对代理人进行有效的监督（Ross，1973；Jensen and Meckling，1976；Eisenhardt，1989），所以在外包关系中委托代理问题和代理成本是无法回避的。委托人通过适当的监督、评价和激励机制可以有效降低代理成本（Jensen and Meckling，1976），监督—奖惩机制的引入可以成功地降低委托方的代理成本，同时激励机制和监督—奖惩机制能够有效地提高供应商的工作努力水平（张海峰、李华，2008）。

有效的评价激励机制可以在某种程度上减轻委托人和代理人目标不一致的问题，使代理人有更大的动力考虑委托人的利益和期望，并按照委托人的利益和期望为其提供服务，从而可以降低代理人的道德风险和机会主义行为。因此，评价激励机制可以在一定程度上促使外包商主动与企业建立良好的外包合作关系，提高外包关系质量和企业的外包整体满意度。

因此，本书假设有效的监督、评价和激励机制可以促使供应商不断改进外包服务、提高服务质量和水平，提高外包关系的质量。

假设 17：评价激励机制对于外包关系质量具有正面的影响。

在外包合作关系中，外包双方的信息沟通、协调和知识共享对于外包关系质量的提升以及外包的成功至关重要（Grover，Cheon and Teng，1996；Lee and Kim，1999；Goles and Chin，2005）。Lee（2001）的实证研究也发现，包括隐性知识和显性知识在内的知识共享对于外包关系质量和外包成功都具有积极的影响。信息沟通和知识共享是外包关系建立和关系质量提升的基础和前提，外包双方的知识转移、共享和管理对于提高外包关系质量、改善外包绩效会有积极的影响（Gottschalk，2006）。

此外，如前所述，知识共享、知识转移是双方共同的心理预期和相互责任，是双方最为重要的心理契约（Koh，Ang and Straub，2004）。外包合同和其他合同一样是不完全的，无法规定所有可能的情况，需要双方的心理契约来确保合同和各项外包相关工作的顺利执行。外包双方共同心理契约就是要充分沟通和协商，共享各自所有可能的技术知识和业务知识，从而有效进行外包合作，提高外包关系的质量。知识共享程度的高低是外包关系管理成败和外包关系质量高低的重要标志之一。

因此，本书假设外包双方在显性知识和隐性知识、技术知识和业务知识方面的共享程度越高，外包双方的关系质量就越高。

假设 18：知识共享程度与外包关系质量具有正相关关系。

本书对上述的外包决策因素、外包管理因素之间的关系研究假设进行整理汇总，如表 5-4 所示。

表 5-4　外包决策与外包管理研究假设列表

假　设	假设内容
假设 1	信息系统的资产专用程度与外包关系质量具有正相关关系
假设 2	信息系统的资产专用程度与知识共享程度具有正相关关系
假设 3	信息系统的不确定性越高，外包关系质量越差
假设 4	信息系统的不确定性越高，外包合同越不完善
假设 5	信息系统战略重要性与外包关系质量具有正相关关系
假设 6	供应商竞争与供应商美誉度具有正相关关系
假设 7	供应商竞争与知识共享程度具有正相关关系
假设 8	供应商竞争与外包关系质量具有正相关关系
假设 9	外包程度与知识共享程度具有正相关关系
假设 10	外包程度与外包关系质量具有正相关关系
假设 11	资产专用程度与信息系统战略重要性具有正相关关系

续表

假 设	假设内容
假设 12	信息系统战略重要性与企业信息技术能力具有正相关关系
假设 13	资产专用程度与企业信息技术能力具有正相关关系
假设 14	供应商竞争与供应商成本优势具有正相关关系
假设 15	供应商美誉度对于外包关系质量具有正面的影响
假设 16	合同完善程度对于外包关系质量具有正面的影响
假设 17	评价激励机制对于外包关系质量具有正面的影响
假设 18	知识共享程度与外包关系质量具有正相关关系

资料来源：作者整理所得。

第六章　实证研究方法

本书主要通过问卷调查方法来获得一手数据，本章对问卷设计、数据收集、分析和实证研究方法进行说明。首先，以之前的研究为基础，结合本研究的实地调研结果，设计研究变量的测量量表和调查问卷；其次，进行问卷发放和回收以及原始数据的录入和处理；再次，对数据分析方法和工具、测量量表的信度和效度分析方法、研究假设检验方法进行说明；最后，对本书的数据分析流程进行说明。

第一节　研究变量的测量

本书以问卷作为研究变量的测量工具，以问卷调查作为主要的研究方法。在问卷设计方面，问卷第一部分为询问受访者所在企业的基本情况以了解样本企业的基本状况；第二部分为企业信息系统外包程度和外包绩效的测量题目；第三部分为外包决策因素的测量题目，包括成本优势、资产专用程度、不确定性和评价问题四个经济决策因素和信息系统战略重要性、企业信息技术能力和供应商竞争三个战略决策因素的测量题目；第四部分为外包管理因素的测量题目包括供应商美誉度、合同完善程度、评价激励机制、知识共享程度和外包关系质量五个外包管理因素的测量题目。第二、第三和第四部分研究变量的测量题目全部采用莱克特量表（Likert-type Scale）五点尺度，根据受访者对各题目内容认知的差异程度从“非常不同意”至“非常同意”分别给予 1~5 分。研究变量的测量题目及其参考文献如表 6-1 所示。

表 6–1 研究变量测量题目及其参考文献

<table>
<tr><th>研究变量</th><th>测量题目</th><th>测量题目参考文献</th><th>问卷对应题目</th></tr>
<tr><td>外包程度</td><td>D1~D7</td><td>Loh（1994）；Grover，Cheon and Teng（1996）</td><td>第二部分 1~3</td></tr>
<tr><td>成本优势</td><td>E1~E5</td><td>Ang and Straub（1998）</td><td>第三部分 1</td></tr>
<tr><td>资产专用性</td><td>E6~E13</td><td>Loh（1994）；Aubert，Rivard and Patry（1996b）；Ang and Cummings（1997）；Ang and Straub（1998）；Wang（2002）</td><td>第三部分 2</td></tr>
<tr><td>不确定性</td><td>E14~E18</td><td>Loh and Venkatraman（1992b）；Loh（1994）；Nam et al.（1996）；Ang and Cummings（1997）；Wang（2002）</td><td>第三部分 3</td></tr>
<tr><td>评价问题</td><td>E19~E23</td><td>Aubert，Rivard and Patry（1996b）</td><td>第三部分 4</td></tr>
<tr><td>战略重要性</td><td>S1~S6</td><td>Loh（1994）；Nam et al.（1996）</td><td>第三部分 5</td></tr>
<tr><td>技术能力</td><td>S7~S11</td><td>Nam et al.（1996）</td><td>第三部分 6</td></tr>
<tr><td>供应商竞争</td><td>S12~S16</td><td>Walker and Weber（1984）；Ang and Straub（1998）</td><td>第三部分 7</td></tr>
<tr><td>美誉度</td><td>M1~M4</td><td>Ching，Holsapple and Whinston（1996）；Wang（2002）</td><td>第四部分 1</td></tr>
<tr><td>合同完善程度</td><td>M5~M16</td><td>Klepper and Jones（1998）；Aubert，Rivard and Patry（1996b）；Loh（1994）</td><td>第四部分 2</td></tr>
<tr><td>激励机制</td><td>M17~M21</td><td>Mahnke，Overby and Vang（2005）</td><td>第四部分 3</td></tr>
<tr><td>知识共享</td><td>M22~M26</td><td>Lee（2001）；Gottschalk（2006）</td><td>第四部分 4</td></tr>
<tr><td>关系质量</td><td>M27~M30</td><td>Grover，Cheon and Teng（1996）；Lee and Kim（1999）；Lee（2001）；Goles and Chin（2005）</td><td>第四部分 5</td></tr>
<tr><td rowspan="4">外包绩效</td><td>经济利益（P1~P5）</td><td rowspan="4">Grover，Cheon and Teng（1994）；Collins and Millen（1995）；McLellan，Marcolin and Beamish（1995）；Grover，Cheon and Teng（1996）；Lee and Kim（1999）；Lee，Miranda and Kim（2004）；Wang（2002）</td><td>第二部分 4</td></tr>
<tr><td>技术利益（P6~P10）</td><td>第二部分 5</td></tr>
<tr><td>战略利益（P11~P15）</td><td>第二部分 6</td></tr>
<tr><td>整体满意度（P16~P20）</td><td>第二部分 7</td></tr>
</table>

资料来源：徐绮忆（1999）以及作者整理。

本书研究变量的测量题目主要来源于以前研究所使用测量量表，结合研究变量相关理论和实地咨询、调研情况，从而设计出本书的测量量表和调查问卷。本书接下来分别对各个研究变量的测量题目及量表设计思路进行说明。

(1) 外包程度。外包程度是指企业将组织内的信息系统职能外包给外部信息系统供应商处理的程度。本书将此研究变量的测量分为三个大题：第一大题采用 Loh（1994）的决策权观念，请受访者指出企业内信息系统活动的决策权归属于供应商或是企业的程度，其中信息系统活动采用 Grover，Cheon and Teng（1996）的分类，将信息系统活动分为应用系统开发与维护、系统操作、网络管理与维护、终端用户支持和系统规划与管理五类；第二、第三大题根据 Loh（1994）的测量题目，询问企业总体上与同行业其他企业相比的外包程度。

(2) 成本优势。成本优势是指外包供应商在提供信息系统服务方面相对于企业内部自己提供信息系统服务所具有的成本节约方面的优势。本书主要参考 Ang and Straub（1998）对外部供应商成本优势的测量题目，分别询问受访者外包服务供应商相对于企业自身来说在硬件、软件、人力、信息处理以及系统运行与维护方面的成本优势。

(3) 资产专用性。资产专用性是指企业对于特定信息系统以及企业特定的信息系统环境的专用、专属程度，即相对于其他企业来说，企业信息系统与众不同的程度。本书综合 Loh（1994）；Aubert，Rivard and Patry（1996b）；Ang and Cummings（1997）；Ang and Straub（1998）和 Wang（2002）的资产专用性测量题目，请受访者指出所属企业信息系统在软件、硬件、技术与技能、流程、人员和信息需求等方面与其他公司相比的独特程度。

(4) 不确定性。不确定性是指企业对于信息技术运用与信息需求无法预期的程度。本书参考 Loh and Venkatraman（1992b）提出的不确定性题目，以及 Loh（1994）、Nam，Rajagophlan，Rao 等人（1996）、Ang and Cummings（1997）和 Wang（2002）针对不确定性开发的测量题目，开发本书不确定性的测量题目。请受访者指出企业信息系统在技术标准、技术淘汰速度、信息技术投资、信息服务质量、信息需求等方面能够进行确切评价或者准确预期的程度，进而对这些测量题目的得分进行反向处理，即用 6 减去上述题目的得分，从而得到企业信息系统在这些方面不确定性或者无法预期的程度。反向处理以后的得分越高，企业信息系统服务的不确定性越高。本书使用反向处理后的测量题目得分作为不确定性的测量指标得分。

(5) 评价问题。评价问题是指对于企业内部大部分的信息系统活动，企业要评价信息系统服务与系统输出品质所遭遇的困难程度。本书参考 Aubert, Rivard and Patry（1996b）对于评价问题的测量题目，开发出该概念的测量题目。请受访者指出企业信息系统活动流程的可识别性、信息服务品质的可衡量性、工作例行化程度等，进而对这些测量题目的得分进行反向处理，即用6减去上述题项的得分，从而得到企业信息系统评价的困难程度。反向处理后的得分越高，企业信息系统服务品质的评价问题越严重。本书使用反向处理后的测量题目得分作为评价问题的测量指标得分。

（6）信息技术战略重要性。信息技术战略重要性是指企业的信息技术应用对于达成其战略目标的重要性程度。本书参考 Loh（1994）和 Nam, Rajagophlan, Rao 等人（1996）的相关研究以及徐绮忆（1999）对于“信息科技策略重要性”的测量题目，确定该概念的测量题目，请受访者指出信息技术对于企业业务模式、产品品质、竞争力的重要性程度以及与企业经营战略关系的密切程度。

（7）信息技术能力。信息技术能力是指企业拥有足够的信息技术专业知识与技能的程度。其测量参考 Nam, Rajagophlan, Rao 等人（1996）对于隐性知识的测量题目，询问受访者企业的信息技术人员、信息技术应用和信息系统问题处理能力等方面的情况。

（8）供应商竞争。供应商竞争是指市场上外部信息系统供应商在提供外包服务方面的竞争激烈程度。其测量参考了 Walker and Weber（1984）关于一般产品供应商竞争和 Ang and Straub（1998）关于信息服务供应商竞争的测量题目，询问受访者市场上信息系统供应商的数量竞争、报价竞争和服务品质竞争等情况。

（9）美誉度。美誉度是指信息系统供应商在市场上拥有良好声誉、被认为是正直与公平的程度。其测量指标主要是根据 Ching, Holsapple and Whinston（1996）、徐绮忆（1999）和 Wang（2002）对于美誉度的定义和测量，询问受访者企业信息系统供应商的名声、诚信、客户服务等方面情况。

（10）合同完善程度。合同完善程度指企业与供应商签订的外包合同在特殊情况、关系管理、衡量指标和价格等方面的完善程度。该概念的测量主要参考并汇总 Klepper and Jones（1998），Loh（1994）以及 Aubert, Rivard and Patry（1996b）有关合同的建议和测量指标，询问受访者企业的外包合同在变更管理、争议处理、服务价格估算、赔偿事宜以及奖励等方面的规定情况。

（11）激励机制。激励机制是指企业为了能够使外包商按照企业的期望和要求提供信息系统服务而设计和执行的监督、评估、激励机制。本书主要参考 Mahnke，Overby and Vang（2005）关于监督与评估的阐述以及委托代理理论（Jensen and Meckling，1976；Eisenhardt，1989；徐姝，2006）关于监督与激励的研究，结合对企业外包实践的实地访谈，开发出评价激励机制的测量题目，询问受访者企业在供应商监督与评估、定期汇报、供应商激励等方面的情况。

（12）知识共享。知识共享指外包双方为了实现各自预期的目标而相互共享所有的专业技术知识和业务知识的程度。本书参考 Gottschalk（2006）关于信息技术外包知识管理的研究以及 Lee（2001）关于显性知识共享和隐性知识共享的测量题目，结合对企业外包知识转移和共享的实地访谈，开发此研究变量的测量题目，询问受访者企业与供应商之间彼此进行信息、知识交流和共享的情况。

（13）关系质量。外包关系质量指企业与信息系统供应商之间在沟通、信任、合作与满意度等方面的表现。本书参考了 Grover，Cheon and Teng（1996）；Lee and Kim（1999）和 Lee（2001）对于伙伴关系质量以及 Goles and Chin（2005）对于外包关系因素的测量题目，开发此概念的测量题目，询问受访者企业与供应商之间相互承担额外责任、相互信任、相互满意的程度。

（14）外包绩效。外包绩效指企业从某个特定的信息系统外包中所获得的战略、经济和技术方面的外包利益以及对于该信息系统外包的整体满意度。本书整理汇总 Grover，Cheon and Teng（1994）；Collins and Millen（1995）；McLellan，Marcolin and Beamish（1995）；Grover，Cheon and Teng（1996）；Lee and Kim（1999）；Wang（2002）；Lee，Miranda and Kim（2004）关于外包利益、外包绩效和外包成功等方面的测量题目，并根据 Saunders，Gebelt and Hu（1997）和 Kim and Chung（2003）的研究，开发出包含战略、经济、技术与整体满意度四个方面的测量题目，询问受访者企业信息系统外包在企业整体战略、系统成本节约、信息技术应用和外包整体满意度等方面的表现。

对于研究变量的测量，本书除了进行相关文献研究和实地调研之外，为了使问卷中的测量量表更加准确有效地测量研究模型中的研究变量，还利用其他多数数据分析处理方法，如信度和效度分析等，以确保研究变量的测量能达到期望的品质。

第二节 问卷发放与数据收集

本书的研究对象是企业的信息系统外包行为，因此问卷调查的对象主要是进行信息系统外包的企业。本书引入了外包程度的概念，即企业将信息系统委托给外包专业供应商处理的程度。几乎所有的企业都会或多或少进行信息系统外包，因此本书将中国现有的各类企业组织都作为本次问卷调查的目标和调查研究的总体。

关于有效样本数量确定，不同的学者有不同的看法，Nunnally（1978）认为样本量的底线应该至少是量表测量题目数量的 10 倍；而张文彤、董伟（2004）认为就因子分析而言，样本量应该比较充足，否则结果可能不太可靠，一般而言，样本量至少是题目数的 5 倍以上，如果要想达到比较理想的结果，则应在 10 倍以上，而且除了比例关系外，样本总量也不能太少，按照理论要求应该在 100 个以上。[①] 因此，样本数量最少要达到量表测量题目数的 5 倍以上，并且样本总数达到 100 个以上。本书中，进行因子分析的研究变量其测量题目最多的是经济决策因素的测量题目，共有 23 个，因此有效样本数量达到 230 个左右是最为理想的，至少也要达到 115 个以上。

由于本次调查的企业范围较广，问卷的内容较多以及各方面资源的限制，为了提高问卷的回收率，增加有效问卷数量，本书采用方便抽样的方法。除了直接对可以联系到的企业管理人员和信息管理人员进行调查之外，还通过 MBA 和 EMBA 课堂、同学、朋友、同事、亲属等 80 多人采用“滚雪

① 张文彤、董伟：《SPSS 统计分析高级教程》，高等教育出版社，2004 年，第 220 页。

球”的方法进行问卷发放和回收，除了恳请这些联系人根据自己所服务的企业情况拨冗完成问卷之外，还请他们帮忙联系在其他单位企业信息管理部门工作时间较长的人员或者企业管理人员来填写问卷。经过电子邮件、电话等多种方式沟通和催收，共回收问卷223份。

问卷回收后，对问卷进行整理和编号，并根据事先编制好的各变量的代码将回收问卷的填写结果依次输入计算机。Excel数据格式的兼容性很强，由两人分别在两个Excel数据库中输入所有回收的问卷。为避免人工误输的情况，此次调查对两个数据库中的每一个样本数据逐项进行校对，如果一个样本在两个数据库中的某项数据有差异，则找出原始的问卷进行核对，并根据原始问卷进行人工修正，以此来最大限度地避免数据录入方面的错误出现。

问卷第三部分中的第3题和第4题分别测量不确定性和评价问题两个研究变量。量表采用了反向计分法，在原始数据录入完成后，对这两个变量的测量题项采取反向计分处理，即原来的1分变为5分，4分变为2分，3分保持不变，2分变为4分，5分变为1分，反向处理后的得分值高低代表了不确定性和评价问题的严重程度，即分值越高表示不确定性和评价问题越严重。

第三节　数据分析方法与工具

一、数据分析方法

本书采用的数据分析方法主要包括：描述性分析（Descriptive Analysis）、探索性因子分析（Exploratory Factor Analysis，EFA）、普通最小二乘法（Ordinary Least Square，OLS）回归分析、分步回归分析和相关性分析等。

在回收样本数据的基本描述性分析部分，主要利用描述性统计中的频率分布来统计回收问卷的各项特性，如产业类别、企业基本资料、受访者任职年限等，以了解有效样本的基本特性。

探索性因子分析能对相关程度高的一组变量进行因素的抽取工作，根据探索性因子分析的结果（因子结构和因子载荷系数）可以检验各测量量表的效度，据此删减量表中因子载荷系数较小或者因子载荷结构与测量要求不相符合的测量题目，提高量表测量效度，进而提高整个实证研究的可靠性。

回归分析是一种被广泛采用的统计分析工具，可以验证整体模型中各自变量与因变量之间的实质性相关关系，而分步回归分析可以分别检验每组自变量对因变量的影响程度，进而分别判断每组自变量对因变量的影响是否达到显著的程度；相关性分析主要是用来检验研究变量两两之间的简单相关关系。

二、数据分析工具

本研究首先采用最常用的数据处理软件 Excel 进行数据录入、校对和简单的处理工作。在数据分析工具方面，本研究主要采用 SPSS 12.0 for Windows 进行数据的分析处理和研究假设的实证检验工作。SPSS 是世界上最著名、最优秀，也是最常用的统计分析软件之一，可以满足描述性统计分析、探索性因子分析、分步回归分析和相关性分析等数据分析工作的要求。

第四节　信度与效度分析

一、信度检验

信度（Reliability）就是指测量结果的稳定程度，即对同一事物进行多次重复测量，其结果的相似程度。若相似程度越高，则代表信度越高，测量的结果也就越可靠。在 Likert 量表中，最常用的信度检验方法就是 Cronbach's α 系数。

关于信度系数的确切判断标准，这方面没有统一的标准，但是根据多数学者的观点，任何测量或量表的信度系数如果在 0.9 以上，则该测量或量表的信度甚佳；信息度系数在 0.8 以上都是可以接受的；如果在 0.7 以上，则该量表应进行较大修订，但仍不失其价值；如果低于 0.7，则应弃之（张文彤、董伟，2004)。[①] 一般地，如果某一变量的测量量表的 Cronbach's α 值（信度系数）大于 0.7，则显示该研究中变量的测量量表具有较好的信度（Nunnally，1978）。本书采用 Cronbach's α 值高于 0.7 作为问卷测量信度的判断标准。

二、效度检验

效度（Validity）是测量的正确性，是指测量值和真实值的接近程度，测量值和真实值越接近，则测量的效度越高。在实证研究中，为了使研究变量的测量更加准确，对变量测量的效度有多方面的要求。常见的效度评估模式有内容效度和结构效度等。

在内容效度（Content Validity）方面，为了使测量能够充分反映和代表某一特定的领域和含义，本书充分参考并采纳相关概念、变量的理论观点，参考并借鉴相关文献的研究成果，并征询信息管理学者与业界专家的宝贵意见，力求使变量的测量题目和测量结果能够代表本书所定义的变量的真实含义。同时在表面效度方面，为了确保受测者能较好地理解问卷的测量题目含义，本研究邀请信息管理人员及其他相关人员试答问卷，并就问卷内容进行讨论，进而根据讨论结果和反馈意见对问卷题目的文字表达进行修改和完善。

结构效度（Construct Validity）是指量表在理论上能够测量某概念或特性的程度，包含收敛效度（Convergent Validity）和区分效度（Discriminant Validity）。其中，区别效度是指两个研究变量或者不同研究变量的测量指标之间相互区分的程度。对于两个研究变量来说，如果研究变量间的相关系数为低度到中度，表示两两概念之间确有不同，即代表这些研究变量具有区别效度，可以作为不同的概念进行研究。本书亦利用研究变量的相关系数表来检验各个研究变量之间的区别效度。

除此之外，本书还利用探索性因子分析进行变量测量量表题目的区别效度检验。如果测量题目的因子载荷系数（Factor Loading）在单一因子上的载荷足够大，代表该测量题目可以显著地被该因子所解释，该题目是该因子的有效测量题目，而且研究变量之间的区别效度很高。为了检验量表的区别效

① 张文彤、董伟：《SPSS 统计分析高级教程》，高等教育出版社，2004 年，第 364~365 页。

度，本研究对每一组特定变量的测量题目用主成分方法（Principal Component）进行因子分析，并采用方差极大法（Varimax）进行因子旋转，如果每一变量的测量题目在单一因子上的载荷大于 0.5，则表示该组变量的测量量表具有区分效度（Hair，Anderson，Tatham 等人，1995）。[①] 在因子分析过程中，首先要计算所分析的一组测量题目（指标变量）的 KMO 统计量的值，其取值在 0~1，其越接近于 1，指标变量之间的偏相关性越强，从而因子分析的效果越好，在实际分析过程中，KMO 统计量在 0.7 以上时，因子分析的效果较好，而当 KMO 统计量在 0.5 以下时，则不适合应用因子分析（张文彤、董伟，2004）。[②]

收敛效度是指用两种不同衡量方式去衡量同一内容时，若相关程度很高，则代表具有收敛效度。本书通过研究变量的每个测量题目得分与其他测量题目得分之和的相关系数（Corrected Item-Total Correlation）来检验收敛效度，即测量题目得分与剔除了该测量题目之外的其他测量题目的得分之和的相关系数，如果所有这些相关系数为正并且非常显著，那么该研究变量的测量量表具有良好的收敛效度（Lee，2001）。如果某个题目的相关系数小于 0.4，那么该测量题目的收敛效度就不理想，应从变量的测量量表中删除，不再参与下一步的数据分析（Kerlinger，1986）。[③] 本研究中，根据因子分析结果删除没有区分效度的测量题目之后，所有剩余的变量测量项目的相关系数值都在建议值 0.4 以上，说明量表的收敛效度可以接受。

第五节　研究假设检验

在研究变量的测量达到可接受的信度与效度要求之后，本研究利用回归

① Lee，J. N.，“The Impact of Knowledge Sharing，Organizational Capability and Partnership Quality on IS Outsourcing Success”，Information & Management，Vol.38，No.5，April 2001，p.329.

② 张文彤、董伟：《SPSS 统计分析高级教程》，高等教育出版社，2004 年，第 220 页。

③ Lee，J. N. and Kim，Y. G.，“Effect of Partnership Quality on IS Outsourcing Success：Conceptual Framework and Empirical Validation”，Journal of Management of Information Systems，Vol.15，No.4，Spring 1999，p.41.

分析、分步回归分析和相关性分析对研究模型的各个研究假设进行实证检验。回归分析是研究变量之间，特别是多个自变量与某一因变量之间关系的有效工具。本研究中多重回归分析主要用来分析外包决策因素对外包程度、外包绩效的影响以及外包管理因素对外包绩效的影响，而分步回归则是为了对比经济决策因素、战略决策因素和外包管理因素对外包绩效的影响；简单的多变量回归分析主要是为了研究决策因素、外包程度、管理因素之间的简单相关关系。

如果回归模型的整体显著性满足要求，回归系数检验为显著，且其正负符号与研究假设期望影响方向一致，那么本书的研究假设得到实证数据支持，否则在本次研究中没有发现明显的支持研究假设的实际证据，研究假设没有得到实证数据支持。

第六节　数据分析流程

本章为研究方法设计部分，主要包括相关研究概念的操作化定义、研究变量的测量，设计测量量表和调查问卷，进行问卷测试和问卷调查，并对本研究将会用到的数据分析方法、假设检验方法和分析流程进行介绍。

首先，本研究使用描述性统计方法对回收的有效样本进行描述性统计分析，以了解回收的有效样本的基本情况；其次，根据回收样本的数据，通过因子分析检验测量模型中各变量测量量表的有效性，并对经过删减、修正后的最终测量量表进行效度、信度检验；再次，利用多重回归分析和分步回归分析对研究模型中的研究假设进行实质性关系检验；最后，利用简单回归分析对外包决策因素、管理因素之间的相关关系假设进行实证性检验。

本书采用的数据分析流程如图 6–1 所示，主要包括样本基本数据分析、信度与效度分析以及研究模型的假设检验。

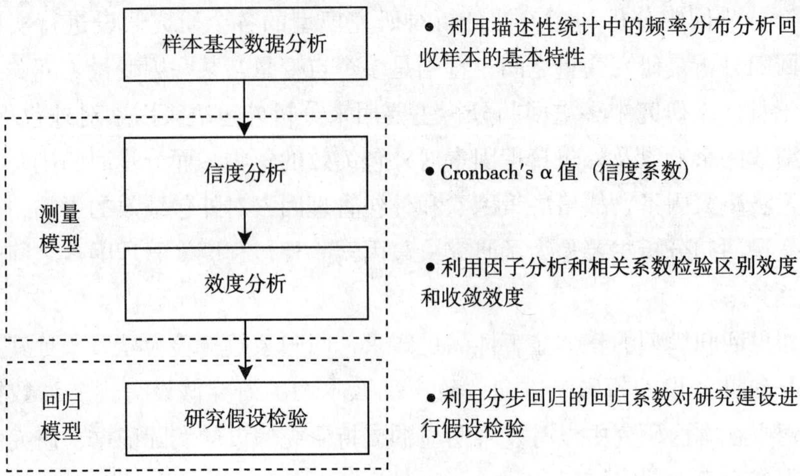

图 6–1　数据分析流程

资料来源：作者设计所得。

第七章　数据分析

本书借助 SPSS 12.0 分析工具，主要采用以下数据分析方法：对回收问卷以及有效样本进行描述性统计分析以了解有效样本基本情况；对测量量表进行信度和效度分析，提取有效的研究变量测量指标；对各研究变量进行描述性统计和简单相关性分析；应用回归分析对外包决策、外包绩效研究假设以及外包决策与外包管理之间关系的研究假设进行统计显著性检验。

第一节　样本基本情况分析

一、问卷回收

在问卷调查过程中，由于资源、精力所限，故本研究采用了方便抽样方法，主要包括现场填答、邮寄和电子邮件等方式。在发出问卷之后，经过电子邮件、电话等多种方式沟通和催收，共回收问卷 223 份。在沟通过程中，有个别受访者表示本企业没有信息系统外包行为，这主要是一些新成立的中小企业，其信息系统应用非常简单，甚至还没有开始进行信息系统的规划和建设。问卷回收后，首先对问卷进行整理和编号，并对问卷逐份检查筛选，将数据不全或者填答明显不真实、不认真的问卷视为无效问卷加以删除。筛选完的问卷重新进行编号，以便检查、核对问卷调查的原始数据。

经过筛选整理，共回收有效问卷 164 份，回收问卷的有效率为 73.5%，问卷无效的主要原因包括填写不完整、填答明显不实等。对有效问卷的受访者企业服务年限进行频率分布和百分比统计分析。统计结果显示，有一半以上（52.4%）的受访者的服务年限在 3 年以上，只有 11.6%的受访者服务年限不足 1 年，接近 90%的受访者服务年限在 1 年以上。这说明绝大部分受访者对所在企业的信息系统外包情况应该比较了解，基本上能够真实地填写所服务的企业的信息系统外包情况，能够满足本书对于调查目标的要求。受访者在所属企业的服务时间分布情况如表 7–1 所示。

表 7–1 受访者在所属企业的服务时间

服务时间	有效样本数（个）	百分比（%）
1 年以下	19	11.6
1~3 年	59	36.0
3~10 年	63	38.4
10 年以上	23	14.0
合计	164	100.0

资料来源：作者整理所得。

二、样本描述性统计

本书对回收的有效样本按照所属产业类别、企业性质、营业收入、员工人数、信息管理部门人数的分布情况进行了频率和百分比分析，统计结果如表 7–2 所示。

表 7–2 有效样本的描述性统计

项目类别		有效样本数（个）	百分比（%）
产业类别	制造业	32	19.5
	建筑	6	3.7
	运输、邮政业	3	1.8
	电、气及水业	12	7.3
	金融业	23	14.0
	教育业	16	9.8
	信息业	38	23.2
	批发零售业	16	9.8
	其他	18	11.0

续表

项目类别		有效样本数（个）	百分比（%）
企业性质	国有控股或集体企业	53	32.3
	私营企业	68	41.5
	外资或合资企业	31	18.9
	其他	12	7.3
营业收入	1000 万元以下	47	28.7
	1000 万~1 亿元	38	23.2
	1 亿~5 亿元	33	20.1
	5 亿元以上	46	28.0
员工人数	50 人以下	51	31.1
	50~300 人	39	23.8
	300~2000 人	45	27.4
	2000 人以上	29	17.7
信息管理部门人数	5 人以下	69	42.1
	6~10 人	31	18.9
	11~30 人	34	20.7
	31 人以上	30	18.3

资料来源：作者整理所得。

从产业类别来看，回收的有效样本分布在制造、公用事业、金融、教育、信息、批发零售等各个产业，分布范围较广，其中信息、制造、金融行业的企业最多，三者合计占到有效样本总数的 56.7%。从企业性质来看，受访企业包括国有或集体、私营、三资等各种类别的企业，其中国有控股或集体企业和私营企业最多，分别占到有效样本总数的 32.3%和 41.5%。从营业收入情况来看，1000 万元以下和 5 亿元以上的企业分别占到样本总数的 28.7%和 28%，营业收入分布范围较宽。从员工人数来看，50 人以上 2000 人以下的企业占到样本总数的 51.2%，2000 人以上的企业占到 17.7%，总体上来看各类规模企业的分布比较均匀、分布范围较宽。

从受访企业信息管理部门人数来看，信息管理部门少于 5 人的企业占到 42.1%，61%的企业信息管理部门的人数少于 10 人，相对来说企业信息管理部门的人数较少。这其中除了有些受访企业整体规模较小、信息系统服务较少、信息系统简单等原因之外，还与企业普遍采用全部或者部分的、选择性的信息系统外包方式来满足企业的信息系统需求有关。从整体上来看，受访企业的产业类别、企业性质、企业规模等基本特征能够满足本研究对于有效样本的要求。

第二节　信度与效度检验

在测量量表的信度与效度分析过程中，首先应用 EFA 分析各个测量指标的区分效度，删除因子载荷小于 0.5 或者在两个因子上的载荷都大于 0.5 的没有区分效度的测量题目，并删除不符合研究变量测量题目结构的测量题目；其次通过 Corrected Item-Total Correlation 系数来判断变量测量题目的收敛效度，如果 Corrected Item-Total Correlation 系数大于 0.4，则该测量题目具有收敛效度；最后对剩余的具有区分效度和收敛效度的测量题目进行信度分析，从而形成具有较高信度和效度的研究变量的最终测量指标。

一、外包程度与外包绩效

外包程度变量最初共设计 7 个测量题目（D1~D7），该组测量指标变量的 KMO 统计量为 0.775，适合进行因子分析。应用主成分分析法对该组指标变量进行因子分析，提取特征值大于 1 的因子，并使用方差极大法对因子载荷矩阵进行旋转，经过旋转后的因子分析结果如表 7-3 所示。

表 7-3　外包程度测量指标分析

KMO = 0.775

程度测量题目	区分效度 (Factor Loading)		收敛效度 (Item-Total Correlation)	信度 (Cronbach's alpha)
D1	0.797	-0.016	0.584	0.846
D2	0.801	0.276	0.708	
D3	0.079	0.704	删除	
D4	0.150	0.904	删除	
D5	0.452	0.673	删除	
D6	0.853	0.210	0.786	
D7	0.737	0.333	0.683	

资料来源：作者整理所得。

通过对外包程度的 7 个测量指标进行因子分析，共提取出两个因子，删除在第二个因子上载荷较大的测量指标 D3、D4、D5，保留 D1、D2、D6、D7 四个指标变量作为外包程度的测量指标，这 4 个指标变量在单一因子上的载荷最小值为 0.737，远大于 0.5，具有较好的区分效度。同时四个变量的 Corrected Item-Total Correlation 最小值为 0.584，显著水平小于 0.001，具有很好的收敛效度。由这 4 个测量指标构成的量表的 Cronbach's alpha 值为 0.846，也具有良好的信度。因此，保留的 D1、D2、D6、D7 这 4 个指标变量是外包程度的有效测量指标。

外包绩效变量共设计经济利益、技术利益、战略利益和整体满意度 4 个测量维度，每个维度设计 5 个测量题目，共计 20 个测量指标（P1~P20）。这 20 个测量指标变量的 KMO 统计量为 0.843，适合进行因子分析，应用主成分分析法对该组指标变量进行 EFA 分析，按照最初设计的变量维度提取 4 个因子，并使用方差极大法对因子载荷矩阵进行旋转，因子分析结果如表 7-4 所示。

表 7-4 外包绩效测量指标分析

KMO = 0.783

绩效测量题目	区分效度（Factor Loading）				收敛效度（Item-Total Correlation）	信度（Cronbach's alpha）
P1	0.233	0.428	<u>0.500</u>	0.065	删除	0.897
P2	0.199	<u>0.682</u>	0.346	0.409	0.738	
P3	0.269	<u>0.860</u>	0.213	0.008	0.832	
P4	0.157	<u>0.925</u>	0.071	0.035	0.808	
P5	0.336	<u>0.681</u>	0.389	0.128	0.746	
P6	<u>0.556</u>	0.179	0.439	0.293	删除	0.829
P7	0.288	0.209	<u>0.790</u>	0.123	0.710	
P8	0.320	0.207	<u>0.698</u>	0.353	0.710	
P9	0.599	0.172	0.589	0.218	删除	
P10	0.436	<u>0.525</u>	0.304	0.498	删除	
P11	0.243	0.243	0.458	<u>0.664</u>	0.708	0.862
P12	0.157	0.197	<u>0.550</u>	0.294	删除	
P13	<u>0.503</u>	0.408	0.071	0.446	删除	
P14	0.125	−0.247	0.369	<u>0.835</u>	0.730	
P15	0.181	0.232	0.027	<u>0.900</u>	0.780	

续表

绩效测量题目	区分效度（Factor Loading）				收敛效度（Item-Total Correlation）	信度（Cronbach's alpha）
P16	0.705	0.432	0.321	0.177	0.844	0.929
P17	0.729	0.490	0.168	0.181	0.832	
P18	0.811	0.086	0.295	0.226	0.826	
P19	0.873	0.171	0.182	0.144	0.830	
P20	0.800	0.238	0.197	0.046	0.791	

资料来源：作者整理所得。

根据因子分析结果删除各个维度中不恰当的测量指标，保留具有良好区分效度的指标，这些保留指标在相应维度上的因子载荷都在 0.6 以上，而在其他维度上的载荷都小于 0.5，具有较好的区分效度。同时 4 个维度的各个保留测量指标的 Corrected Item-Total Correlation 最小值为 0.708，显著水平小于 0.001，具有很好的收敛效度。4 个维度测量指标的 Cronbach's alpha 值都在 0.8 以上，具有良好的信度。因此，保留的 4 个维度的测量指标是外包绩效的有效测量指标，能够满足本研究对于外包绩效的测量要求。

对外包绩效 4 个维度的有效测量指标分别进行平均处理，得到 4 个维度各自测量指标的得分平均值。即将经济利益中的 P2、P3、P4、P5 的平均值记为 EP，技术利益中的 P7、P8 的平均值记为 TP，战略利益中的 P11、P14、P15 的平均值记为 SP，整体满意度中 P16、P17、P18、P19、P20 的平均值记为 OP。由外包绩效的四个维度变量 EP、TP、SP 和 OP 构成的测量量表的 KMO 统计量为 0.787，比较适合进行因子分析，应用主成分分析法对该组变量进行因子分析。

因子分析结果显示，特征值大于 1 的因子只有一个，各个维度变量在单一因子上的载荷都在 0.7 以上，具有良好的区分效度；4 个维度指标的 Corrected Item-Total Correlation 最小值为 0.585，显著水平小于 0.001，具有很好的收敛效度；Cronbach's alpha 值为 0.840，具有良好的信度，如表 7-5 所示。由此可见，外包绩效的 4 个维度是外包绩效的有效维度测量指标，具有很好的内部一致性，可以对 4 个维度的得分进行加总求和处理，从而得出外包绩效的最终得分。

表 7-5　外包绩效测量维度分析

KMO = 0.787

绩效测量维度	区分效度 (Factor Loading)	收敛效度 (Item-Total Correlation)	信度 (Cronbach's alpha)
EP	0.806	0.645	0.840
TP	0.881	0.762	
SP	0.747	0.585	
OP	0.865	0.735	

资料来源：作者整理所得。

二、经济决策因素

在本研究中，经济决策因素共有四个研究变量，分别是供应商成本优势、信息系统资产专用性、不确定性和评价问题，其中成本优势最初设计 5 个测量题目，资产专用性设计 8 个测量题目，不确定性和评价问题分别有 5 个测量题目，总共有 23 个测量题目（E1~E23）。由这 23 个测量题目构成的量表的 KMO 统计量为 0.703，比较适合进行因子分析，应用主成分分析法对该组指标变量进行因子分析，按照经济决策因素设计的研究变量个数提取 4 个因子，并使用方差极大法对因子载荷矩阵进行旋转，因子分析结果如表 7-6 所示。

表 7-6　经济决策因素测量指标分析

KMO = 0.703

经济因素测量题目	区分效度（Factor Loading）				收敛效度 (Item-Total Correlation)	信度 (Cronbach's alpha)
E1	-0.066	0.077	0.752	0.274	0.697	0.908
E2	-0.275	-0.032	0.805	0.047	0.770	
E3	-0.132	0.171	0.855	-0.132	0.775	
E4	-0.180	0.012	0.865	0.016	0.788	
E5	-0.041	-0.078	0.914	0.099	0.834	
E6	0.766	0.191	-0.163	-0.051	0.736	0.914
E7	0.676	0.291	0.029	0.147	0.594	
E8	0.850	0.255	-0.102	-0.028	0.812	
E9	0.854	0.174	-0.173	0.077	0.832	

续表

经济因素测量题目	区分效度（Factor Loading）				收敛效度（Item-Total Correlation）	信度（Cronbach's alpha）
E10	0.793	0.083	0.006	0.109	0.706	0.914
E11	0.843	-0.059	-0.066	-0.110	0.779	
E12	0.769	-0.268	-0.260	-0.101	0.711	
E13	0.690	-0.344	-0.310	-0.107	0.618	
E14	0.140	0.868	0.218	0.036	0.822	0.906
E15	-0.010	0.874	0.186	0.171	0.805	
E16	0.134	0.853	-0.051	0.203	0.795	
E17	0.212	0.692	-0.050	0.082	0.650	
E18	-0.015	0.858	-0.083	0.210	0.795	
E19	0.009	0.341	0.099	0.762	0.635	0.706
E20	-0.064	0.154	0.029	0.711	0.477	
E21	-0.122	0.104	-0.132	0.677	0.470	
E22	-0.171	0.274	-0.128	-0.333	删除	
E23	0.078	0.093	0.180	0.574	0.407	

资料来源：作者整理所得。

成本优势、资产专用性和不确定性这 3 个研究变量的测量指标在各自单一因子上的载荷都在 0.6 以上，而在其他因子上的载荷都很小，具有良好的区分效度。这 3 个研究变量的测量题目的 Corrected Item-Total Correlation 最小值为 0.594，显著水平小于 0.001，具有很好的收敛效度。3 个研究变量测量量表的 Cronbach's alpha 值都在 0.9 以上，也具有很好的信度。因此，要保留这 3 个研究变量的所有测量题目。

评价问题的 5 个测量题目的因子载荷除了 E22 之外都在 0.5 以上，删除 E22 之后，测量量表具有较好的区分效度。而且各个测量指标的 Corrected Item-Total Correlation 最小值在 0.4 以上，显著水平小于 0.001，具有很好的收敛效度。量表 Cronbach's alpha 值为 0.706，具有较好的信度。

三、战略决策因素

在本研究中，战略决策因素共有 3 个研究变量，分别是信息系统战略重要性、企业信息技术能力和信息系统供应商竞争。其中，战略重要性最初设计6个测量题目（S1~S6），信息技术能力5个测量题目（S7~S11），供应商竞争5个测量题目（S12~S16），总共有16个测量题目（S1~S16）。由这16个测量题目构成的量表的KMO统计量为0.783，比较适合进行因子分析，应用主成分分析法对该组指标变量进行因子分析，按照研究变量个数提取3个因子，并使用方差极大法对因子载荷矩阵进行旋转，因子分析结果如表7-7所示。

表7-7 战略决策因素测量指标分析

KMO＝0.783

战略因素测量题目	区分效度（Factor Loading）			收敛效度（Item-Total Correlation）	信度（Cronbach's alpha）
S1	0.739	0.404	-0.079	0.775	
S2	0.887	0.233	0.159	0.832	
S3	0.814	0.102	-0.181	0.760	0.933
S4	0.921	-0.040	-0.175	0.831	
S5	0.869	0.113	-0.065	0.810	
S6	0.787	0.306	-0.222	0.827	
S7	0.138	0.883	-0.167	0.716	
S8	0.186	0.817	-0.039	0.672	
S9	0.543	0.693	0.032	删除	0.796
S10	0.362	0.447	-0.486	删除	
S11	0.154	0.683	-0.203	0.554	
S12	-0.147	0.087	0.864	0.710	
S13	-0.093	-0.159	0.782	0.579	
S14	0.202	-0.508	0.546	删除	0.802
S15	-0.058	-0.205	0.786	0.661	
S16	-0.208	-0.571	0.510	删除	

资料来源：作者整理所得。

战略重要性的测量指标在其单一因子上的载荷都在0.7以上，而在其他因子上的载荷都较小，具有很好的区分效度。6个测量题目的Corrected Item-Total Correlation最小值为0.760，显著水平小于0.001，具有很好的收敛效度，这6个题目构成的测量量表的Cronbach's alpha值为0.933，也具有很好的信度，因此，保留战略重要性的所有测量题目。

信息技术能力中 S9 在两个因子上的载荷都在 0.5 以上，S10 在所有因子上的载荷都没有达到 0.5 以上，因此，将这两个测量指标删除。剩余的 3 个测量指标的因子载荷都在 0.6 以上，具有较好的区分效度。同时其 Corrected Item-Total Correlation 最小值为 0.554，显著水平小于 0.001，具有较好的收敛效度。Cronbach's alpha 值为 0.796，达到了本研究的量表信度要求。

同样地，删除 S14、S16 两个题目之后，剩余的供应商竞争的 3 个测量题目的因子载荷都在 0.7 以上，具有较好的区分效度。Corrected Item-Total Correlation 最小值为 0.579，显著水平小于 0.001，具有较好的收敛效度。Cronbach's alpha 值为 0.802，具有较好的信度。

四、外包管理因素

在本研究中，外包管理因素共包含 5 个研究变量，分别是供应商美誉度，合同完善程度，监督、评价及激励机制，知识共享和外包关系质量。其中，合同完善程度测量题目较多，根据最初的测量量表设计以及问卷调查回收的数据情况分析，其不适合与其他 4 个管理因素的测量指标放在一起进行因子分析，从而本研究在后面对其单独进行因子分析。

在除合同完善程度之外的其他 4 个管理因素中，供应商美誉度最初设计了 4 个测量题目（M1~M4），评价、激励机制 5 个测量题目（M17~M21），知识共享程度 5 个测量题目（M22~M26），外包关系质量 4 个测量题目（M27~M30），总共有 18 个测量题目。由这 18 个测量题目构成的量表的 KMO 统计量为 0.781，比较适合进行因子分析，应用主成分分析法对该组指标变量进行因子分析，提取特征值大于 1 的因子，并使用方差极大法对因子载荷矩阵进行旋转，因子分析结果如表 7-8 所示。特征值大于 1 的因子有 4 个，分别与这 4 个管理因素研究变量相对应。

供应商美誉度的测量指标在其单一因子上的载荷都在 0.6 以上，具有较好的区分效度。4 个测量题目的 Corrected Item-Total Correlation 最小值为 0.451，显著水平小于 0.001，具有很好的收敛效度。这 4 个题目构成的测量量表的 Cronbach's alpha 值为 0.813，具有较好的信度。因此，需要保留供应商美誉度的所有测量题目。

在评价激励机制中，M18 在两个因子上的载荷都在 0.5 以上，M21 在所

表 7-8 外包管理因素测量指标分析

KMO = 0.781

管理因素测量题目	区分效度（Factor Loading）				收敛效度（Item-Total Correlation）	信度（Cronbach's alpha）
M1	0.019	0.229	0.836	0.260	0.766	0.813
M2	0.002	0.183	0.868	0.344	0.778	
M3	0.487	-0.018	0.603	-0.283	0.451	
M4	0.274	0.168	0.720	0.193	0.665	
M17	0.258	0.703	0.445	0.048	0.658	0.857
M18	0.504	0.597	0.278	0.139	删除	
M19	0.335	0.798	0.266	-0.017	0.778	
M20	0.141	0.863	0.013	0.296	0.763	
M21	0.497	0.459	0.482	0.050	删除	
M22	0.858	0.109	0.197	0.236	0.858	0.920
M23	0.842	0.230	0.097	0.130	0.799	
M24	0.673	0.513	0.200	0.287	删除	
M25	0.814	0.367	0.082	0.241	0.859	
M26	0.665	0.451	0.062	0.404	0.764	
M27	0.577	0.458	0.203	0.412	删除	0.822
M28	0.308	0.580	0.103	0.612	删除	
M29	0.344	0.170	0.189	0.761	0.712	
M30	0.184	0.059	0.332	0.840	0.712	

资料来源：作者整理所得。

有因子上的载荷都没有达到 0.5，从而将这两个测量指标删除。剩余 3 个指标的因子载荷都在 0.7 以上，具有较好的区分效度；同时其 Corrected Item-Total Correlation 最小值为 0.658，显著水平小于 0.001，具有很好的收敛效度。Cronbach's alpha 值为 0.857，具有较好的信度。同理，在删除知识共享程度和外包关系质量两个研究变量中不适当的测量题目之后，剩余的测量题目在各自单一因子上的载荷都在 0.6 以上，具有较好的区分效度；Corrected Item-Total Correlation 最小值为 0.712，显著水平小于 0.001，具有较好的收敛效度；Cronbach's alpha 值分别为 0.920 和 0.822，具有较好的信度。

合同完善程度是一个比较难以测量的研究变量，通过参考、借鉴以前的研究，该变量最初设计的测量题目较多，共有 12 个（M5~M16），该组测量指标变量的 KMO 统计量为 0.822，适合进行因子分析。应用主成分分析法对该组指标变量进行 EFA 分析，提取特征值大于 1 的因子，并使用方差极大法对因子载荷矩阵进行旋转，因子分析结果如表 7–9 所示。

表 7–9 合同完善程度测量指标分析

KMO = 0.822

合同完善程度测量	区分效度（Factor Loading）			收敛效度（Item–Total Correlation）	信度（Cronbach's alpha）
M5	0.635	0.358	0.149	0.662	0.890
M6	0.884	–0.035	0.244	0.761	
M7	0.785	0.358	0.213	0.802	
M8	0.663	0.394	0.452	0.770	
M9	0.667	0.545	0.322	删除	
M10	0.590	0.574	0.336	删除	
M11	0.802	0.163	0.152	0.697	
M12	0.216	0.122	0.909	删除	
M13	0.393	0.165	0.829	删除	
M14	0.238	0.871	–0.016	删除	
M15	0.070	0.733	0.600	删除	
M16	0.302	0.644	0.527	删除	

资料来源：作者整理所得。

在合同完善程度的 12 个指标变量中共提取出三个特征值大于 1 的因子，因为合同完善程度最初只有一个测量维度，所以删除在第二个因子和第三个因子上载荷较大的测量指标 M12、M13、M14，同时删除在两个因子上的载荷都大于 0.5 的测量指标 M9、M10、M15、M16，保留 M5、M6、M7、M8、M11 五个测量指标，将其作为合同完善程度的测量指标。这些指标变量在单一因子上的载荷最小值为 0.635，大于 0.5 的最低要求，具有较好的区分效度。同时由这五个测量指标构成的量表的 Corrected Item–Total Correlation 最小值为 0.662，显著水平小于 0.001，具有很好的收敛效度。Cronbach's alpha 值为 0.890，也具有良好的信度，达到了本研究对量表的信度和效度要求。

第三节 研究假设检验

一、研究变量描述统计

本研究共有 14 个研究变量，根据前面研究变量测量量表的信度、效度分析结果，本书对各研究变量的有效测量题目及量表信度进行了汇总，如表 7-10 所示，各个研究变量的内容效度、区别效度和收敛效度在本书前面已经进行分析。由表 7-10 可知，所有研究变量量表的 Cronbach's alpha 值都大于 Nunnally（1978）的建议值 0.7，说明整份问卷的信度是可以接受的。另外，根据前文对每一个研究变量的效度分析可知，整份问卷的效度也达到本研究要求的测量效度。

表 7-10 研究变量有效测量题目汇总

研究变量		题目个数	测量题目	信度（Cronbach's alpha）
1. 成本优势		5	E1，E2，E3，E4，E5	0.908
2. 资产专用性		8	E6，E7，E8，E9，E10，E11，E12，E13	0.914
3. 不确定性		5	E14，E15，E16，E17，E18	0.906
4. 评价问题		4	E19，E20，E21，E23	0.706
5. 战略重要性		6	S1，S2，S3，S4，S5，S6	0.933
6. 信息技术能力		3	S7，S8，S11	0.796
7. 供应商竞争		3	S12，S13，S15	0.802
8. 供应商美誉度		4	M1，M2，M3，M4	0.813
9. 合同完善程度		5	M5，M6，M7，M8，M11	0.890
10. 评价激励		3	M17，M19，M20	0.857
11. 知识共享		4	M22，M23，M25，M26	0.920
12. 关系质量		2	M29，M30	0.822
13. 外包程度		4	D1，D2，D6，D7	0.846
14. 外包绩效	经济利益	4	P2，P3，P4，P5	0.897
	技术利益	2	P7，P8	0.829
	战略利益	3	P11，P14，P15	0.862
	整体满意度	5	P16，P17，P18，P19，P20	0.929

资料来源：作者整理所得。

对于每一个有效样本的数据，将各个研究变量有效测量指标的得分平均值分别作为各个研究变量的得分，而外包绩效变量将经济利益、技术利益、战略利益和整体满意度四个维度得分的平均值再求平均值后作为外包绩效变量的具体得分。

本研究首先应用基本的描述性统计分析和相关性分析方法，对这 14 个研究变量进行基本情况分析，这些变量的平均值、标准差和相关系数如表 7-11 所示。从表中可以看出这些变量之间的相关系数绝大部分为低度到中度相关，显示变量之间确有不同，具有一定的区别效度，要对各个变量分别进行研究。

在确定各个研究变量的测量达到可接受的信度和效度要求之后，本研究接下来通过普通最小二乘法回归分析和分步回归分析对各研究变量之间的关系假设进行实证性检验，以检验相关研究假设的真伪以及概念模型的有效性和实用性。

二、外包决策模型

在本研究中，外包决策研究模型包含因变量，而外包程度以及七个自变量。七个自变量分别是四个经济决策因素（成本优势、资产专用性、不确定性和评价问题）以及三个战略决策因素（战略重要性、信息技术能力和供应商竞争）。

外包决策模型的分步回归分析结果如表 7-12 所示。本研究首先让四个经济决策因素进入回归模型，回归结果显示回归模型 1 整体上达到显著水平（F 显著性 $p<0.01$），拟合程度较好（$R^2=0.152$）。其中，成本优势的回归系数 $B=0.534$，回归系数 T 检验显著性 $p<0.01$，而资产专用性、不确定性和评价问题这三个研究变量的回归系数均未达到显著水平。

在回归模型 2 中进一步加入三个战略决策因素：战略重要性、信息技术能力和供应商竞争。回归结果显示模型 2 整体上达到显著水平（F 显著性 $p<0.01$），拟合程度也较好（$R^2=0.193$），同时模型 1 到模型 2 的 F 值变化量 ΔF 显著性 $p<0.05$，$\Delta R^2 = 0.041$。说明新加入的战略决策因素对外包程度有显著的影响，显著提高了回归模型的拟合程度。

根据回归模型 2 中的回归系数情况，外包决策因素中的成本优势、不确

表 7-11 研究变量描述性统计与相关系数

	均值	S.D.	1	2	3	4	5	6	7	8	9	10	11	12	13
1. 成本优势	3.620	0.791													
2. 专用性	2.667	0.726	-0.291**												
3. 不确定性	2.726	0.817	-0.077	-0.015											
4. 评价问题	2.497	0.520	0.080	0.090	0.184*										
5. 重要性	3.080	0.781	-0.146	0.262**	-0.129	-0.027									
6. 能力	3.185	0.819	-0.014	0.276**	-0.354**	-0.072	0.419**								
7. 竞争	3.337	0.707	0.351**	-0.320**	0.103	0.148	-0.255**	-0.308**							
8. 美誉度	3.288	0.586	0.458**	-0.051	0.032	0.089	0.001	0.294**	0.317**						
9. 合同	3.226	0.810	0.133	0.080	-0.040	0.069	0.024	-0.044	0.166*	0.493**					
10. 激励	3.039	0.815	0.272**	-0.145	-0.059	0.253**	0.184*	0.084	0.275**	0.511**	0.416**				
11. 知识	3.041	0.906	0.251**	-0.244**	0.132	0.011	-0.154*	-0.078	0.226**	0.425**	0.120	0.613**			
12. 关系	3.430	0.573	0.527**	-0.293**	0.171*	-0.104	-0.024	-0.068	0.354**	0.463**	0.161*	0.396**	0.548**		
13. 程度	3.120	1.108	0.368**	-0.040	-0.134	-0.029	-0.097	-0.118	0.209**	0.392**	0.596**	0.141	0.190*	0.092	
14. 绩效	3.450	0.707	0.727**	-0.474**	-0.157*	-0.154*	-0.287**	-0.037	0.332**	0.437**	0.186*	0.263**	0.351**	0.539**	0.391**

注：1. 样本数量 N = 164。

2. * 表示相关系数在 0.05 水平下双尾检验为显著；** 表示相关系数在 0.01 水平下双尾检验为显著。

资料来源：作者整理所得。

表 7-12　外包程度 OLS 回归

变量	外包程度	
	模型 1	模型 2
常数项	1.223*	1.749*
成本优势	0.534***	0.507***
资产专用性	0.104	0.220*
不确定性	-0.144	-0.242**
评价问题	0.032	-0.014
战略重要性		-0.005
信息技术能力		-0.253**
供应商竞争		0.140
Model F	7.102***	5.319***
ΔF		2.648**
R^2	0.152	0.193
ΔR^2		0.041
Adjusted R^2	0.130	0.156

注：1. 数量 N=164。

2. * 表示回归系数在 0.1 水平下为显著，** 表示在 0.05 水平下为显著，*** 表示在 0.01 水平下为显著。

3. ΔF 和 ΔR^2 指模型 1 到模型 2 的变化量。

资料来源：作者整理所得。

定性和信息技术能力的回归系数 T 检验显著性 $p<0.05$，达到了显著水平，表示这三个自变量与外包程度在 0.05 的显著水平下具有显著直线关系。而资产专用性、评价问题、战略重要性以及供应商竞争四个自变量的回归系数 T 检验显著性在 0.05 水平下都没有达到显著水平，无法拒绝回归系数为零的虚无假设，也就是说，现有实证资料无法证实这四个自变量与外包程度有显著的线性相关关系。

在外包决策模型中，供应商成本优势、信息系统的不确定性和企业信息技术能力与外包程度之间的回归系数为显著，且其正负号与相应研究假设期望的方向一致，而其他的外包决策因素的回归系数均未达到显著水平。因此，外包决策模型中共有三个研究假设得到实证数据支持，如表 7-13 所示。

表 7-13　外包决策研究假设检验结果

假　设	假设内容	检验结果
假设 1	企业信息系统外包的成本优势越大，信息系统外包的程度越高	支持
假设 2	企业信息系统的资产专用性越高，企业外包的程度越低	不支持
假设 3	企业信息系统面临的不确定性越高，信息系统外包的程度越低	支持
假设 4	企业信息活动的评价问题越严重，企业外包的程度越低	不支持
假设 5	信息系统对于企业的战略重要性越高，企业外包的程度越低	不支持
假设 6	企业自身的信息技术能力越强，企业外包的程度越低	支持
假设 7	信息系统供应商之间的竞争越激烈，企业外包的程度越高	不支持

资料来源：作者整理所得。

三、外包绩效模型

在本书中，外包绩效研究模型包含因变量，即外包绩效以及七个自变量。这七个自变量分别是四个经济决策因素（成本优势、资产专用性、不确定性和评价问题）和三个战略决策因素（战略重要性、信息技术能力和供应商竞争）。外包决策模型中的因变量包括外包程度以及五个外包管理因素（供应商美誉度、外包合同完善程度、评价激励机制、知识共享程度和外包关系质量）。

外包绩效模型的分步回归分析结果如表 7-14 所示。本研究首先加入经济决策因素，回归结果显示回归模型 1 整体上达到显著水平（F 显著性 $p<0.01$），拟合程度较好（$R^2=0.620$），其中成本优势、资产专用性和不确定性的回归系数 T 检验显著性 $p<0.01$，达到显著水平，说明经济决策因素对外包绩效具有显著影响。其中，成本优势对外包绩效具有显著的正面影响，而资产专用性和不确定性对外包绩效则具有显著的负面影响。

表 7-14　外包绩效 OLS 回归

变量	信息系统外包绩效			
	模型 1	模型 2	模型 3	模型 4
常数项	2.593***	2.715***	2.537***	2.140***
成本优势	0.564***	0.537***	0.485***	0.364***
资产专用性	−0.279***	−0.255***	−0.277***	−0.246***
不确定性	−0.088**	−0.085*	−0.060	−0.116**

续表

变量	信息系统外包绩效			
	模型 1	模型 2	模型 3	模型 4
评价问题	-0.081	-0.082	-0.080	-0.051
战略重要性		-0.153***	-0.152***	-0.187***
信息技术能力		0.076	0.102**	0.068
供应商竞争		0.041	0.026	-0.042
外包程度			0.102***	0.110**
供应商美誉度				0.065
合同完善程度				-0.012
评价激励机制				0.023
知识共享				-0.011
关系质量				0.301***
Model F	64.771***	40.396***	38.486***	27.826***
ΔF		3.622**	9.575***	4.272***
R^2	0.620	0.644	0.665	0.707
ΔR^2		0.025	0.021	0.042
Adjusted R^2	0.610	0.629	0.648	0.681

注：1. 数量 N=164。

2. * 表示回归系数在 0.1 水平下为显著，** 表示在 0.05 水平下为显著，*** 表示在 0.01 水平下为显著。

3. ΔF 和 ΔR^2 指前一个模型到后一个模型的变化量。

资料来源：作者整理所得。

在回归模型 2 中进一步加入三个战略决策因素：战略重要性、信息技术能力和供应商竞争。回归结果显示模型 2 整体上达到显著水平（F 显著性 $p<0.01$），拟合程度较高（$R^2=0.644$），同时模型 1 到模型 2 的 F 值变化量 ΔF 显著性 $p<0.05$，$\Delta R^2=0.025$。说明新加入的战略决策因素对外包绩效有显著的影响，显著提高了回归模型的拟合程度，其中信息系统的战略重要性对外包绩效具有显著的负面影响。

在回归模型 3 中进一步加入自变量外包程度，回归结果显示模型 3 整体上达到显著水平（F 显著性 $p<0.01$），拟合程度进一步提高（$R^2=0.665$），同时模型 2 到模型 3 的 F 值变化量 ΔF 显著性 $p<0.01$，$\Delta R^2=0.021$。说明新加入的自变量外包程度对外包绩效有显著的影响，明显提高了回归模型的拟合程度。

在回归模型 4 中进一步加入管理因素，包括供应商美誉度、合同完善程度、评价激励机制、知识共享程度和外包关系质量。回归结果显示模型 4 整体上达到显著水平（F 显著性 $p<0.01$），拟合程度进一步提高（$R^2 = 0.707$），同时模型 3 到模型 4 的 F 值变化量 ΔF 显著性 $p<0.01$，$\Delta R^2 = 0.042$。说明新加入的外包管理因素对外包绩效有显著的影响，明显提高了回归模型的拟合程度，其中外包关系质量对外包绩效具有显著的正面影响。

在外包绩效模型中，供应商成本优势、信息系统资产专用性、不确定性、战略重要性、外包程度以及关系质量与外包绩效之间的回归系数为显著，且其正负号与相应研究假设期望的方向一致，其他自变量的回归系数均未达到显著水平。因此，外包绩效模型中共有六个研究假设得到支持，如表 7-15 所示。

表 7-15 外包绩效研究假设检验结果

假 设	假设内容	检验结果
假设 1	信息系统供应商的成本优势越大，信息系统外包绩效越高	支持
假设 2	企业信息系统的资产专用程度越高，企业外包绩效越低	支持
假设 3	企业信息系统的不确定性越高，企业外包的绩效越低	支持
假设 4	信息系统外包结果的评价难度越大，信息系统外包绩效越低	不支持
假设 5	信息系统对于企业的战略重要性越高，企业外包的绩效越低	支持
假设 6	企业自身的信息技术能力越强，企业外包绩效就越高	不支持
假设 7	信息系统供应商之间的竞争越激烈，企业外包绩效越高	不支持
假设 8	信息系统外包程度越高，企业外包绩效越高	支持
假设 9	信息系统供应商的美誉度越高，企业信息系统外包绩效越高	不支持
假设 10	信息系统外包合同越完善，企业外包绩效越高	不支持
假设 11	对供应商的监督、评价和激励机制越完善，企业外包绩效越高	不支持
假设 12	外包双方的知识共享程度越高，企业外包绩效越高	不支持
假设 13	外包关系质量越高，企业的外包绩效越高	支持

资料来源：作者整理所得。

四、外包决策与外包管理

外包绩效影响因素众多，这些因素之间的关系复杂，本书重点是讨论外包决策因素和外包管理因素对外包绩效的影响。为了更加深入了解外包绩效影响因素以及外包决策与外包管理因素之间的相互关系，本书还重点分析了外包决策因素对外包管理因素的影响以及外包决策因素、外包管理因素之间的相关关系。其中，主要包括资产专用性与战略重要性、外包关系质量、知识共享程度之间的关系，不确定性对外包关系质量、合同完善程度的影响，战略重要性与信息技术能力、外包关系质量的相关关系，供应商竞争与成本优势、供应商美誉度、知识共享程度、外包关系质量之间的关系，外包程度对知识共享和外包关系质量的影响，以及供应商美誉度、合同完善程度、评价激励机制、知识共享程度与外包关系质量之间的相关关系。

本研究外包决策因素、外包程度以及外包管理因素之间关系的 OLS 回归结果如表 7–16 所示。外包商成本优势模型包含一个自变量，即供应商竞争，回归结果显示模型整体达到显著水平（F 显著性 $p<0.01$），拟合程度较好（$R^2 = 0.123$），供应商竞争的回归系数 B=0.392，T 检验显著性 $p<0.01$，说明供应商竞争与外包商成本优势之间具有显著的正相关关系。同理，战略重要性模型的回归结果说明信息系统资产专用性与战略重要性之间具有显著的正

表 7–16　外包绩效影响因素关系 OLS 回归

变量	成本优势	战略重要性	技术能力	关系质量	知识共享		合同完善程度	供应商美誉度
					模型 1	模型 2		
常数项	2.311***	2.328***	1.446***	1.311***	2.074***	3.368***	3.334***	2.413***
资产专用性	——	0.282***	0.201**	–0.146***	——	–0.295***	——	——
不确定性	——	——	——	0.045	——	——	–0.040	——
战略重要性	——	——	0.390***	0.127**	——	——	——	——
供应商竞争	0.392***	——	——	0.163***	0.290***	——	——	0.262***
外包程度	——	——	——	–0.098**	——	0.147**	——	——
供应商美誉度	——	——	——	0.277***	——	——	——	——
合同完善程度	——	——	——	0.095	——	——	——	——
评价激励机制	——	——	——	–0.133*	——	——	——	——
知识共享	——	——	——	0.310***	——	——	——	——
Model F	22.736***	11.955***	20.757***	14.675***	8.736***	8.139***	0.261	18.057***
R^2	0.123	0.069	0.205	0.462	0.051	0.092	0.002	0.100

注：1. 数量 N=164。

2. * 表示回归系数在 0.1 水平下为显著，** 表示在 0.05 水平下为显著，*** 表示在 0.01 水平下为显著。

3. ——表示该变量不参与回归模型。

资料来源：作者整理所得。

相关关系。信息技术能力模型包含两个自变量：资产专用性和战略重要性，回归结果表明资产专用性和战略重要性与企业信息技术能力之间都具有显著的正相关关系。

外包关系质量模型包含资产专用性、不确定性、战略重要性、供应商竞争、外包程度、供应商美誉度、评价激励机制和知识共享程度 8 个自变量。回归结果显示模型整体上达到显著水平（F 显著性 $p<0.01$），拟合程度较好（$R^2=0.462$）。其中供应商竞争、供应商美誉度和知识共享的回归系数 T 检验显著性 $p<0.01$，战略重要性的回归系数 T 检验显著性 $p<0.05$，且这些系数的正负号与研究假设期望的方向一致，而资产专用性和外包程度的回归系数虽然也达到显著水平，但是其正负号与研究假设期望的方向相反。其他自变量的回归系数则都没有达到显著水平。

在知识共享模型中，本书研究自变量与知识共享程度之间的相关关系，为了更好地反映这种相关关系，本书使用了两个回归模型。模型 1 回归结果显示模型整体上达到显著水平（F 显著性 $p<0.01$），拟合程度较好（$R^2=0.051$），外包商竞争对于知识共享程度具有显著的积极影响。模型 2 回归结果显示模型整体上也达到显著水平（F 显著性 $p<0.01$），拟合程度较好（$R^2=0.092$），资产专用性和外包程度的回归系数 T 检验显著性达到显著水平，但是资产专用性回归系数的正负号却与研究假设期望的方向相反。

在合同完善程度模型中，模型在整体上未达到显著水平（F 显著性未达到显著水平），不确定性的回归系数 $B=-0.040$，T 检验也未达到显著水平的要求，本研究未证实不确定性与合同完善程度之间具有显著的相关关系。在供应商美誉度回归模型中，模型整体上达到了显著水平的要求（F 显著性 $p<0.01$），拟合程度较好（$R^2=0.1$），供应商竞争的回归系数 $B=0.262$，T 检验的显著水平 $p<0.01$，说明供应商竞争与企业所选择供应商的美誉度之间具有显著的正相关关系。

综合以上实证检验结果，在关于外包决策因素、外包程度以及外包管理因素之间关系的实证分析中，资产专用性与战略重要性、信息技术能力之间关系，供应商竞争与成本优势、供应商美誉度、知识共享、外包关系质量之间的关系，战略重要性与信息技术能力之间的关系，战略重要性、供应商美誉度、知识共享与外包关系质量之间的关系以及外包程度与知识共享程度之间关系的回归系数 T 检验达到显著性要求，并且其正负号与相应研究假设期望的方向一致，从而与此对应的 11 个研究假设得到实证数据支持。

另外，资产专用性与知识共享程度、外包关系质量之间的关系系数以及外包程度与外包关系质量之间的关系系数虽然达到显著水平要求，但是其正负号与相应研究假设期望的方向相反。其他变量之间关系的回归系数则都不显著。因此，本研究中共有 11 个外包决策因素、外包程度、外包管理因素之间关系的研究假设得到支持，有 3 个研究假设的实证检验结果与期望的方向相反，如表 7-17 所示。

表 7-17　外包决策与外包管理研究假设

假　设	假设内容	检验结果
假设 1	信息系统的资产专用程度与外包关系质量具有正相关关系	相反
假设 2	信息系统的资产专用程度与知识共享程度具有正相关关系	相反
假设 3	信息系统的不确定性越高，外包关系质量越差	不支持
假设 4	信息系统的不确定性越高，外包合同越不完善	不支持
假设 5	信息系统战略重要性与外包关系质量具有正相关关系	支持
假设 6	供应商竞争与供应商美誉度具有正相关关系	支持
假设 7	供应商竞争与知识共享程度具有正相关关系	支持
假设 8	供应商竞争与外包关系质量具有正相关关系	支持
假设 9	外包程度与知识共享程度具有正相关关系	支持
假设 10	外包程度与外包关系质量具有正相关关系	相反
假设 11	资产专用程度与信息系统战略重要性具有正相关关系	支持
假设 12	信息系统战略重要性与企业信息技术能力具有正相关关系	支持
假设 13	资产专用程度与企业信息技术能力具有正相关关系	支持
假设 14	供应商竞争与供应商成本优势具有正相关关系	支持
假设 15	供应商美誉度对外包关系质量具有正面的影响	支持
假设 16	合同完善程度对外包关系质量具有正面的影响	不支持
假设 17	评价激励机制对外包关系质量具有正面的影响	不支持
假设 18	知识共享程度与外包关系质量具有正相关关系	支持

资料来源：作者整理所得。

第八章　结论与建议

经过数据分析和研究假设实证检验之后，本书对于所提出的研究模型和假设有了更进一步的认识。本章首先对研究假设的检验结果进行分析和讨论，提出研究结论与发现，并与相关的研究进行比较；其次根据结论对企业信息系统外包实践提出管理上的建议；最后对本书的局限与不足进行说明，并对后续可能的研究方向提出建议。

第一节　研究结果分析

一、外包决策模型

研究结果显示外包决策模型中共有三个研究假设得到支持，受访企业的信息系统外包程度受到供应商成本优势、不确定性和企业信息技术能力的影响，而其他的外包决策因素相对于这三个因素来说，对于外包程度的影响则不显著。根据分步回归分析的结果，从总体上来说，经济决策因素对外包程度有显著影响，同时本书还证实战略决策因素对外包程度也具有显著的影响，是外包决策的重要考虑因素。以下对这些研究假设的验证结果做进一步说明，或提出可能的解释。

1. 信息系统供应商的成本优势越大，信息系统外包程度越高

实证结果显示信息系统供应商的成本优势对信息系统外包程度具有非常显著的正面影响，成本优势越大，外包程度越高。具体来说，相对于由企业内部自己提供信息系统服务，如果企业认为信息系统供应商在硬件系统、软

件系统、系统实施、系统操作和运营以及系统维护等方面的成本优势较大，那么企业就会更加倾向于通过外包的方式来满足其信息系统需求。

这一研究结论与 Walker and Weber（1984）、Ang and Straub（1998）的研究结论相一致。Ang and Straub（1998）强调供应商的成本优势对信息系统外包具有重要影响，同时交易成本对外包决策也具有一定影响，但是要比生产成本优势的影响小得多。目前，成本优势仍然是企业进行信息系统外包的最大动力之一。

本书的这一结论进一步证实了对于成本的关注、外包成本优势的大小仍然是企业在进行外包决策时最为重要的考虑因素之一，专业分工理论、生产成本理论是外包决策的最基础、最重要的理论依据之一。

2. 企业信息系统的不确定性越高，信息系统外包的程度将越低

实证结果指出企业信息系统的不确定性对外包程度具有负向的影响，不确定性越高，外包程度越低。具体而言，如果企业对信息系统的技术标准、信息技术的淘汰速度、信息技术投资的成本与效益、信息系统服务质量以及信息技术变化趋势等方面的问题越是无法准确预知和判断，那么企业就更加倾向于由企业内部来提供信息系统服务，企业信息系统外包的程度就越低；相反，如果企业对于这些信息系统问题越是能够准确预知和判断，那么企业信息系统外包程度就越高。

这一研究结果与 Walker and Weber（1984）、Ang and Straub（1998）以交易成本理论为基础进行的外包决策研究结论相一致。但是，在本书中，资产专用性与外包程度的负向关系却没有得到证实，甚至得到部分的相反结论，这可能是由于我国企业信息系统建设能力和应用水平普遍较低。对于专用的、专业的信息技术，企业可能会更加依赖于外部专业的信息系统供应商，受访企业的信息系统外包决策还没有充分考虑交易成本因素可能带来的影响。

根据本书的研究结果和以往学者的研究结论，从总体上来看，交易成本理论是外包决策研究的重要理论基础，在本书中也部分地得到支持，尤其是对于不确定性较高的信息系统外包，由于存在较高的外包风险和外包交易成本，企业对此会更加慎重。

3. 企业自身的信息技术能力越强，信息系统外包程度将越低

实证结果证实企业自身的信息技术能力对外包程度具有负面的影响。具体而言，企业信息技术人员素质和技能越高、企业自身的信息能力越强，企业外包程度就越低；相反，如果企业自身的信息技术能力较弱，那么企业就更加倾向于采用外包方式，从而其外包程度就越高。

这一研究结论说明，企业进行信息系统外包的动因之一就是企业自身的信息技术能力不能完全满足企业的信息系统需要，或者企业没有将信息技术能力作为其核心能力进行培育和发展，而是采取外包的方式来弥补企业自身信息技术能力方面的不足。

Loh and Venkatraman（1992a）以信息技术的成本结构和绩效表示信息科技能力，实证结果显示信息技术能力与外包程度呈正向相关关系。相对地，Nam（1996）的实证结果则显示企业长期累积的信息技术能力（也称为隐性知识）对外包程度有负面的影响；徐绮忆（1999）的实证研究结果也发现企业信息技术能力对外包程度具有负面的影响。而本书的实证结果与Nam（1996）和徐绮忆（1999）的研究结论一致，并进一步证实企业自身的信息技术能力是企业外包决策的考虑因素之一。

企业信息技术能力与外包程度的反向关系表明，资源基础理论和资源依赖理论对企业信息系统外包具有一定的解释能力，倾向于将信息技术能力作为核心能力并加强自身信息技术能力建设的企业，也倾向于由企业内部提供信息系统服务，信息系统外包程度较低；相反，没有将信息技术能力作为核心能力的企业，不太注重信息技术能力建设，从而更倾向于通过外包方式来满足企业的信息系统需求，因而信息系统外包程度较高。

二、外包绩效模型

外包绩效模型中共有六个研究假设得到支持，研究结果显示受访企业的信息系统外包绩效受到供应商成本优势、信息系统资产专用性、不确定性、战略重要性、外包程度和外包关系质量六个因素的影响。而其他因素相对于这六个因素来说，对于外包绩效的影响则不显著。

根据分步回归分析的结果，从总体上来说，外包决策因素包括经济决策因素、战略决策因素，同时也是外包绩效的重要影响因素，尤其是本书新加

入的战略决策因素对外包绩效具有显著影响，说明战略决策因素不仅是外包决策要考虑的因素，也是最终外包绩效高低的重要影响因素。另外，外包程度对外包绩效也具有显著影响，而外包管理因素中外包关系质量对外包绩效具有显著的正面影响。以下对这些研究假设的验证结果进行进一步说明，或提出可能的解释。

1. 信息系统供应商的成本优势越大，信息系统外包绩效将越高

实证研究结果显示信息系统供应商的成本优势对于信息系统外包绩效具有非常显著的正面影响。具体来说，相对于由企业内部自己提供信息系统服务，如果企业认为外包商在硬件系统、软件系统、系统实施、系统操作和运营以及系统维护等方面的成本优势越大，那么企业信息系统外包在经济、技术和战略方面的收益以及整体满意度方面的表现就越好。

Walker and Weber（1984）、Ang and Straub（1998）的研究都将供应商的成本优势作为外包决策的重要影响因素，但是在对外包绩效影响因素的研究中，还没有加入成本优势这一因素。本书的这一发现表明外包商的成本优势不仅是外包决策的考虑因素，更应该是外包绩效的重要影响因素，外包供应商的成本优势会对外包绩效产生积极的影响。

外包商的成本优势不仅可以降低企业的信息系统支出，而且还可以使外包商有更大的动力来提高信息系统服务质量，提高信息系统外包绩效。因为如果供应商能够有效降低信息服务成本，在成本方面有较大优势，那么供应商就可以以同样的甚至更低的成本提供更多、更专业、更高质量的信息系统服务，从而提高信息系统投资的整体绩效。

2. 企业信息系统的资产专用性越高，信息系统外包的绩效将越低；企业信息系统的不确定性越高，信息系统外包的绩效将越低

实证结果指出，企业信息系统的资产专用性、不确定性对外包程度具有负向的影响。具体而言，如果与其他企业相比，企业的软硬件系统、信息系统架构、所需要的知识与技能、业务流程等越是独特；如果企业对信息系统的技术标准、信息技术的淘汰速度、信息技术投资的成本与效益、信息系统服务质量以及信息技术变化趋势等方面的问题越是无法准确预知和判断，那么企业信息系统外包的绩效就越低。相反地，如果企业信息系统各方面没有太大的特殊性，企业对所使用的信息技术非常熟悉，那么企业信息系统外包

绩效就很高。

Kim and Chung（2003）以交易成本理论为基础对外包绩效进行研究，结果显示资产专用性对外包绩效具有负面影响，这与本书的研究结论相一致；另外，Wang（2002）的实证研究结果也表明交易成本理论可以较好地解释外包行为，不确定性对外包的成功具有负面作用，与本书的研究结论相一致。但是，Wang（2002）的研究也发现资产专用性对外包的成功具有积极影响，这与交易成本理论的典型观点不相符合；而且徐绮忆（1999）的研究也发现资产专用性对外包绩效具有积极的影响。①资产专用性对外包绩效可能会产生正反两方面的影响。

结合本书的研究结果和以前学者的研究结论，从总体上来看，交易成本理论是外包绩效研究的重要理论基础，对外包绩效具有较好的解释和预测作用。交易成本对外包绩效具有负面影响，信息系统外包行为的交易成本越高，外包绩效将会越低。

3. 企业信息系统的战略重要性越高，信息系统外包的绩效将越低

实证结果指出，企业信息系统的战略重要性对于外包的绩效具有负向的影响。具体而言，如果信息系统对企业运营方式的改善、产品的差异化、核心能力、产品价值提升等方面的贡献很大，并且与企业战略性经营密切相关，那么将这样的信息系统外包，其外包绩效就较低。

这一结论与资源基础理论和资源依赖理论的典型结论相一致，企业应该将主要精力集中在能够为企业带来竞争优势的核心资源和能力上，若将核心的资源和能力外包，则企业将会失去对核心资源和能力的控制权，使企业处于被动和不利的地位，企业的信息战略意图和信息系统外包的预期目标也就比较难以实现。

这一研究结果也说明外包的战略决策因素对外包绩效的确具有重要影响，将战略决策因素引入信息系统外包决策和外包绩效研究，这不仅是外包理论研究的需要，也是企业信息系统外包实践的现实需要。与专业分工理论、交易成本理论等经济学相关理论一样，资源基础理论和资源依赖理论等

① 本书外包决策模型的实证研究结果没有发现资产专用性与外包程度之间有显著的线性相关关系，而外包绩效模型的实证研究结果发现资产专用性对外包绩效具有负面影响，不同研究结论之间的巨大差异说明资产专用性与外包绩效之间的关系比较复杂，还没有形成完全一致的结论。

战略管理理论也应该成为外包绩效实证研究的理论基础。

4. 企业信息系统的外包程度越高，信息系统外包的绩效将越高

实证结果指出，企业信息系统的外包程度对外包的绩效具有正面的影响。具体而言，如果与其他企业相比，企业的信息应用系统开发与维护、信息系统操作、网络管理、用户支持以及系统规划等交由外部供应商处理的程度越高，那么企业的信息系统外包绩效将会越高。

这一结论与 Grover，Cheon and Teng（1996）的研究结果相一致，该研究发现外包的成功与系统操作、网络管理与维护两个信息功能的外包程度有高度正相关，而且从整体上来看，外包程度与外包成功也有显著的正相关关系。这一研究结果说明，从总体上来看，外包程度对外包绩效具有积极的影响，企业要想实现预期的外包利益，就必须加大在外包方面的投入，提高企业整体的信息系统外包程度。

当然，信息系统外包程度的提高也不是绝对的，需要根据外包决策因素的具体情况来进行周密研究和决策，Lacity，Willcocks and Feeny（1996）、Lacity and Willcokcs（1998）就认为选择性的外包比整体（完全）外包或者全部由内部提供的成功率要高。

5. 企业信息系统外包关系质量越好，企业外包的绩效将越高

实证结果指出，企业信息系统外包管理因素中的外包关系质量对外包绩效具有显著的正面影响。具体而言，如果企业的信息系统供应商能够积极为企业着想并尽力满足企业的各种要求，双方的外包合作关系令人愉快，那么企业的信息系统外包绩效就会很高，即如果能够通过各种有效的外包管理措施，使外包双方的外包关系质量不断提高，那么企业外包的绩效就会更高。

这一结论与很多学者针对这一命题的研究结论相一致，Grover，Cheon and Teng（1996）的实证研究结果显示，供应商的服务品质与伙伴关系质量对于外包成功有重要的影响；Lee and Kim（1999）建立基于社会学理论的外包伙伴关系理论研究框架，研究结果显示外包伙伴关系质量对外包成功具有积极的影响；而 Lee（2001）通过对韩国 195 家公共部门组织的调查研究发现，组织与外包商之间的知识共享对外包成功具有积极影响，同时双方的组织能力和伙伴关系质量对这种影响分别具有调节和中介作用，对于外包成功至关重要。这些研究结论都说明外包关系质量是外包成功的非常重要的影响

因素。

这一研究结论也说明以关系交换理论、委托代理理论、心理契约理论为基础的外包关系管理理论对于外包管理和外包绩效研究具有很好的解释和预测作用，与此相关的战略联盟、伙伴关系思想和理论对于外包管理都具有很好的借鉴和参考意义，是建立合适外包关系的理论基础。

三、外包决策与管理

本书中外包决策因素和外包管理因素都比较多，这些因素之间的相互关系比较复杂，外包决策因素、外包管理因素相互关系模型中共有 11 个研究假设得到支持，还有三个研究假设的实证结果与假设预期的方向相反，而其他的研究假设则都没有得到实证数据支持。

这些实证研究结果都从某种程度上证实了外包决策因素对外包管理因素的影响以及外包决策因素、外包管理因素之间的相关关系，进一步说明外包过程是一个由多种因素共同作用的、比较复杂的管理过程，同时也进一步表明信息系统外包的战略因素是信息系统外包研究中不可忽略的重要因素。以下对这些研究假设的验证结果做进一步说明，或提出可能的解释。

1. 信息系统的资产专用性越高，外包双方的知识共享程度将越低，外包关系质量也将越低

根据交易成本理论，本书认为在外包合作关系中外包信息系统的资产专用程度越高，外包双方的技术知识和业务知识的专业性就会越强，为了提高外包服务质量和外包绩效以确保外包成功，外包双方的知识转移、共享和管理就显得越重要，外包双方就越有动力提高知识共享程度，并努力建立合作伙伴关系，形成战略联盟，从而也有利于外包关系质量的提高。

但是，实证结果却显示，外包项目的资产专用性对于外包双方的知识共享、外包关系质量具有负面的影响，这可能是由于对于资产专用性较高的信息系统，企业往往倾向于由企业内部提供，其外包程度较低，进而限制了双方更为深入的沟通和合作；另外，信息技术外包的每个过程都隐藏着风险，始终会有套牢问题的困扰（李小卯，2002），资产专用性越高，套牢问题就会越严重，企业在这些项目上的外包合作会更加谨慎，这也限制了双方外包关系的提升空间。

另外，企业往往会对资产专用程度较高的信息系统进行一定的投资，或者针对特定的供应商进行特殊的投资与安排。这样在外包过程中，企业对信息系统专用性资产进行了较多投资，外包关系改变、更换新供应商等的转换成本较高，而外部专业供应商的专用性投资则相对较少，从而使其存在机会主义倾向，甚至实施机会主义行为，这将严重阻碍外包双方的知识共享、破坏双方的合作关系。

徐绮忆（1999）在其研究假设中认为资产专用性对外包关系质量（伙伴关系品质）具有正面的影响，两者之间具有正相关关系，但是实证结果却显示两者之间没有显著的相关关系。这也说明资产专用性对外包关系管理的影响比较复杂，而本书的研究结论证实资产专用性对外包双方的知识共享、合作关系质量具有负面的影响。

本书前面研究结论发现，资产专用性对外包决策和外包绩效的影响比较复杂，学术界还没有形成一致的结论，此处的结论表明资产专用性对于外包管理因素的影响也比较复杂。资产专用性是外包管理研究的重要概念，但是其对于外包决策、外包绩效以及外包管理的影响还没有形成一致的结论。

2. 资产专用性、战略重要性和企业信息技术能力两两之间均具有明显的正相关关系

实证结果显示，资产专用性、战略重要性和企业信息技术能力之间具有明显的正相关关系，支持本书的相关研究假设。具体来说，企业信息系统的独特性越高，与同行业竞争对手的差异性越大，其在企业中的战略重要性就越强。企业为了保持其信息系统在同行业中的独特性和竞争优势地位，也会更加注重和加强自身的信息技术能力建设，其信息技术能力也就更强，因而资产专用性、战略重要性和企业信息技术能力两两之间具有明显的正相关关系。

这一研究结论与资源基础理论、资源依赖理论等战略理论的典型观点一致，说明信息系统经济特性和战略特性之间、外包经济决策因素和战略决策因素之间具有明显的相关性，战略决策因素是信息系统外包不可忽略的重要因素，战略管理理论对信息系统外包决策具有一定的解释作用。

3. 信息系统的战略重要性越高，外包双方之间的外包关系质量将越高

研究结果显示，信息系统的战略重要性对外包关系质量具有显著的正面

作用。具体来说，如果信息系统对企业运营方式的改善、产品的差异化、核心能力、产品价值提升等方面的贡献很大，并且与企业战略性经营密切相关，那么在这样的信息系统外包中，外包双方的外包关系质量将很高。

资源依赖理论和企业关系理论的典型观点相一致。企业的关键资源和能力可能会超越组织边界而植根于跨企业的资源和流程中，企业之间的合作战略可以为企业带来跨组织的竞争优势。因此，企业可以与环境中的其他组织发生交换关系而获得必要的资源。为了避免对外部组织的过分依赖，企业可以考虑采用长期伙伴关系、战略联盟、合资/合作公司、子公司等多种外包合作方式，从而提高外包关系管理质量和外包绩效。

这一研究结论也进一步说明，资源依赖理论和企业关系理论对信息系统外包现象具有一定的解释能力，可以作为外包研究的理论基础。

4. 供应商竞争对供应商美誉度、知识共享程度、外包关系质量以及供应商成本优势都具有积极的影响

研究结果显示，供应商竞争对供应商美誉度、知识共享程度和外包关系质量都具有积极的影响。具体来说，如果市场上有足够多的承包商以确保适当的竞争且承包商之间的报价竞争比较激烈，那么这种竞争就会有利于选择信誉、声誉良好的供应商；而且外包双方的知识共享程度和外包关系质量也就较高，同时供应商竞争有利于降低信息系统服务成本，提高供应商在软件、硬件、系统运营与维护等方面的成本优势。

尽管在前面的外包决策与外包绩效研究模型中，相对于其他因素来说，外包商竞争对于外包程度和外包绩效的影响并没有达到非常显著的水平。但是通过对供应商竞争与其他因素之间的相关性分析可以明显发现，供应商竞争对其他因素的影响非常显著，供应商竞争很可能是通过其他因素而对外包程度和外包绩效产生影响。

Walker and Weber（1984）针对一般产品的购买/自制决策，利用交易成本分析建立了一个多变量的结构方程模型。研究结果显示，供应商竞争对其生产成本优势和外包决策具有积极影响，而且外包商竞争还通过供应商生产成本优势对外包决策产生积极影响。这些研究结论都说明竞争战略理论对外包决策和管理行为具有一定的解释能力。

5. 外包程度对知识共享程度具有积极影响，而对外包关系质量却具有负面影响

实证结果指出，企业信息系统的外包程度对外包双方的知识共享具有正面的影响。具体而言，与其他企业相比，如果企业的信息应用系统开发与维护、信息系统操作、网络管理、用户支持以及系统规划等交由外部供应商处理的程度越高，那么外包双方的知识共享程度就将会越高。随着外包程度、范围和规模的扩大，外包双方沟通、交流和协调的范围和深度都在增加，从而有利于外包双方在业务、技术、日常信息和信息系统知识方面的交流和共享。

但是，外包程度与外包关系质量之间的关系却与本书的研究假设方向相反，即外包程度对外包关系质量具有负面的影响。这可能是由于随着外包程度的增加，企业与供应商之间的合作实践、规模和相互依赖增加，尤其是企业对外包商的依赖程度会大大增加。依赖是权力的对立面（Ulrich and Barney，1984），对供应商的过分依赖会使企业丧失信息系统开发、应用的自主性，从而会影响到双方持续合作关系的质量。

Lee and Kim（1999）建立基于社会学理论的外包伙伴关系理论研究框架，通过实证研究发现伙伴关系质量与参与、沟通、信息共享和高层领导支持正相关，而与合作关系时间和相互的依赖负相关。由此可见，适当的外包程度和合作期限对于外包关系质量的改善具有积极的意义，外包程度过高，企业过分依赖于供应商，反而会因供应商权力的扩大而对外包关系质量产生负面影响。

6. 供应商美誉度和外包双方的知识共享程度与外包关系质量之间都具有显著的正相关关系

实证结果显示，供应商美誉度和外包双方的知识共享程度都与外包关系质量具有显著的正相关关系。具体来说，供应商的信誉和市场声誉越好，外包双方在业务、技术、日常信息和信息系统知识方面的交流和共享程度越高，则外包双方的外包关系质量就会越高。

美誉度是企业的战略性资产，供应商良好美誉度的建立需要付出艰苦的努力，美誉度受到大部分企业的重视。美誉度作为供应商为建立外包关系而进行的战略性资产投入，会促使拥有良好美誉度的供应商更加重视与企业建

立良好的合作关系，从而确保外包项目成功，避免使自己的良好市场形象和战略性资产受到损失。

另外，本书实证结果也表明充分的业务、技术知识的沟通和共享会促进良好外包关系的建立。Lee and Kim（1999）的实证研究发现伙伴关系质量与参与、沟通、信息共享和高层领导支持正相关；Lee（2001）在对韩国195家公共部门组织的调查研究后，发现组织与外包商之间的知识共享对外包成功具有积极影响，同时伙伴关系质量对这种影响具有重要的中介作用。本书的研究结果与这些研究结论一致，这些研究结论都说明知识共享对于良好外包关系的建立以及外包的成功都具有积极的影响。

第二节 外包管理建议

为了能对企业的外包战略管理实践有所帮助，使研究结论更具实践指导意义，本书根据对研究假设的实证检验结果，对我国企业的信息系统外包实践提出如下管理建议：

1. 企业应更加重视通过基于外包过程的结构化方法来管理信息系统外包

如前所述，为了确保外包的品质，一些文献主张企业应遵循结构化的程序进行信息系统外包（Goldsmith，1994；Lacity and Hirschheim，1993；Chaudhury，Nam and Rao，1995；Judenberg，1994；Lowell，1992）。本书的实证结果表明，以外包过程为基础来分析信息系统外包绩效的影响因素是一个有效的分析框架，外包决策因素和外包管理因素都会对外包的最终结果产生显著影响。

实证结果表明，在外包决策阶段，外包经济决策因素、外包战略决策因素会对外包程度产生显著影响，这是外包决策过程中必须要认真考虑的问题。同时，决策阶段的经济决策因素和战略决策也会对最终的外包绩效产生显著影响。此外，相对于外包决策因素，在外包管理过程中，外包管理因素尤其是外包关系质量会对外包绩效产生显著影响，同时供应商美誉度和外包双方的知识共享会对外包关系质量产生积极影响。

因此，本书建议我国企业的外包战略管理应该以外包过程为基础，根据外包工作所处的不同阶段，以规范的、结构化的方法处理好每一个阶段的关键绩效影响因素，从而进一步规范外包管理工作，不断提高我国企业的外包管理水平和信息系统外包绩效。

2. 企业在外包决策过程中要全面考虑各种成本因素的影响

外包决策模型的实证研究结果指出信息系统供应商的成本优势和信息系统的不确定性对外包程度都有显著的影响。成本优势越大，则外包程度将越高；而不确定性越高，则外包程度将越低。

外包绩效模型的实证研究结果指出，信息系统供应商的成本优势、信息系统的资产专用性和不确定性都会对外包绩效产生显著影响。成本优势越大，外包绩效越高；资产专用性和不确定性越高，外包绩效越低。

这些研究结果表明，在外包决策过程中需要全面考虑各种经济因素，包括生产成本优势、交易成本、代理成本等，外包决策工作需要全面权衡各种信息系统职能外包的经济、成本优势和劣势，从而做出科学的外包决策和安排。

基于这些研究结果，本书建议企业在外包决策阶段要全面考虑各种成本因素。如果采用外包方式的生产成本优势大，而且信息系统职能的资产专用性和不确定性较低，即交易成本和代理成本较低，那么企业可以考虑更多地采用外包方式；反之，企业可以考虑由内部自行开发和提供所需要的信息系统职能。

3. 企业在外包过程中要更加重视企业的信息系统战略、策略因素

外包决策模型的实证结果表明，企业自身的信息技术能力对外包程度有显著影响，信息技术能力越强，外包程度越低；外包绩效模型的实证结果指出，企业信息系统的战略重要性对外包绩效具有显著的负面影响，战略重要性越高，外包绩效越低；外包决策与管理之间的关系研究表明，信息系统战略重要性和供应商竞争都对外包关系质量具有积极的影响，并且供应商竞争对外包双方的知识共享和供应商美誉度都有积极的影响。由此可见，企业信息系统的战略、策略因素对企业的外包工作具有多方面的影响，是企业信息系统外包工作的重要考虑因素。

因此，本书建议在外包决策过程中要更加重视信息系统战略、策略因

素。如果企业的信息技术能力很强、信息系统的战略重要性很高，那么企业可以考虑更多地由内部自行开发所需要的信息系统功能；反之，则可以考虑更多地采用外包方式。如果市场上的信息系统供应商之间的竞争很激烈，可以很好地满足企业的信息系统需要，那么企业可以考虑更多地采用外包方式；否则考虑由企业内部自行开发所需要的信息系统职能。

4. 企业在外包管理过程中要更加重视对外包关系质量等关键环节的管理

外包绩效模型的实证研究结果指出，外包关系质量对外包绩效具有显著的正面影响，外包关系质量越高，外包绩效将越高；而外包决策与管理之间的关系研究表明，供应商美誉度和外包双方的知识共享程度对外包关系质量具有积极的影响。这一结论表明，外包管理的关键环节，尤其是外包关系质量会对外包绩效产生积极的影响，而供应商的美誉和知识共享又会对外包关系质量产生积极的影响。

因此，本书建议企业在外包管理过程中，要更加重视外包关系质量等关键管理环节，按照外包管理各个阶段的不同要求，有计划、有步骤地做好供应商选择、合同管理工作，促进外包双方充分的信息沟通和业务、技术知识共享，通过有效的外包管理工作提高外包关系质量，进而提高企业外包管理整体水平。

5. 企业信息系统外包要把握合适的外包范围和外包程度

如前所述，外包决策要充分考虑外包项目的成本优势、资产专用性、不确定性等经济决策因素。同时还要考虑信息系统的战略重要性、企业信息技术能力和供应商竞争等战略决策因素，确定适合外包的信息系统职能范围和适当的外包程度。

除此之外，外包绩效模型的实证结果指出，外包程度本身对外包绩效也具有显著的影响，外包程度越高，外包绩效越高；外包决策与管理之间的关系研究表明，外包程度对知识共享具有显著的正面影响，但是对外包关系质量却有显著的负面影响。

基于这些研究结论，本书建议企业应审慎决策信息系统的外包范围和外包程度。从总体上来看，企业可以尽可能地采用外包方式来降低信息系统支出，但是也要避免由于过度外包而产生对供应商的过度依赖，从而影响外包关系质量。

6. 企业信息系统外包决策和外包管理工作要相互协调、相互配合

外包决策与外包管理之间的关系研究表明，资产专用性对外包关系质量、知识共享程度都具有显著的负面影响，战略重要性和外包关系质量之间具有显著的正相关关系，供应商竞争对外包关系质量、知识共享程度和供应商美誉度都具有显著的正面影响。这些结论表明，外包决策和外包管理工作是相互联系的整体，它们共同促进外包绩效的改善和提升，而不是相互分离的两个独立过程。

因此，本书建议外包决策过程要充分考虑资产专用性、战略重要性、供应商竞争等外包决策因素对外包管理的影响；反过来，外包管理过程要充分考虑这些决策因素对具体的外包管理工作可能造成的影响，使外包决策工作和外包管理工作相互协调、相互统一。

特别是实证研究表明，资产专用性对外包关系质量和知识共享程度都具有负面的影响，而资产专用性与信息系统战略重要性具有正相关关系。因此，具有高资产专用性的信息系统除了根据实际需要适当降低外包程度之外，还要更加注重外包关系的管理，设计适当的监督、评价管理体制，促进外包双方的知识共享，提升外包关系质量。高专用性的信息系统不仅对企业自身的信息技术能力提出了更高的要求，而且也给外包关系管理提出了更高的要求。

第三节 本书的局限

本书充分吸收以前的外包研究成果，提出具有理论支撑的、以外包过程为基础的外包绩效影响因素模型，并以问卷调查的实证方法对研究模型的相关研究假设进行实证检验。但由于时间、人力和资金等方面的限制，研究过程中难免有力不从心之处，以下列出主要的研究限制：

1. 本书对外包理论基础的研究和综述不够深入和完善

尽管本书以外包过程为基础对外包相关的经济学理论、战略管理理论和社会学理论这三类理论进行综述。但是外包还是一个新生事物，外包基础研

究还不够深入，外包相关的基础理论也比较多，还有很多理论都可以用来解释外包现象，本书的回顾和综述还不尽全面；另外，由于受专业基础、理论知识面的限制，本书的现有理论综述还不够深入、不够透彻，需要进一步深入发掘和提炼。

2. 本书中对于因果关系的推论尚不能完全确定

尽管本书提出基于外包过程的绩效影响因素研究模型，并基于研究模型和相关基础理论进行研究假设的论证，这些因果关系的推论具有一定的理论基础，但是本书的实证研究仍然是事后的追溯性研究，无法严格确定外包事件的原因和结果。从而使得这些因果关系的推论尚无法完全确定，需要更进一步的实证研究以逐步深化对这些因果关系的理解。

3. 本书中样本的选择还没能实现完全的随机抽样

由于本次调查的企业范围较广、问卷的内容较多以及各方面资源的限制，为了提高问卷的回收率、增加有效问卷数量，本书采用方便抽样的方法，通过自己熟悉的或者可以联系到的人，采用滚雪球的办法进行问卷发放和回收，并通过电子邮件、电话等多种方式沟通和催收，而没有进行分行业的随机抽样，从而在一定程度上影响了本书实证研究结论的典型性和代表性。

当然，外包战略管理是企业一项非常复杂的且实践性非常强的管理活动，绝非某本著作或者几篇文章可以阐述清楚的。理论研究模型固然可以从一定程度上揭示外包活动的规律，并对外包实践具有一定的指导意义。然而，如果能从企业鲜活的外包实践中提取典型案例，并进行深入分析研究，无疑也是一种很好的外包战略管理研究方法，这也是本书未尽之处。

第四节 未来研究建议

本书以外包过程为基础来发掘信息系统外包绩效的影响因素，探讨企业完善外包战略管理，提高外包绩效的有效途径。实证结果表明，以外包过程为基础的外包绩效研究框架是一种有效的研究思路，以外包过程为基础的外包战略管理也是一种有效的结构化管理方法，但是这一研究框架并不十分完善，还有很多值得继续研究的方向和问题。

1. 进一步丰富和完善外包的理论基础，探讨新的绩效影响因素

本书以外包过程为基础，对外包相关的经济学理论、战略管理理论和社会学理论这三类理论进行综述，并基于外包过程和相关的基础理论提出外包绩效影响因素研究模型。然而，与外包相关的三大类理论中每一类都还有很多理论可以解释外包现象，如博弈论、动态竞争理论等。以这些理论为基础可能会发掘出新的外包绩效影响因素，进而可以完善外包战略管理的理论框架，并对企业外包实践提供更全面的管理建议。

2. 完善研究模型，建立外包绩效影响因素的结构方程模型

本书以外包过程为基础建立具有理论支撑的外包绩效影响因素研究模型，并在实证研究中主要采用回归分析的方法进行研究假设的检验。但是，外包绩效影响因素之间的关系往往比较复杂，一般的回归模型很难准确描述这种复杂关系。未来的研究可以进一步深入探讨和分析这些因素之间的复杂关系，建立绩效影响因素结构方程模型，以更加准确描述这些因素之间的相互关系及其对最终外包绩效的影响。

3. 分析外包绩效形成机理，建立外包绩效形成过程研究模型

本书以外包过程为基础来研究外包绩效的影响因素，但是外包绩效的实际形成过程并不一定会严格按照这个过程来逐步实现。外包绩效的实现不仅需要企业合理的外包决策和精细的外包管理工作，而且还涉及企业信息战略、信息管理、信息应用方式等各个方面，甚至是企业业务经营方式的变革，这就使得外包绩效的实现机理和过程更加复杂。分析外包绩效的形成机理，建立外包绩效形成过程模型将会进一步深化学术界对企业外包现象的理解和认识。

4. 对外包绩效的各个方面或维度分别进行研究和分析

信息系统外包绩效表现在很多方面，可以由多个维度进行度量，本书通过经济利益、技术利益、战略利益和整体满意度四个维度来度量外包绩效，并且通过实证分析发现这四个维度具有很高的内部一致性，可以综合起来衡量外包绩效。然而，毕竟外包绩效表现在多个方面，各个方面也有较大差异，而且不同企业对这些方面的侧重点不同，未来的研究可以对每一个维度分别进行研究，从而更深入地研究外包绩效影响因素对外包绩效各个不同方

面的具体影响，包括对企业运营和经营绩效的影响。

5. 对信息系统外包进行分行业、分类别的深入研究

本书是基于外包过程的外包绩效影响因素探索性研究，由于本次调查的企业范围较广、问卷的内容较多以及各方面资源的限制，因而没有分行业的随机抽样调查。未来的研究可以在当前研究的基础上，按照不同行业分别研究，以反映不同行业的特性对信息系统外包的影响，或者按照不同信息系统类型、不同信息系统职能分别进行研究，以了解具体的信息系统类型或者信息系统职能的外包绩效情况。

附录：调查问卷

尊敬的先生/女士，您好！

这是一份学术性问卷，旨在探讨实践中信息系统外包决策因素和管理因素对于外包绩效的影响。问卷的调查对象是在企业工作、具有一定管理经验、对企业信息系统具有一定了解的人。本人郑重承诺，本次调研所获得的全部资料只用于学术研究，而且问卷中尽量避免企业和个人隐私，请您放心填写。本问卷大概占用您 15 分钟时间，还请您于百忙之中拨冗填写，您的热心帮助将对本人顺利完成博士学位论文大有助益。

衷心感谢您的无私协助，并祝身心愉快、工作顺利！

填写说明：

1. 单击灰色区域____，可在其中填写文字；单击灰色方框□，可选择相应选项，再次单击可取消选择；纸质问卷请直接在灰色方框中打“√”。

2. 对于要求打分的第二至第五部分的题目，请根据公司某一个重要信息系统或者公司整体信息系统的实际情况从 1~5 分中给出适当的分数，选中相应的灰色方框或在灰色方框中打“√”，每个题目只能选择一个分数。

3. 由于数据分析需要回答完整的问卷，请就您所知，尽量给予最完整的回答。

4. 在本问卷中，外包是指企业将部分或全部的信息系统职能以合同的方式委托给外部专业的信息系统供应商来开发、管理或提供，其中信息系统职能包括一个或多个 IT 活动、资源、过程或者服务。

第一部分：基本情况

为了分析您提供的宝贵意见，请填写以下资料：

1. 贵公司所属产业类别：

□制造业　□建筑业　□运输、仓储和邮政业

□电、气及水业　□金融业　□教育业

□信息业　□批发和零售业　□其他

2. 贵公司性质：

□国有控股或集体企业　□私营企业

□外资或者合资企业　□其他

3. 贵公司员工人数大约为______人，其中信息部门______人。

4. 贵公司年营业收入大约为：

□1000 万元以下　□1000 万元至 1 亿元

□1 亿元至 5 亿元　□5 亿元以上

5. 您在贵公司工作的时间：

□1 年以下　□1~3 年

□3~10 年　□10 年以上

6. 贵公司已经使用的信息系统（可多选）：

□ERP 系统　□OA 系统　□财务管理系统

□电子商务系统　□生产管理系统　□营销系统

□供应链管理系统　□客户管理系统　□知识管理系统

□人力资源管理　□辅助生产/设计　□专家/决策支持系统

□其他系统______

第二部分：外包程度与外包绩效

1. 一般来说，贵公司对下列信息系统活动的决策权与责任归属如何分配？

	由贵公司全权处理		共同承担	委托承包商全权处理	
	1	2	3	4	5
应用系统开发与维护 ……………………	□	□	□	□	□
信息系统操作 …………………………	□	□	□	□	□
网络的管理与维护 ……………………	□	□	□	□	□
终端用户支持 …………………………	□	□	□	□	□
系统规划与管理 ………………………	□	□	□	□	□

2. 您认为贵公司与同行业其他公司相比，信息系统由外部供应商处理的程度如何？

	低许多		一样		高许多
	1	2	3	4	5
	□	□	□	□	□

3. 您认为贵公司最近三年信息系统外包程度的变化情况如何？

	减少许多		一样		增加许多
	1	2	3	4	5
	□	□	□	□	□

4. 在信息系统费用支出方面，贵公司对于信息系统外包：

	非常不同意	不同意	一般	同意	非常同意
	1	2	3	4	5
分享到承包商的人力资源 …………………	□	□	□	□	□
分享到承包商的技术资源 …………………	□	□	□	□	□
更容易预测和控制信息系统的费用 ……	□	□	□	□	□
节约了提供信息服务的成本 ……………	□	□	□	□	□
避免未来持续的信息系统投资 …………	□	□	□	□	□

5. 在信息技术应用方面，贵公司对于信息系统外包：

	非常不同意	不同意	一般	同意	非常同意
	1	2	3	4	5
加强了信息技术能力 ……………………	□	□	□	□	□
将开发新技术的风险转移给承包商 ……	□	□	□	□	□
减少技术过时的风险 ……………………	□	□	□	□	□
获得并使用更先进的信息技术 …………	□	□	□	□	□
获得自身无法培养的专业知识与技能 …	□	□	□	□	□

6. 在公司整体战略方面，贵公司对于信息系统外包：

	非常不同意	不同意	一般	同意	非常同意
	1	2	3	4	5
将内部资源专注于企业的核心业务活动上 …	□	□	□	□	□
达到精简企业机构和人员的目的 …………	□	□	□	□	□
改善企业的业务流程 …………………………	□	□	□	□	□
达到企业快速成长的目的 …………………	□	□	□	□	□
改善企业的整体绩效 ………………………	□	□	□	□	□

7. 就公司的信息系统外包而言，您的整体评价如何？

	非常不同意	不同意	一般	同意	非常同意
	1	2	3	4	5
用户对承包商的信息系统服务感到满意 ……	□	□	□	□	□
外包提高了公司员工的工作满意度 …………	□	□	□	□	□
外包达到了最初预期的效果 …………………	□	□	□	□	□
公司希望能够继续与现有的承包商合作 ……	□	□	□	□	□
总体上来说，信息系统外包取得了成功 ……	□	□	□	□	□

第三部分：外包决策因素

1. 与公司内部自己提供信息系统功能相比，承包商在下列各项目的成本/价格优势如何？

	处于劣势	没有优势	一般	有优势	优势明显
	1	2	3	4	5
硬件系统 …………………………………………	□	□	□	□	□
软件系统 …………………………………………	□	□	□	□	□
信息系统人力成本 …………………………	□	□	□	□	□
数据处理、信息管理成本 …………………	□	□	□	□	□
系统管理、操作和运营维护成本 …………	□	□	□	□	□

2. 一般来说，与同行业的其他公司相比，贵公司在下列各项目的独特程度如何？

	与大多数企业相同		一般	贵公司独具特色	
	1	2	3	4	5
软件及其他系统 …………………………	□	□	□	□	□
硬件及其他系统 …………………………	□	□	□	□	□
信息系统一般架构 ………………………	□	□	□	□	□
企业所需的信息技术知识与技能 ………	□	□	□	□	□
企业主业所需的业务知识与技能 ………	□	□	□	□	□
操作/作业流程 ……………………………	□	□	□	□	□
信息系统人员培训 ………………………	□	□	□	□	□
企业的信息需求 …………………………	□	□	□	□	□

3. 随着信息技术的快速发展，企业在信息技术应用上也在不断地调整与变化。请根据贵公司实际情况评估下列各评述。

	非常不同意	不同意	一般	同意	非常同意
	1	2	3	4	5
当市场上有多种信息技术标准可供选择时，贵公司能够明确知道应该采用何种标准 ………………………	□	□	□	□	□
贵公司能够正确预期所采用的信息技术被淘汰的速度	□	□	□	□	□
贵公司清楚知道信息技术投资的成本与效益 …………	□	□	□	□	□
贵公司可以掌握所提供的信息服务的质量 …………	□	□	□	□	□
对于企业未来的信息需求，贵公司可以预期其变化趋势	□	□	□	□	□

4. 对于不同的企业，企业的信息活动有许多不同的特性。请根据贵公司的信息活动情况评估下列各评述。

	非常不同意	不同意	一般	同意	非常同意
	1	2	3	4	5
贵公司可以明确识别大部分信息活动的执行步骤、规则和程序 ………………………………	□	□	□	□	□
上述执行步骤、规则和程序不会经常改变 …………	□	□	□	□	□
贵公司可以很容易地预知大部分信息活动的输出品质	□	□	□	□	□
贵公司大部分的信息活动都是日常例行工作 …………	□	□	□	□	□
在执行信息活动时，很少会发生无法立即解决的问题	□	□	□	□	□

5. 整体上来说，您会如何评价信息技术在贵公司中的战略性贡献？

	非常不同意	不同意	一般	同意	非常同意
	1	2	3	4	5
信息技术改变了贵公司与供应商、顾客或竞争对手做生意的方式	□	□	□	□	□
信息技术有助于贵公司产品或服务与竞争者产生差异	□	□	□	□	□
信息技术帮助贵公司抢先进入并占领市场	□	□	□	□	□
贵公司具有的信息技术能力不容易被竞争对手模仿	□	□	□	□	□
信息技术对顾客所认知的产品或服务价值有贡献	□	□	□	□	□
通常信息技术的运用与企业的战略性运作有关	□	□	□	□	□

6. 企业对于培养自身的信息技术能力有许多不同的做法，您觉得贵公司的实际情况如何？

	非常不同意	不同意	一般	同意	非常同意
	1	2	3	4	5
会雇用最好的信息技术人员	□	□	□	□	□
会持续学习最新的信息技术	□	□	□	□	□
会定期让信息人员接受教育/培训	□	□	□	□	□
在信息技术应用方面有追求卓越的精神	□	□	□	□	□
内部信息人员可以有效处理绝大多数的信息系统问题	□	□	□	□	□

7. 对于贵公司的信息系统外包，总体上来说您认为市场上承包商之间的竞争情况如何？

	非常不同意	不同意	一般	同意	非常同意
	1	2	3	4	5
市场上有足够多的承包商以确保适当的竞争	□	□	□	□	□
市场上有许多优秀的承包商能够为贵公司提供服务	□	□	□	□	□
贵公司的承包商拥有超越同行的专业知识与技能	□	□	□	□	□
通过承包商的报价情况可以看出承包商之间的激烈竞争	□	□	□	□	□
如有必要，可以找到相同水平的厂商取代现有的承包商	□	□	□	□	□

第四部分：外包管理因素

1. 对于贵公司的信息系统外包，承包商的美誉度如何？

	非常不同意	不同意	一般	同意	非常同意
	1	2	3	4	5
在市场上有较好的声誉 …………………………………	□	□	□	□	□
拥有诚实可靠的美誉 …………………………………	□	□	□	□	□
拥有关心客户、替客户着想的美誉 ………………………	□	□	□	□	□
拥有公平对待客户的美誉 ………………………………	□	□	□	□	□

2. 对于贵公司的信息系统外包，贵公司与承包商签订的外包合同：

	非常不同意	不同意	一般	同意	非常同意
	1	2	3	4	5
明确规定变更系统规格与需求的方法和程序 ……………	□	□	□	□	□
明确规定谁有权力重新协商合同的范围、价格或绩效条款	□	□	□	□	□
明确规定发生争议或冲突时的解决方法与程序 …………	□	□	□	□	□
明确规定承包商必须定期做工作进度报告 ………………	□	□	□	□	□
明确规定系统测试的环境、方法与验收标准 ……………	□	□	□	□	□
明确规定承包商在系统实施与维护阶段的责任范围 ……	□	□	□	□	□
能够让承包商清楚知道贵公司期望的服务水平 …………	□	□	□	□	□
明确规定额外工作所需成本的估算方法 …………………	□	□	□	□	□
明确规定维护成本的估算方法 …………………………	□	□	□	□	□
明确规定特定事件发生时的处罚与赔偿标准 ……………	□	□	□	□	□
明确规定依据系统实际的绩效提供绩效奖金 ……………	□	□	□	□	□
明确规定依据实际提供的服务品质付费 …………………	□	□	□	□	□

3. 对于贵公司的信息系统外包，贵公司对承包商的监督、评价、激励情况如何？

	非常不同意	不同意	一般	同意	非常同意
	1	2	3	4	5
贵公司拥有详细的外包商服务质量评估管理办法 ……	□	□	□	□	□
贵公司拥有对外包商的监督、评价制度和程序 ………	□	□	□	□	□
承包商会定期向贵公司汇报其工作情况 ………………	□	□	□	□	□
贵公司定期对承包商的工作进行评估 …………………	□	□	□	□	□
贵公司根据评估结果对承包商进行奖励 ………………	□	□	□	□	□

4. 对于贵公司的信息系统外包，贵公司与承包商之间沟通、共享专业知识和业务知识的情况如何？

	非常不同意	不同意	一般	同意	非常同意
	1	2	3	4	5
贵公司和承包商之间相互共享业务知识和相关报告 …	□	□	□	□	□
贵公司和承包商彼此分享成功的经验和失败的教训 …	□	□	□	□	□
贵公司和承包商分享报纸、杂志、期刊和电视信息 …	□	□	□	□	□
贵公司和承包商相互分享工作经验和业务信息 ………	□	□	□	□	□
贵公司和承包商相互分享通过教育和培训获得的专业知识 ……………………………………………………	□	□	□	□	□

5. 对于贵公司的信息系统外包，贵公司与承包商之间的合作关系如何？

	非常不同意	不同意	一般	同意	非常同意
	1	2	3	4	5
承包商能让贵公司尽快知道任何原先未预料到的问题…	□	□	□	□	□
贵公司与承包商在工作上的互信关系良好 …………………	□	□	□	□	□
在对方以任何形式提出要求时，另一方都会予以帮助…	□	□	□	□	□
总体来说，贵公司与外包商的关系是令人愉快的 ………	□	□	□	□	□

调查到此结束，再次感谢您的热心协助！

参考文献

[1] 陈守龙、刘现伟：《国外企业IT应用绩效评价理论的研究综述》，《首都经济贸易大学学报》，2007年第6期。

[2] 戴基峰：《影响软件外包满意度因素之研究：从交易成本与社会关系观点探讨》，中央大学信息管理研究所硕士论文，1997年。

[3] 戴维·查菲、史蒂夫·伍德：《企业信息管理：用信息系统改进绩效》，赵苹、陈守龙、刘现伟译，中国人民大学出版社，2008年。

[4] 郭宪铭：《以策略权变理论探讨资讯外包后资讯部门权力之消长》，义守大学硕士论文，2005年。

[5] 翰纬：《外包合同三关键》，《中国计算机用户》，2006年第9期。

[6] 何晓岚、张亮、闫庆军：《浅谈信息技术外包及其风险管理》，《经济论坛》，2005年第19期。

[7] 胡浩：《信息技术资源外包的动因与风险分析》，《南京工业大学学报》（社会科学版），2004年第3期。

[8] 黄吉乔、张冬：《论新经济时代的业务外包》，《物流技术》，2002年第1期。

[9] 黄伟、陈宏民、Faizul Huq：《信息系统外包：主要研究方向和未来发展趋势》，《清华大学学报》（自然科学版），2006年第16卷第S1期。

[10] 姜荣春：《中国服务外包产业发展的现状、问题与策略》，《宏观经济研究》，2007年第5期。

[11] 景鑫冈：《IT外包的风险》，《技术经济》，2003年第4期。

[12] 纪志坚、苏敬勤、苏大鹏等：《企业资源外包程度及其影响因素研究》，《科研管理》，2007年第28卷第1期。

[13] 康毅、崔南方、林淑贤：《信息不对称下外包激励机制研究》，《管

理评论》，2007 年第 19 卷第 2 期。

[14] 雷玉华：《企业信息技术外包策略分析》，《财会通讯》（综合版），2006 年第 8 期。

[15] 李怀祖：《管理研究方法论》（第 2 版），西安交通大学出版社，2004 年。

[16] 李沐纯、彭说龙：《资源外包及其经济学分析》，《企业经济》，2005 年第 3 期。

[17] 李小卯：《信息技术外包套牢问题的研究》，《系统工程理论与实践》，2002 年第 3 期。

[18] 李治和、李宏武：《企业信息技术外包策略研究》，《软件导刊》，2006 年第 7 期。

[19] 梁建英、廖貅武：《企业信息技术外包知识转移的影响因素分析》，2008 年第 9 期。

[20] 林俊、吴晓波：《信息系统外包探讨研究》，《技术经济》，2006 年第 2 期。

[21] 刘妍、李耘涛：《过程与过程方法在质量管理体系中的应用》，《科研管理研究》，2007 年第 7 期。

[22] 娄策群、林菡密：《基于非对称信息理论的信息技术外包风险管理》，《情报科学》，2006 年第 24 卷第 3 期。

[23] 鲁虹、孙绍荣：《IT 资源外包的风险及防范对策》，《企业经济》，2007 年第 2 期。

[24] 罗伯特·克莱珀、温德尔·琼斯：《信息技术、系统与服务的外包》，杨波、詹承豫、韩晓文译，电子工业出版社，2003 年。

[25] 迈克尔·波特：《竞争战略》，陈小悦译，华夏出版社，2002 年。

[26] 迈克尔·波特：《竞争优势》，陈小悦译，华夏出版社，2005 年。

[27] 迈克尔·迪屈奇：《交易成本经济学》，王铁生、葛立成译，经济管理出版社，1999 年。

[28] 毛美叶、王文涛：《国外信息技术外包关系研究综述》，《管理现代化》，2006 年第 2 期。

[29] 聂规划、周晓光、张亮：《企业信息技术外包的风险与防范》，《科

技进步与对策》，2002 年第 4 期。

［30］秦黎、沈锋：《企业信息技术外包中的知识共享问题》，《集团经济研究》，2005 年第 10 期。

［31］秦仪：《IT 外包关系质量研究》，《管理学宝》，2006 年第 3 卷第6 期。

［32］王磊：《基于生命周期的信息技术外包风险因素分析》，《陕西师范大学学报》（自然科学版），2006 年第 7 期。

［33］魏秀敏、王乃彦：《服务外包教程》，中国商务出版社，2008 年。

［34］温绍国、郑小平、桂志强：《信息技术外包的风险及其控制》，《经济论坛》，2005 年第 16 期。

［35］吴锋、李怀祖：《知识管理对信息技术和信息系统外包成功性的影响》，《科研管理》，2004 年第 25 卷第 2 期。

［36］邬适融：《国外服务外包产业政策效应研究》，《外国经济与管理》，2008 年第 30 卷第 9 期。

［37］徐姝：《外包业务外包战略运作体系与方法研究》，中南大学出版社，2006 年。

［38］徐姝：《IT 外包绩效及其管理研究评论》，《湖南商学院报》（双月刊），2008 年第 15 卷第 3 期。

［39］徐姝、胡明铭："企业 IT 外包绩效影响因素的实证研究"，《统计与决策》，2007 年第 21 期。

［40］徐绮忆：《资讯系统外包程度与绩效之影响因素：一个二阶层的实证性研究》，国立中央大学博士论文，1999 年。

［41］徐绮忆、王存国：《资讯系统外包程度之影响因素探讨》，《资讯管理研究》，2001 年第 3 卷第 1 期。

［42］杨波：《IT 外包的控制机制研究》，《管理学报》，2005 年第 2 卷第 5 期。

［43］杨波、彭思立：《伙伴关系——信息技术外包的演变趋势》，《管理学报》，2005 年第 2 卷第 S2 期。

［44］杨农：《信息系统外包的决策和风险分析》，《学术界》，2003 年第 6 期。

［45］杨英、霍国庆：《企业信息技术资源外包及其风险分析》，《中国软

科学》，2001 年第 3 期。

［46］余建英、何旭宏：《数据统计分析与 SPSS 应用》，人民邮电出版社，2003 年。

［47］玉珏：《外包服务将给企业的信息安全带来什么》，《信息安全与通信保密》，2006 年第 6 期。

［48］张海峰、李华：《委托代理关系下 IT 外包的激励机制研究》，《科技管理研究》，2008 年第 4 期。

［49］张硕毅、张维婷：《构建中小企业信息系统外包服务厂商选择评估模式》，《管理学报》，2005 年第 2 卷。

［50］张园林、匡兴华、刘鹏：《IT 外包研究现状评述》，《中国管理信息化》，2008 年第 4 期。

［51］张文彤、董伟：《SPSS 统计分析高级教程》，高等教育出版社，2004 年。

［52］赵苹、陈守龙、郭爽：《企业信息战略管理》，清华大学出版社，2006 年。

［53］郑兵云：《IT 外包为企业信息化卸掉“包袱”——从海尔集团 IT 业务外包谈起》，《企业管理》，2006 年第 4 期。

［54］郑明身：《非核心业务一体化管理外包——企业精干主体、强化主业的新经验》，《企业管理》，2006 年第 2 期。

［55］左美云、杨波、陈禹：《企业信息技术外包的过程研究》，《中国软科学》，2003 年第 7 期。

［56］Alchian，A. and Demsetz，H.，“Production，Information Costs and Economic Organization”，American Economic Review，Vol.62，Dec. 1972，777-795.

［57］Aldrich，H. E. and Pfeffer，J.，“Environments of Organizations”，Annual Review of Sociology，Vol.2，1976，79-105.

［58］Alpar，P. and Saharia，A.，“Outsourcing Information System Functions：an Organization Economics Perspective”，Journal of Organizational Computing，Vol.5，No.3，1995，197-217.

［59］Ang，S. and Beath，C.，“Hierarchiacal Elements in Software

Contracts", Journal of Organizational Computing, Vol.3, No.3, 1993, 329-361.

[60] Ang, S. and Straub, D.W., "Production and Transaction Economies and IS Outsourcing: a Study of the US Banking Industry", MIS Quarterly, Vol. 22, No.4, Dec. 1998, 535-552.

[61] Ang, S. and Cummings, L., "Strategic Response to Institutional Influences on Information Systems Outsourcing", Organization Science, Vol.8, No.3, May-June 1997, 235-256.

[62] Arnett, K. and Jones, M., "Firms that Choose Outsourcing: a Profile", Information and Management, Vol.26, 1994, 179-188.

[63] Aron, R., Clemons, E. K., and Reddi, S., "Just Right Outsourcing: Understanding and Managing Risk", Journal of Management Information Systems, Vol.22, No.2, Fall 2005, 37-55.

[64] Aubert, B., Rivard, S. and Patry, M., "A Transaction Cost Approach to Outsourcing Behavior: some Empirical Evidence", Information and Management, Vol.30, 1996a, 51-62.

[65] Aubert, B., Rivard, S. and Patry, M., "Development of Measures to Assess Dimensions of IS Operation Transactions", Omega, Vol.24, No. 6, 1996b, 661-680.

[66] Aubert, B., Rivard, S. and Patry, M., "A transaction Cost Model of IT Outsourcing", Information and Mangement, Vol.41, No.7, 2004, 921-932.

[67] Bahli, B. and Rivard, S., "The Information Technology Outsourcing Risk: a Transaction Cost and Agency Theory-based Perspective", Journal of Information Technology, Vol.18, No.3, Sep. 2003, 211-221.

[68] Bahli, B. and Rivard, S., "Validating Measures of Information Technology Outsourcing Risk Factors", Omega, Vol.33, No.2, 2005, 175-187.

[69] Barney, J. B., "Strategic Factor Markets: Expectations, Luck, and Business Strategy", Management Science, Vol.32, No.10, Oct. 1986, 1231-

1241.

[70] Barney, J. B., "Firm Resources and Sustained Competitive Advantage", Journal of Management, Vol. 17, No.1, 1991, 99-120.

[71] Barthelemy, J., "The Hidden Costs of IT Outsoucing", MIT Sloan Management Review, Vol.42, No.3, Spring 2001, 60-69.

[72] Barthelemy, J. and German, D., "The Determinants of Total IT Outsourcing: an Empirical Investigation of French and German Firms", Journal of Computer Information Systems, Vol.44, No.3, 2004, 91-97.

[73] Benko, C., "Outsourcing Evaluation: A Profitable Process", Information Systems Management, Vol.10, No.2, Spring 1993, 45-50.

[74] Brown, C. V., and Magill, S. L., "Alignment of the IS Functions with the Enterprise: toward a Model of Antecedents", MIS Quarterly, Vol.18, No.4, 1994, 371-404.

[75] Brown, J., Dev, C. and Lee, D. J., "Managing Market Channel Opportunism: the Efficacy of Alternative Governance Mechanisms", Journal of Marketing, Vol.64, No.2, 2000, 51-65.

[76] Chaudhury, A., Nam, K. and Rao, H. R., "Management of Information Systems Outsourcing: a Bidding Perspective", Journal of Management Information Systems, Vol.12, No.2, Fall 1995, 131-159.

[77] Cheon, M., Grover, V. and Teng, J., "Theoretical Perspectives on the Outsourcing of Information Systems", Journal of Information Technology, No. 10, 1995, 209-219.

[78] Ching, C., Holsapple, C. and Whinston, A., "Toward IT Support for Coordination in Network Organization", Information and Management, Vol. 30, No.4, July 1996, 179-199.

[79] Choudhury, V. and Sabherwal, R., "Portfolios of Conrol in Outsourced Software Development Projects", Information Systems Research, Vol. 14, No.3, 2003, 291-314.

[80] Clark, Y., Zmud, R. and McCray, G., "The Outsourcing of Information Services: Transforming the Nature of Business in the Information

Industry", Journal of Information Technology, Vol.10, 1995, 221–238.

[81] Claver, E., Gonzalez, R., Gasco, J. and Llopis, J., "Information Systems Outsourcing: Reasons, Reservations and Success Factors, Logistics Information Management, Vol.15, No.4, 2002, 294–308.

[82] Coase, R. H., "The Nature of the Firm", Economica, New Series, Vol.4, No.16., Nov. 1937, 386–405.

[83] Collins, J. and Millen, R., "Information Systems Outsourcing by Large American Industrial Firms: Choices and Impacts", Information Resources Management Journal, Winter 1995, 5–13.

[84] Corbett, M. F., "Outsourcing and the New IT Executive: A Trends Report", Information Systems Management, Vol.11, No.4, 1994, 19–22.

[85] Cross, J., "IT Outsourcing: British Petroleum's Competitive Approach", Harvard Business Review, Vol.73, No.3, 1995, 94–102.

[86] Currie, W. L., "Using Multiple Suppliers to Mitigate the Risk of IT Outsourcing at ICI and Wessex Water", Journal of Information Technology, Vol. 13, 1998, 169–180.

[87] DeLone, W. H. and McLean, E. R., "Information Systems Success: The Quest for the Dependent Variable", Information Systems Research, Vol.3, No.1, Mar. 1992, 60–95.

[88] Dibbern, J., Goles, T., Hirschheim R. et al., "Outsourcing: a Survey and Analysis of the Literature", The DATA BASE for Advances in Information Systems, Vol.35, No.4, Fall 2004, 6–102.

[89] Dierickx, I. and Cool, K., "Asset Stock Accumulation and Sustainability of Competitive Advantage", Management Science, Vol.35, No. 12, Dec.1989, 1504–1511.

[90] Doz, Y. L., "The Evolution of Cooperation in Strategic Alliances: Initial Conditions or Learning Processes?", Strategic Management Journal, Vol. 17, Special Issue, Summer 1996, 55–83.

[91] Due, R., "The Real Costs of Outsourcing", Information Systems Management, Winter 1992, 78–81.

[92] Dyer, J. H., "Effective Interfirm Collaboration: How Firms Minimize Transaction Costs and Maximize Transaction Value", Strategic Management Journal, Vol.13, No.7, 1997, 535-556.

[93] Dyer, J. H. and Singh, H., "The Relational Review: Cooperative Strategy and Sources of Interorganizational Competitive Advantage, Academy of Management Review, Vol.23, No.4, 1998, 660-679.

[94] Earl, M., "The Risks of Outsourcing IT", Sloan Management Review, Vol. 37, No.3, 1996, 26-32.

[95] Eisenhardt, K. M., "Control: Organizational and Economic Approaches", Management Science, No.31, 1985, 134-149.

[96] Eisenhardt, K. M., "Agency theory: An Assessment and Review", Academy of Management Review, Vol.14, No.1, 1989, 57-74.

[97] Eisenhardt, K. M. and Martin, J. A., "Dynamic Capabilities: What are they?", Strategic Management Journal, Vol.21, No.10/11, 2000, 1105-1121.

[98] Farhoomand, A., "Scientific Progress for Management Information Systems", Data Base, Vol.18, No.4, Summer, 1987, 48-56.

[99] Fill, C. and Visser, E., "The Outsourcing Dilemma: A Composite Approach to the Make or Buy Decision", Management Decision, Vol.38, No. 1, 2000, 43-50.

[100] Fish, K. E. and Seydel, J., "Where IT Outsourcing is and Where it is Going: A Study Across Functions and Department Sizes", Journal of Computer Information Systems, Vol.46, No.3, Spring 2006, 96-103.

[101] Fowler, A. and Jeffs, B., "Examing Information Systems Outsourcing: A Case Study from the United Kingdom", Journal of Information Technology, Vol.13, No.2, June 1998, 111-126.

[102] Gefen, D., Wyss, S. and Lichtesstein, Y., "Business Familiarity as Risk Mitigation in Software Development Outsourcing Contracts", MIS Quarterly, Vol.32, No.3, Sep. 2008, 531-551.

[103] Gilley, M. and Rasheed, A., "Making More by Doing Less: An

Analysis of Outsourcing and its Effects on Firm Performance", Journal of Management, Vol.26, No.4, 2000, 763-790.

[104] Goldsmith, R., "Confidently Outsourcing Software Development", Journal of Systems Management, April 1994, 12-17.

[105] Goles, T. and Chin, W. W., "Information Systems Outsourcing Relationship Factors: Detailed Conceptualization and Initial Evidence", The Data Base for Advances in Information Systems, Vol.36, No.4, Fall 2005, 47-67.

[106] Gonzalez, R., Gasco, J. and Llopis, J., "Information Systems Outsourcing Success Factors: A Review and Some Results", Information Management & Computer Security, Vol.13, No.5, 2005, 399-418.

[107] Gonzalez, R., Gasco, J. and Llopis, J., "Information Systems Outsoucing Reasons and Risks: An Empirical Study", Proceedings of World Academy of Science, Engineering and Technology, Vol.31, July 2008, 382-393.

[108] Grant, R., "The Resourced-based Theory of Competitive Advantage: Implications for Strategy Formulation", California Management Review, Vol.33, No.3, 1992, 114-135.

[109] Gray, P., "Outsourcing and Other Strategies", Information Systems Management, Vol.11, No.4, 1994, 72-75.

[110] Grover, V. and Teng, J., "The Decision to Outsourcing Information Systems Functions" Journal of Systems Management, Vol.44, No.11, Nov. 1993, 34-38.

[111] Grover, V., Cheon, M. J. and Teng, J., "A Descriptive Study on the Outsourcing of Information Systems Functions", Information and Management, Vol.27, No.1, July 1994, 33-44.

[112] Grover, V., Cheon, M. J. and Teng, J., "The Effects of Service Quality and Partnership on the Outsourcing of Information Systems Functions", Journal of Management of Information Systems, Vol.12, No.4, Spring 1996, 89-116.

[113] Hair, J. F., Anderson, R. E., Tatham, R. L. and Black, W. C.,

"Multivariate Data Analysis with Readings", 4th Edition, Prentice Hall, Englewood Cliffs, NJ, 1995.

[114] Hall, J. A. and Liedtka, S. L., "Financial Performance, CEO Compensation, and Large-scale Information Technology Outsourcing Decisions", Journal of Management Information Systems, Vol.22, No.1, 2005, 193-221.

[115] Hammer, M., "Reengineering Work: Don't Automate, But Obliterate", Harvard Business Review, July-August 1990, 104-112.

[116] Hitt, L. M. and Brynjolfsson, E., "Productivity, Business Profitability, and Consumer Surplus: Three Different Measures of Information Technology Value", MIS Quarterly, Vol.20, No.2, Jun.1996, 121-142.

[117] Hormozi, A., Hostetler E. and Middleton C., "Outsourcing Information Technology: Assessing Your Options", SAM Advanced Management Journal, Vol.68, No.4, Fall 2003, 18-23.

[118] Hsu, of information System outsourcing in Taiwan's large enterprises, Journal of American Academy of Business, Vol.6, No.1 Mar, 2005, 255-259.

[119] Lacity, M. C., Willcocks, L. P. and Feeny, D. F., "The Value of Selective IT Sourcing", Sloan Management Review, Vol.37, No.3, spring 1996, 13-25.

[120] Lee, J. N., "The Impact of Knowledge Sharing, Organizational Capability and Partnership Quality on IS Outsourcing Auccess", Information & Management, Vol.38, No.5, April 2001, 323-335.

[121] Lee, J. N., Huynh, M. Q., Kwok, R. C. W., and Pi, S. M., "IT Outsourcing Evolution: Past, Present, and Future", Communications of the ACM, Vol.46, No.5, May 2003, 84-89.

[122] Lee, J. N. and Kim, Y. G., "Effect of Partnership Quality on IS Outsourcing Success: Conceptual Framework and Empirical Validation", Journal of Management of Information Systems, Vol.15, No.4, Spring 1999, 29-61.

[123] Lee, J. N., Miranda, S. M. and Kim, Y. M., "IT Outsourcing Strategies: Universalistic, Contingency, and Configurational Explanations of Success", Information Systems Research, Vol.15, No.2, 2004, 110-131.

[124] Levina, N. and Ross, J. W., "From the Vendor's Perspective: Exploring the Value Proposition in IT Outsourcing", MIS Quarterly, Vol.27, No.3, Sep. 2003, 331-364.

[125] Loh, L., "An Organizational-economic Blueprint for Information Technology Outsourcing: Concepts and Evidence", In Proceedings of the Fifteenth International Conference on Information Systems, Vancouver, Canada, December 1994, 73-89.

[126] Loh, L. and Venkatraman, N., "Determinants of Information Technology Outsourcing: a Crosssectional Analysis", Journal of Management Information Systems, Vol.9, No.1, Summer 1992a, 7-25.

[127] Loh, L. and Venkatraman, N., "Diffusion of Information Technology Outsourcing: Influence Sources and the Kodak Effect", Information Systems Research, Vol.3, No.4, Dec. 1992b, 334-258.

[128] Looff, L. A. de, "Information Systems Outsourcing Decision Making: A Framework, Organizational Theories and Case Studies", Journal of Information Technology, Vol.10, No.4, 1995, 281-298.

[129] Looff, L. A. de, "A Model for Information Systems Outsourcing Decision Making", Doctoral Dissertation, Delft University of Technology, 1996.

[130] Lowell, M., "Managing Your Outsourcing Vendor in the Financial Services Industry" Journal of Systems Management, May 1992, 23-36.

[131] Macneil, I. R., "The New Social Contract: An Inquiry into Modern Contractual Relations", New London: Yale University Press, 1980.

[132] Mahnke, V., Overby, M.L. and Vang. J, "Strategic Outsourcing of IT Services: Theoretical Stocktaking and Empirical Challenges", Industry and Innovation, Vol. 12, No. 2, June 2005, 205-153.

[133] Maitland, I., Bryson, J. and Van de Ven, A., "Sociologists, Economists and Opportunism", Academy of Management Review, Vol.10, No. 1, 1985, 59-65.

[134] Malhotra, A., Gosain, S. and El Sway, O. A., "Absorptive Capacity Configurations in Supply Chains: Gearing for Partner-enabled Market Knowledge

Creation", MIS Quarterly, Vol.29, No.1, 2005, 145-187.

[135] Mata, F. J., Fuerst, W. L. and Barney, J.B., "Information Technology and Sustained Competitive Advantage: A Resource-based Analysis", MIS Quarterly, Vol.19, No.4, Dec. 1995, 487-505.

[136] McFarlan, F., "Information Technology Changes the Way You Compete", Harvard Business Review, Vol.62, No.3, May-June 1984, 98-103.

[137] McFarlan, F. and Nolan, R., "How to Management an IT Outsourcing Alliance", Sloan Management Review, Vol.36, No.2, Winter 1995, 9-23.

[138] McLellan, K., Marcolin, B. and Beamish, P., "Finacial and Strategic Motivations behind IS Outsourcing", Journal of Information Technology, Vol.10, 1995, 299-321.

[139] Michalisn, M., Simth, R. and Kline, D., "In Search of Strategic Assets", International Journal of Organizational Analysis, Vol.5, No.4, 1997, 360-387.

[140] Miller, D. and Shamsie, J., "The Resource-based View of the Firm in Two Environments: the Hollywood Film Studios from 1936 to 1965", Academy of Management Journal, Vol.39, No.3, 1996, 519-543.

[141] Mintzberg, H., "The Structuring of Organizations", New Jersey: Prentice-Hall, 1979.

[142] Monteverde, K. and Teece, D., "Appropriate Rents and Quasi Vertical Integration", Journal of Law and Economics, Vol.25, 1982, 321-328.

[143] Murthy, S., "The Impact of Global IT Outsourcing on IT Providers", Communications of AIS, Vol.14, No.14, 2004, 543-557.

[144] Nam, K., Rajagophlan, H., Rao, H. and Chaudhury, A., "A Two-level Investigation of Information Systems Outsourcing", Communication of the ACM, Vol.39, No.7, Jul. 1996, 36-44.

[145] Nonaka, N. and Konno, N., "The Concept of 'Ba': Building a Foundation for Knowledge Creation", California Management Review, Vol.40, No.3, 1998, 40-54.

[146] Nunnally, J. C., "Psychometric Testing", McGraw Hill, New

York, 1978.

[147] Olson, M. H. and Chervany, N. L., "The Relationship between Organizational Characteristics and the Structure of the Information Services Functions", MIS Quarterly, Vol.4, No.2, 1981, 57–68.

[148] Ouchi, W. G., "Markets, Bureaucracies and Clans", Administrative Science Quarterly, Vol.25, 1980, 129–141.

[149] Peteraf, M. A., "The Cornerstones of Competitive Advantage: A Resource-based View", Strategic Management Journal, Vol.14, No.3, Mar. 1993, 179–191.

[150] Pfeffer, J. and Salancik, G., "The External Control of Organizations: A Resource Dependence Perspective", New York, Hamper and Row, 1978.

[151] Pinnington, A. and Woolcock, P., "How Far is IS/IT Outsourcing Enabling New Organizational Structure and Competencies? ", International Journal of Information Management, Vol.15, No.5, 1995, 353–365.

[152] Poppo, L. and Zenger, T., "Testing Alternative Theories of the Firm: Transaction Cost, Knowledge-based, and Measurement Explanations for Make-or-buy Decisions in Information Services", Strategic Management Journal, Vol.19, No.9, Sep.1998, 853–877.

[153] Poppo, L. and Zenger, T., "Do Formal Contracts and Relational Governance Function as Substitutes or Complements? ", Strategic Management Journal, Vol.23, 2002, 707–725.

[154] Porter, M. E., "How Competitive Forces Shape Strategy", Harvard Business Review, Vol.57, No.2, March–April, 1979, 137–145.

[155] Porter, M. E., "Competitive Strategy: Techniques for Analyzing Industries and Competitors", The Free Press, New York, 1980.

[156] Porter, M. E., "The Contributions of Industrial Organization to Strategic Management", The Academy of Management Review, Vol.6, No.4, Oct. 1981, 609–620.

[157] Porter, M. E. and Millar, V. E., "How Information Gives You Competitive Advantage", Harvard Business Review, July–August, 1985, 149–

160.

[158] Porter, M. E., "Towards a Dynamic Theory of Strategy", Strategic Management Journal, Vol.12., Special Issue, Winter, 1991, 95–117.

[159] Prahalad, C. K. and Hamel, G., "The Core Competence of Corporation", Harvard Business Review, May–June, 1990, 79–91.

[160] Quinn, J. B. and Hilmer, F. G., "Strategic Outsourcing", Sloan Management Review, Vol.35, No.4, 1994, 43–55.

[161] Quinn, J. B., "Strategic Outsourcing: Leverging Knowledge Capabilities", Sloan Management Review, Summer 1999, 9–21.

[162] Reifer, D., "Seven Hot Outsourcing Practices", IEEE Software, 2004, 14–15.

[163] Richmond, W. and Seidmann A., "Software Development Outsourcing Contract: Structure and Business Value", Journal of Management Information Systems, Vol.10, No.1, Summer 1993, 57–72.

[164] Richmond, W., Seidmann, A. and Whinston, A., "Incomplete Contracting Issues in Information Systems Development Outsourcing", Decision Support Systems, No.8, 1992, 459–477.

[165] Ring, P. S. and Van de Ven, A. H., "Developmental Processes of Cooperative Interorganizational Relationships", The Academy of Management Review, Vol.19, No.1, Jan., 1994, 90–118.

[166] Ross, S. A., "The Economic Theory of Agency: the Principal's Problem", The American Economic Review, Vol.63, No.2, May, 1973, 134–139.

[167] Rousseau, D. M., "Psychological and Implied Contracts in Organization", Employee Responsibilities Rights Journal, Vol.2, No.2, 1989, 121–139.

[168] Rubin, P. H., "The Expansion of Firms", The Journal of Political Economy, Vol.81., No.4., 1973, 936–949.

[169] Saunders, C., Gebelt, M. and Hu, Q., "Achieving Success in Information Systems Outsourcing", California Management Review, Vol.39, No.

2, Winter 1997, 63–79.

[170] Saxton, T., "The Effects of Partner and Relationship Characteristics on Alliance Outcomes", Academy of Management Journal, Vol.40, 1997, 443–461.

[171] Snow, C. and Hambrick, D., "Measuring Organizational Strategies: Some Theoretical and Methodological Problems", Academy of Management Review, Vol.5, No.4, Oct. 1980, 527–538.

[172] Sobol, M. and Apte, U., "Domestic and Global Outsourcing Practices of America's most Effective IS Users", Journal of Information Technology, Vol.10, No.4, 1995, 269–280.

[173] Steensma, H. and Corley, K., "Organizational Context as a Moderator of Theories on Firm Boundaries for Technology Sourcing", Academy of Management Journal, Vol.44, No.2, 2002, 271–291.

[174] Sutton, R. and Staw, B., "What Theory is not", Administrative Science Quarterly, Vol.40, No.3, Sep. 1995, 371–384.

[175] Tavakolian, H., "Linking the Information Technology Structure with Organizational Competitive Strategy: A Survey", MIS Quarterly, Vol.13, No. 3, 1989, 309–317.

[176] Teece, D. J., "Profiting from Technological Innovation: Implications for Integration, Collaboration, Licensing and Public Policy", Research Policy, Vol.15, 1986, 285–305.

[177] Teece, D. J., Pisano, G. and Shuen, A., "Dynamic Capabilities and Strategic Management", Strategic Management Journal, Vol.18, No.7, Aug.1997, 509–533.

[178] Teng, J., Cheon, M. and Grover, V., "Decisions to Outsource Information Systems Functions: Testing a Strategy–theoretic Discrepancy Model", Decision Science, Vol.26, No.1, 1995, 75–103.

[179] Ulrich, D. and Barney, J. B., "Perspectives in Organizations: Resource Dependence, Efficiency and Population", The Academy of Management Review, Vol.9, No.3, Jul. 1984, 471–481.

[180] Van de Ven, A. H., "Nothing is Quite so Pratical as a Good Theory", Academy of Management Review, Vol.14, No.4, 1989, 486–489.

[181] Walden, E.A., "Intellectual Property Rights and Cannibalization in Information Technology Outsourcing Contracts", MIS Quarterly, Vol.29, No.4, Dec. 2005, 699–720.

[182] Walker, G. and Weber, D., "A Transaction Cost Approach to Make-or-buy Decisions", Administrative Science Quarterly, Vol.29, No.3, Sep.1984, 373–391.

[183] Wang, E. T. G., "Transaction Attributes and Software Outsourcing Success: An Empirical Investigation of Transaction Cost Theory", Information Systems Journal, Vol.12, No.2, 2002, 153–181.

[184] Wang, L., Gwebu, K.L., Wang, J. and Zhu, D. X., "The Aftermath of Information Technology Outsourcing: An Empirical Study of Firm Performance Following Outsourcing Decisions", Journal of Information Systems, Vol.22, No.1, spring 2008, 125–159.

[185] Weeks, M. R. and Feeny, D., "Outsourcing: from Cost Management to Innovation and Business Value", California Management Review, Vol.50, No.4, summer 2008, 127–146.

[186] Wernerfelt, B. "A Resource-based View of the Firm", Strategic Management Journal, Vol.2, No.2, 1984, 171–180.

[187] Willcocks, L. P. and Feeny, D., "IT Outsourcing and Core is Capabilities: Challenges and Lessons at Dupont", Information Systems Management, Vol.23, No.1, winter 2006, 49–56.

[188] Willcocks, L .P. and Choi, C., "Co-operative Partnership and 'Total' IT Outsourcing: from Contractual Obligation to Strategic Alliance?", European Management Journal, Vol.13, No.1, Mar.1995, 67–78.

[189] Willcocks, L. P. and Lacity, M. C., "It Outsourcing in Insurance Services: Risk, Creative Contracting and Business Advantage", Information System Journal, Vol.9, No.3, 1999, 163–180.

[190] Willcocks, L., Hindle, J., Feeny, D. and Lacity, M., "IT and

Business Process Outsourcing: the Knowledge Potential", Information Systems Management, Summer 2004, 7–15.

[191] Williamson, O. E., "Transaction–cost Economics: the Governance of Contractual Relations", Journal of Law and Economics, Vol.22, No.2, Oct. 1979, 233–261.

[192] Williamson, O. E., "The Modern Corporation: Origin, Evolution, Attributes", Journal of Economic Literature, Vol.19, Dec.1981, 1537–1568.

[193] Williamson, O. E., "Comparative Economic Organization: the Analysis of Discrete Structural Alternatives", Administrative Science Quarterly, No.36, Jun.1991, 269–296.

[194] Williamson, O. E., "Transaction Cost Economics and Organization Theory", Industrial and Corporate Change, Vol.2, No.2, 1993, 219–249.

[195] Williamson, O. E., "Economics and Organization: A Primer", California Management Review, Vol.38, No.2, Win.1996, 131–146.

[196] Wong, C. W. C., "12 Steps for Negotiating Interoperability", Open Computer, Vol.11, No.8, Aug.1994, 57–59.

[197] Zahra, S. A. and George, G., "Absorptive Capacity: A Review, Reconceptualization, and Extension", Academy of Mangement Review, Vol.27, No.2, 2002, 185–203.